精神科病院
長期入院患者の
地域生活移行
プロセス

作られた「長期入院」から退院意思協同形成へ

杉原 努 SUGIHARA Tsutomu

明石書店

目　次

はじめに　1

第 1 章　精神科病院長期入院患者に関する問題意識および研究目的 9
第 1 節　研究背景 10
第 2 節　問題関心 17
第 3 節　研究目的と意義 19
第 4 節　研究方法 20

第 2 章　「希薄な施策の結果」としての長期入院患者 23
第 1 節　調査の背景、問題関心、研究目的、方法、結果 23
第 2 節　社会的入院の定義と人数 30
第 3 節　社会的入院を作り出した歴史 34
第 4 節　社会的入院を生じさせた要因 35
第 5 節　社会的入院患者の精神症状分析 43
第 6 節　小　括 45

第 3 章　「観点のある退院支援の必要性」の確認と実践 51
第 1 節　幅のある退院意向 51
第 2 節　退院意向に与える影響 59
第 3 節　生活基盤の整備と支援体制の重要性 65
第 4 節　小　括 76

i

第 4 章　M-GTA を使用した研究 83
第 1 節　M-GTA に関する説明 84
第 2 節　インタビューの必要性と M-GTA 91
第 3 節　大切にしたいと考えていたこと 94

第 5 章　密室の中のディスエンパワメント 103
第 1 節　研究背景、研究目的、研究方法および分析方法、結果 103
第 2 節　無力化させていく入院 112
第 3 節　全部ダメって言われる 121

第 6 章　暮らす力を得ていく 145
第 1 節　回復のために取り組む 145
第 2 節　地域の生活者として暮らす 168

第 7 章　働きかけの強化と構造的変革の必要性 185
第 1 節　退院意思の協同形成による退院の促進 186
第 2 節　退院支援のための実践論 192
第 3 節　構造的変革のための理念 202

おわりに　217

資料 1：インタビュー対象者の一覧　221

資料 2：カテゴリー、概念、定義の一覧　222

資料 3：結果図　224

参考文献　227

はじめに

　本書は、精神科病院長期入院患者が、精神保健福祉の専門職と協同しながら退院意思を持ち続け、地域における生活を可能にしていった変化とプロセスについて明らかにしようとするものである。なお、本書においては長期入院患者という表現をする。執筆当初は長期入院者と表現していた。患者ではなく普通にいる人であると尊重して考えるべきだと思ったからである。
　というのは、日本の精神科において入院患者といった場合に、精神症状があるので治療が必要な人という以外の、人権侵害の患者管理の対象であった歴史が色濃く横たわっている。本書における長期入院患者もその対象であることが多く、彼らはさまざまな体験をする機会を奪われたり意欲をなくさせられたりしていた。いわゆる人としての尊厳を尊重されなかったり、地域で生きていく力を削がれたりした人たちであった。つまり、彼らは入院患者にさせられてしまっていたのであり、本来なら各種の体験や機会を保障される人であるべきだから入院者と表現したかったのである。
　しかし、M-GTA の研究会において検討している際に、長期入院であったにもかかわらず退院できたことは、その人が長期入院患者であったことをむしろ強調すべきではないかと指摘されたことがあった。多様な職種の参加者は、精神科病院の長期入院患者についてそのようなイメージを持っているのだと気づかされた。その時以来、長期入院患者であったが退院できたことに着目すべきであると考えるようになった。つまり、抑圧された状況におかれながらも地域で暮らせる可能性を持っている、そんな長期入院患者として表現したいと考えが変わったのである。
　ただし、ここで用いる長期入院患者とは社会的入院患者を含むがイコールで

はない。第2章で詳細を論じるが、社会的入院患者とは、入院治療の必要はないが地域生活に必要な社会資源や条件が整わないという理由によって、精神科病院に入院継続になっている人たちのことである。本書でいう長期入院患者の中には、入院治療の必要性がないことを確認できていない人も対象にしているため、社会的入院患者を含めて長期入院患者と表現している。

　長期入院患者が地域生活を可能にしていったプロセスについて、なぜ取り組もうと考えたのかについてはいくつかの理由がある。筆者は1980年代および90年代にかけて保健所の精神保健福祉相談員として勤務した後に、精神保健福祉士を養成する大学の教員になった。筆者が保健所で働いていたある日、近隣の精神科病院にある入院患者を訪問していた。その人とひとしきり話した後に、こちらの様子をうかがっていたXさんが笑みを浮かべながら近づいてきた。

　Xさんは3～4年前にその病院を受診し、診察の結果、医療保護入院[1]になった人であり、筆者がいわゆる受診援助として関わった。Xさんは少しの間筆者と親しく話していたが次第に言葉使いが荒くなってきて、10分も経たないうちに筆者を非難するような言葉を放ってその場から立ち去ってしまった。いったい何があったのか理解できず、Xさんの精神症状なのかあるいは嫌なことを思い出したためなのかと、筆者は想像するしかなかった。

　筆者とXさんとの関係性は決して悪くないと考えていたが、Xさんにとって保健所の相談員とは、病状が悪化すると登場してきて精神科医療につなげてしまう職種であると映っていたのかもしれない、と自省を込めて考えていた。その当時の保健所とは、現在の精神保健福祉法に基づく業務[2]を執行する機関であるとともに、日常的に相談を受けたりグループワークを実施したりするソーシャルワークの側面という両方の機能があった。だから、入院につながる行政管理的な側面と日常のソーシャルワークの側面という、アンビバレントな気持ちをXさんに引き起こさせたのかもしれない。そしてあの時のXさんは、筆者に対して行政管理的な側面をより意識したのかもしれないと思った。

　かつてのXさんは、精神症状が治まっている時期は自宅で元気に過ごし、ドライブを楽しむ余裕もあった。ある時期には働いてもいた。とはいえ、病状が悪化すると被害念慮が激しくなり母親と衝突してしまうので、頻繁に受診したり必要に応じて入院したりしていた。元気な時のXさんを知っている筆者

からすると、3〜4年間も入院するとこのような状態になってしまうので、Xさんが入院中に受け止めていることや希望などを聞きたいと思い直していた。だが、その後間もなく筆者は異動になってしまい、Xさんの思いや希望を聞くことができなかった。

　もう1点についてである。2010年の春、筆者はある公立精神科病院の看護局長から、その病院における長期入院患者の退院を支援するピアサポーター[3]活動について話をうかがう機会があった。ピアサポーターとは、この公立病院に入院していた患者が退院した後に、まだ入院している長期入院患者の退院を支援するボランティア活動を展開する人たちのことである。精神科病院の専門職による関わりとは異なった、当事者としての特色ある実践でありその結果についてのお話であった。看護局長が語ったことは次のような内容だった。

　2000年代の初期、病棟専門職の熱心な働きかけによりもう少しで退院というところまで来たにもかかわらず、いざ退院といわれると地域生活を躊躇してしまい退院できない入院患者が多くあった。彼らとじっくり話し合いながら退院の準備を整えていき、あと一歩というところなのに地域生活に不安を感じ退院できないでいたという。

　そこで、既に退院して地域で生活している人たちの力を借りようと、ピアサポーターの活用を考えた。彼らに病棟に入ってもらい、入院患者との自然な交流を図るという支援協力を依頼し、その取り組みを進めていった。時には、ピアサポーター自身に退院した時の様子や地域で生活できるようになった経験などについて語ってもらったこともあったという。

　そうすると、これまでは最後の段階で不安になり退院を躊躇していた入院患者が退院していったという。しかも、それは2名や3名ではなく数十名の退院者があった。1名が退院するとそれに刺激を受けるように、次々に退院していく状況があったと言うのである。

　それを目の当たりにした看護局長は、ピアサポーターの独自の視点や立場から関わることで退院させることが可能であると確信したという。看護局長は、彼らには病棟の専門職と異なった力があると気づいたのである。それからは、退院に向けた働きかけに病棟スタッフのみならずピアサポーターの力を借りようと考え、彼らが病棟に入って活動するプログラムを定期的に作っているとの

ことだった。

　筆者はこの話をうかがって、さもありなんと素直に思った。その実践の中にはピアサポーターの有効性を示すものもあり、いわゆるピアスペシャリストの人材育成の必要性も叫ばれていて、結果としては 2011 年にガイドラインの作成[4]もなされるような状況になっていた。筆者は看護局長のおっしゃることを聞きながら、ピアサポーターの特徴や有効性などについてまとめたいと思い、インタビュー調査を実施し検討した結果についてまとめた[5]。

　ところが、このインタビューの対象者はかなり活動的であり、十分に地域に馴染んでいて自己効力感も高かった。ピアサポーター活動を展開しているから元気で活動できているのだろうと思いながらも、求めていた退院に不安を感じ躊躇する人たちのおかれている状況や、退院に至るまでの変化についてはさほど情報を得ることはできなかった。

　長期入院は日常生活が中断され社会での生活の機会がないために生活上のさまざまな力を得ることができないから、退院に不安を感じ躊躇するのは当たり前だといえる。それにもかかわらず退院できるのは、非常に大きな変化であると思っていた。そこで、何がきっかけになり退院できたのか、退院を阻害していた理由は何だったのか、どのような準備や条件があれば退院でき地域生活が可能になるのか、などについて明らかにしていく必要があると思った。

　退院支援の体制やピアスペシャリストの育成は注目され整えられつつあるが、退院する患者に着目した論文や論考にはあまり出会うことがない。その人たちに関心を持ち、彼らの変化や地域生活に至るプロセスなどを知りたいと思ったのである。

　このように、精神科病院における X さんとのやり取りや看護局長から退院支援に関わる実践をうかがったことなどが積み重なり、長期入院患者への関心が強くなっていった。退院のきっかけおよび地域生活を送るまでの変化やプロセスを明らかにすることは、日本における精神科医療のあり方を考える 1 つの契機になり、長期入院患者の心情理解および退院支援や地域移行に関する多くの知見を提供できると考えたのである。

　長期入院患者のさまざまな生活史や現状などを伝えたり理解することは、普段あまり考えられない。精神保健福祉に関わる人たちを除けば、そもそも精神

科病院長期入院患者の経過や心情は世間に知られること自体が少ないので、これはマイナーな世界でありそこに含まれる個人的な事情といえる。だが、これまで個人的な事情として目が向けられてこなかったため、それゆえに人権を侵害することにも気づかなかったのである。彼らの権利擁護の意味を考えると、長期入院中の実態と心情や、退院に向けての取り組み、地域生活の現状などを多くの人たちに知ってもらうことが重要なのではないかと思う。そのことで、行政用語としての精神障害者に関する理解を深める一助になるのではないかと考えている。同時に、彼らに関わる精神保健福祉の専門職の仕事ぶりや、観点および専門性などを知ってもらえると考えた。

　本書の構成は7章編成である。第1章では日本における精神科病院の長期入院患者数について、OECD加盟国の現状と比較したり、日本では2000年代の初めから退院支援事業が展開されてきたが、その経過や課題などについて触れている。

　第2章および第3章では、長期入院患者の退院支援に関する先行研究から得られた結果とその特徴について述べている。たとえば、第2章では、地域で生活できる社会資源を作ってこなかった「希薄な施策の結果」であることを示した。精神障害者が地域において生活できる基盤ができていなかったこと、法律によって家族に病者扶養に関する保護義務を課していたことなどであり、結果として社会的入院患者を生じさせてしまったのであった。

　続いて第3章では、長期入院患者が退院し地域で生活できるための、「退院支援の観点」について示した。2000年代に入ってからようやく厚生労働省による退院支援事業が展開されたことにより、施策として長期入院患者が地域で生活できるようになってきた。その有効な視点や方法などが先行研究から得られたのでそのことをまとめた。

　なお、先行研究は2014年3月までを対象にしたが、その理由は現在の精神保健福祉法改正までの時期における先行研究として限定したからである。なぜならば、法改正により医療保護入院者退院支援委員会や退院後生活環境相談員が導入されることになり、退院支援あるいは地域移行支援の実態に変化が生じてくるだろうと考えたからである。したがって本インタビューにおける語りの内容は、法改正以前の実態であり現状とは異なるものであることを指摘してお

きたい。

　第4章では、質的研究方法としてのM-GTA（Modified Grounded Theory Approach）の特徴について述べている。それというのも、退院した人たちへのインタビュー調査によって、地域生活を可能にしていった変化とプロセスを明らかにしたいと考えたからであり、質的研究方法としてM-GTAが有効だと考え、その概要と本研究との関係性について述べている。

　第5章および第6章では、精神科病院に2年間以上長期入院した16名を対象にインタビュー調査を実施し、M-GTAによって分析した結果について述べている。第5章では、入院中の入院患者の【密室の中のディスエンパワメント】というコアカテゴリーについてまとめた。これは≪無力化させていく入院≫と≪全部ダメって言われる≫という2つのカテゴリーによって構成されており、それらについて説明と解説を行った。

　第6章では、退院への働きかけと具体的な支援による、【暮らす力を得ていく】というコアカテゴリーについてまとめた。これは≪回復のために取り組む≫と≪地域の生活者として暮らす≫という2つのカテゴリーによって構成されている。

　第7章では、精神病を発症したとしても長期入院にならないために、精神科医療の受診者や精神保健福祉の利用者への尊重、治療のあり方などについて、先行研究やインタビュー調査から考察できたことをまとめた。

　なお、本書の第2章と第3章は、筆者がこれまでに書いた論文を参考にして大幅に修正加筆した。第5章と第6章の一部については筆者が当時勤務していた大学の研究紀要に既にまとめたものだが、本書ではそこに書けていないことについて、新たに2つの章に分けて構成し直し、大幅に加筆し修正した。

　表現方法としては、引用の表記やインタビュー対象者の発言にある精神分裂病という表現もそのままにした。引用の表記や発言なので変更することはできないからである。また、筆者は、退院支援とは地域移行支援を含めた広い意味で使用しており意識して使い分けているが、2008年度に「地域移行支援特別対策事業」が実施されてからは、精神科医療の職域では退院支援を地域移行支援と表現することが多くなっている。そこで、地域移行支援と表現する方が適切な場合にはこの表現を用いている。たとえば、厚生労働省が示す各種資料における地域移行支援の名称やそれに関連する事項については地域移行支援と表

現する。障害者総合支援法による給付事業を念頭におく際にも地域移行支援と表現する。

*

インタビュー後に第1次の分析作業を終え、2016年度にアンケート対象者を紹介してくれた精神保健福祉士に、結果報告を兼ねて意見を尋ねるために訪問した。その際に対象者の現状を聞くことがあった。退院した人の多くはマンションやグループホームに住みながら自分らしい暮らしを続けていた。他方、ある方は既に亡くなられたり、ある方は再入院されたりという状況をうかがった。このように、貴重な体験や意見を話してくれた人たちの退院後の動向を見るにつけて、インタビュー結果を早くまとめなければいけないという気持ちが高まった。

しかし、筆者の力不足や職場における多忙さも手伝って、まとめるために思わぬ時間を取ってしまった。もっと早い時期に出版という形でご協力いただいた方たちにお返ししたかったが、この時期になってしまい申し訳なく思う。亡くなられた方のご冥福をお祈りするとともに感謝を申し上げます。

併せて、ご協力いただいた精神保健福祉士の方たちに感謝申し上げます。また、M-GTAによる分析や結果図に関するご意見をいただいた、M-GTA研究会西日本のスーパーバイザーおよび例会参加者の方々、2018年度M-GTA研究会第5回合同研究会においてご意見をいただいたスーパーバイザーや参加者の方々にお礼申し上げます。

注
1) 現精神保健福祉法第33条に規定されている入院形態のことである。厚生労働大臣が指定した精神保健指定医の診察の結果、精神障害者であり、医療および保護のため入院が必要である者である。家族等の同意があれば本人の同意がなくても入院させることができる。本人の意思表明が軽視されがちになり、長期入院の要因の1つになっていると考えられる。なお、精神障害者という表現は行政用語であり、福祉の対象者として考えることが多いが、範囲としては精神病者を含めている。
2) たとえば、精神保健福祉法第29条の措置入院とそれに関連する精神保健鑑定、警察官通報の受理などが、知事部局の業務として保健所が窓口となり実施されていた。さらに、2019年現在では同法第34条の移送に関する相談も実施している。なお、これらの業務は、都道府県および政令指定都市によっては本庁主管課が実施している自治体もある。

3) ピアサポーター（peer supporter）の peer とは、仲間、同僚、同等の人などという意味である。該当箇所では、精神障害者であることや精神科病院に入院した経験がある人という意味で使用している。同様の経験があるので、お互いの思いや精神科医療などの問題点を共感しやすく、同じ立場で考えたり行動したりできることに有利な点がある。
4) 特定非営利活動法人ぴあ・さぽ千葉（2011）『ピアサポートの人材育成と雇用管理等の体制整備のあり方に関する調査とガイドラインの作成』精神看護出版である。また、出版が2年ほど遅れて、社会福祉法人南高愛隣会（2013）『精神障がい者ピアサポート専門員養成ガイドライン』もある。
5) 杉原努（2013）「地域移行・地域定着支援事業におけるピアサポーター活動の特徴―退院する人の心的変化とエンパワメントに関する一考察―」『福祉教育開発センター紀要』第10号、佛教大学。

第1章

精神科病院長期入院患者に関する問題意識および研究目的

　本章では、現在の日本における精神科病院長期入院患者、および精神保健福祉や精神科医療の現状と課題に視点を当てて考えようとするものである。精神科病院長期入院患者は、入院継続という生活に慣らされてしまったこともあり、地域社会において生活する自信を失い、また、地域生活の術がなくイメージができない状況にある人たちが多い。長期入院のために家族との関係が疎遠になり、退院に向けた理解や協力が得られない状況は、精神科病院の専門職が体験する日常である。加えて、地域で生活するための住居（グループホーム、アパートなど）の確保が難しく、昼間活動および就労支援などに関する社会資源がまだまだ不足しているという状況もあり、退院が進みにくかった。

　他方で、長期入院であるにもかかわらず、精神保健福祉の専門職による退院の働きかけによって退院していく人たちがいる。その人たちには、退院に至る大きな変化とプロセスがあったと考えられる。退院した人の1人ひとりが異なる変化とプロセスをたどったであろう。その経験は貴重であり、どのような状況であったかを明らかにすべきだと考えた。そうすることが、日本の精神科病院長期入院の現状を明らかにできるとともに、今後の退院支援の方向性を示すものとなると考えたからである。

　本章では、日本の精神科病院の長期入院患者をめぐる背景、経過、現状について明らかにする。併せて、退院支援の取り組みによる長期入院患者への対応の経過を考える。長期入院のために地域で生活する機会や力を奪われていたにもかかわらず退院していった人たちもあることから、その人たちの特徴を明らかにする。

　なお、本章でいう長期入院患者の中には、入院治療の必要性がないことを確

認できていない人も対象にしているため、社会的入院患者を含めて長期入院患者と表現している。社会的入院患者とは、入院治療の必要はないが地域生活に必要な社会資源や条件が整わないという理由によって、精神科病院に入院継続になっている人たちのことであり、詳細は第 2 章において述べる。

第 1 節　研究背景

1-1　精神科病床数が増加した日本の特徴

　日本における精神科病床数と入院患者数は、人口比率でみると他国と比べ多いといわれてきた。第二次世界大戦後の日本の精神科病床数と入院患者数は、図 1-1 および図 1-2 のように 1960 年代から増加したことが示されている（風祭 1998）。1960 年代半ばには既に精神科病院が全国に 1000 か所を超えており、その増加に合わせて精神科病床と入院患者数が増加していることがわかる。

　日本では 1950 年代半ばから高度経済成長が始まったといわれている。1956 年の経済白書に「もはや戦後ではない」と明記され戦後からの復興を宣言している。輸出の拡大で日本経済は急成長し、1950 年代後半には人々の暮らしに「三種の神器」として、白黒テレビ、洗濯機、冷蔵庫という家電三種が広がっていった。同様に、道路や建物の建設も盛んになっていった。

　1960 年頃には経済成長が確実なものとなり、建設に関する機運が高まり各種制度が整備されてきた。たとえば、1960 年に医療金融公庫法[1]が施行されたことにより、病院建設のための資金を調達しやすくなり、精神科病院が全国各地に建設された。その結果、図 1-1 および図 1-2 に示すように、1960 年代に精神科病院数が急増し、当然のごとく精神科病床数も増加していったのである。また、1961 年には措置入院医療費の国庫補助率の引き上げがなされ、都道府県が措置入院を決定した際には入院費の 8 割が国庫により負担されることになった。

　このことは、入院医療費のうち 8 割が国によって支払われるという意味であり、もっぱら入院患者の家族が入院医療費について心配しなくてもよい状況を作り出したといえる。その結果、精神科病院への措置入院患者が増加したのである。また、病床があることから、措置入院のみならず入院患者を増加させる

第 1 章　精神科病院長期入院患者に関する問題意識および研究目的

■ 図 1-1　精神科病院数の推移

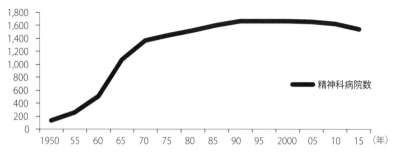

出所：2000 年、2005 年、2010 年、2015 年は、毎年度の「精神保健福祉資料 6 月 30 日調査の概要」（厚生労働省社会・援護局障害保健福祉部精神・障害保健課、国立精神・神経医療研究センター精神保健研究所）の総括表による。それ以外は、毎年度の『我が国の精神保健福祉』による。

■ 図 1-2　精神科病床数および入院患者数の推移

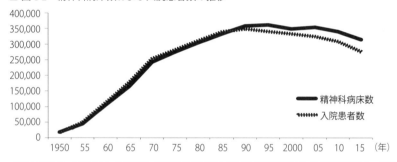

出所：2010 年、2015 年は、毎年度の「精神保健福祉資料 6 月 30 日調査の概要」（厚生労働省社会・援護局障害保健福祉部精神・障害保健課、国立精神・神経医療研究センター精神保健研究所）の総括表による。また、1955 年の入院患者数については具体的数字が確認できなかったことから、同年の全病床数に同年の病床利用率である 111.1％を掛けた数字を用いた。それ以外は、毎年度の『我が国の精神保健福祉』による。

条件が整っていたのである。

　精神科病床数が増加するということは、それに応じて精神科医や看護師の増加も必要になる。だが、この点については、1958 年の「精神科特例」[2]によって、医師は他科の 3 分の 1、看護師は 3 分の 2 でよいとする基準が設定された。このことによって、医療スタッフは精神科病床の増加傾向ほど増加することなく、他の診療科に比べ 1 人の入院患者に対する医療スタッフの割合は少ないままでも、精神科病院は開設できてさらに経営していくことが可能になっていた

のである。

　精神科病院と病床は急速な勢いで増加していった。このような状況において、病棟内の治療環境や人間関係はすさまじい状況になっていったところもあった。たとえば、『ルポ・精神病棟』（大熊 1981）では、精神科病院に潜入した筆者が2週間もいられない状況にあったことを、克明なルポで世間に知らしめたのであった。ここに示されている精神科病院内の状況は、人間の尊厳が尊重されない状況だったといえる。

　精神科病床数と入院患者数はその後も増加した。グラフに示していないが、精神科病床は 1993 年の 363,010 床まで増加し、入院患者は 1991 年の 349,052 名が統計上の最高であった。精神科病床は 1994 年統計からようやく減少しだしたが、その後の減少率は極めて少なく微減といった状況だといえる。

1-2　精神科病床数の国際比較

　日本における精神科病床数と入院患者数の増加があったことを確認したが、日本のこの状況は世界の各国と比較するとどのように映るのだろうか。2013 年の OECD 統計を参考に人口 10 万人当たりの精神科病床数を比較すると、日本は世界に類をみないほど多くの精神科病床が存在[3]している。その実態をグラフ化すると図 1-3 のとおりである。

　このグラフについて、日本における精神科病床数が多いという数字は、慢性の長期入院患者（long-stay chronic patients）によるものだという説明がある。そもそも、精神科における急性症状は、集中した治療によって数週間で治まってしまうことが多い。にもかかわらず慢性患者が多いということは、入院が長期になってしまったことが要因として考えられる。つまり、慢性状態にされてしまったことがうかがえるのである。日本ではそのような長期入院患者のために精神病床が準備されていたということなのである。

　次にみたいことは、精神科病床数の減少割合についてである。人口 10 万人当たりの精神科病床数は日本が最も多いが、1993 年を起点にした減少傾向を示したのが図 1-4 である。これをみると、日本の場合は高止まりであることが確認できる。つまり、他国に比べて数倍以上の精神科病床があり、そこに慢性化した長期入院患者がまだ多く存在しているということなのである。

■ 図1-3 人口10万人当たりの精神科病床数の国際比較

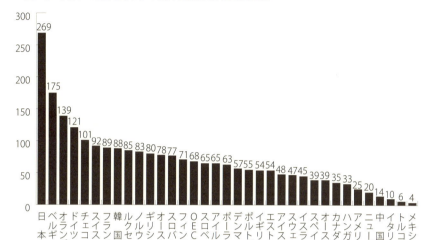

注記：日本において精神科病床数が多いのは、長期入院患者の使用によるものである。オランダにおける社会的ケアセクターの病床を含む精神科病床数は、他国における精神科病床数として含まれるものではないと思われる。

出典：OECD Health Statistics（2013）http://dx.doi.org/10.1787/health-data-en. Japan trails other countries in 'deinstitutionalisation', but there are signs of progress, says OECD.（https://www.oecd.org/els/health-systems/MMHC-Country-Press-Note-Japan.pdf, 2017.2.25）

1-3 社会的入院の発生と退院促進

　精神科病床が存在すれば入院可能人員を満たそうとする経営観念が働く。このことが脱施設化を遅らせたり、長期入院患者の退院支援、あるいは地域移行が進まない1つの要因になっているのである。ちなみに、社会的入院患者数はいつ頃に、どのくらいあったのだろうか。たとえば、岡村（1999）は、厚生省（当時）や日本精神神経学会等の調査に基づき表1-1のような指摘をしている。

　これは対象も調査時期も異なるので調査基盤を同じくして比較することはできないものの、1980年代から90年代においては少なく見積もっても調査対象の2割から3割の入院患者が社会的入院の状況にあったことを示したのである。

　その結果、入院治療が必要でないにもかかわらず、社会資源や地域生活の条

■ 図1-4　近年の人口10万人当たり精神科ベッド数の国際比較

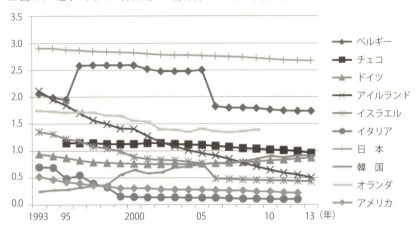

注記：左側の数字に×100。
出所：筆者がOECD Health Statistics（2016）Frequently Requested Dataから10か国を選定し作成した。10か国選定にあたり日本と比較するために、精神科ベッド数が多い国を優先的に選定した。なお、折れ線が途中で切れているのは、その年の数値が示されていなかったためにグラフ化できなかったからである。また、1993年から示したのは、日本において最も精神科病床が多かったその年を基準にしたからである。

■ 表1-1　社会的入院患者数の割合

調査名、調査主体	報告年	入院患者に占める社会的入院患者の割合
精神衛生実態調査・厚生省	1983	30.4%（任意入院者）
日本精神神経学会調査	1991	33%（対象は2年以上の者）
総理府総務庁調査	1995	23%（対象は10年以上の者）

出所：岡村（1999）に基づき筆者作成。

件が整わないという理由によって、精神科病院に入院させられ続けた人々があった。いわゆる、社会的入院といわれる長期入院患者のことである。このような状況が継続すると、「大和川病院事件」[4]のように入院者の生命や人権に極めて深刻な事態も発生してしまう。

　大阪府精神保健福祉審議会は、「大和川病院事件」の表面化により審議会を開催し、1999年3月の報告書において、退院可能だが入院を継続させられること（社会的入院）は人権侵害であると断じた。その結果を受けて大阪府は、

■ 表 1-2　精神障害者を対象にした退院、地域移行に関する支援事業

開始年度	事業名	事業の特徴
2003（平成15）年度	退院促進支援事業（モデル事業）	協力施設、自立支援員
2006（平成18）年度	退院促進支援事業	自立促進支援協議会
2008（平成20）年度	地域移行支援特別対策事業	自立支援協議会、体制整備コーディネーター、地域移行推進員、個別支援会議
2010（平成22）年度	地域移行・地域定着支援事業 アウトリーチ推進モデル事業	地域定着支援事業、ピアサポーターの活用、モデル事業の開始
2011（平成23）年度	アウトリーチ推進事業	アウトリーチ推進
2012（平成24）年度	地域移行・地域定着支援事業	障害者総合支援法の給付対象である（コーディネーター、ピアサポーター事業を除く）

出所：杉原（2013：102）。

2000年〜2002年度に「社会的入院解消研究事業」を実施した。

また、厚生労働省は、2002年12月に「今後の精神保健医療福祉施策について」をまとめた。これは、社会保障審議会障害者部会精神障害分会における報告書である。報告書では、「受け入れ条件が整えば退院可能」な入院者は72,000名との推計を示した。そして、同報告書は10年以内にこれらの入院者を退院させるという方針と、社会復帰のための施設整備を図ることを明言している。その2年後の2004年の「精神保健医療福祉の改革ビジョン」では、社会的入院者といわれる人たちがどのくらいの数に上るかについて、入院者全体の動態として「受け入れ条件が整えば退院可能な者（約7万人）」と指摘した。

このような精神科病院長期入院患者[5]を対象にした退院支援の事業は、厚生労働省によって2003年度から実施された「退院促進支援事業（モデル事業）」に始まり[6]、2010年度からは「地域移行・地域定着支援事業」として実施されてきた。同様に、「アウトリーチ推進モデル事業」が実施され、未治療者や医療中断者に対しても視野を広げ、必要な医療に結びつける支援事業が展開されることになった。その経過については表1-2のとおりである。

これらの事業は精神保健福祉に従事する専門職によって取り組まれており、内閣府による2012年6月の「行政事業レビュー」[7]において実績が報告されている。2003年度から2010年度までの実績は表1-3のとおりである。

■ 表 1-3　精神障害者地域移行・地域定着支援事業による実績

	全圏域数	実施圏域数	実施圏域数/全圏域数(%)	事業対象者数(人)	退院者数(人)	退院者数/事業対象者数(%)
2003 年度	-	-	-	226	72	31.86
2004 年度	-	-	-	478	149	31.17
2005 年度	-	-	-	612	258	42.16
2006 年度	385	148	38.44	786	261	33.21
2007 年度	389	236	60.67	1508	544	36.07
2008 年度	386	295	76.42	2021	745	36.86
2009 年度	372	309	83.06	2272	790	34.77
2010 年度	371	329	88.68	2411	859	35.63
合　計	-	-	-	10,314	3,678	35.66

注記：2012 年 4 月末時点。
出所：筆者作成。2003 年度から 2005 年度については、『やればできる退院支援』巣立ち会の資料（田尾・清重・赤沼 2008）から抜粋した。2006 年度から 2010 年度については、2012 年 6 月 14 日開催の「行政事業レビュー」の、「精神障害者地域移行・地域定着支援事業」事業概要 4 ページの実績一覧の一部を転記した。なお、合計欄は筆者による記載である。

　表 1-3 に示すように 8 年間では、全国の 88.68％の圏域で実施され、10,314 名の事業対象者があった。そのうちの退院者は 3,678 名であり、いわゆる退院率は 35.66％であった。この数字をみることによって、退院できた入院者はもっと多いのではないか、さまざまな心の抵抗があったり退院できない理由があったりして退院できなかったのではないか、などと推察できる。この人数を多いとみるか少ないとみるか等の議論はここでは控え、事業の諸実践の結果としてみておく。
　むしろ、注目したいことは数字と異なって、この事業の対象になった人たちの入院中の心情、退院を決めた理由、退院のきっかけになったこと、退院に至るまでのプロセス、退院後の地域生活を送っている思いなどについてである。実はこれらについて取り扱った報告書や論文や論考は多くない。厚生労働省は諸事業における結果を示すことはするのだが、その対象になった人たちの思いをまとめることはほとんどなかったのである。
　長期入院患者への制度的な退院支援は、2012 年度からは地域移行支援事業および地域定着支援事業として、障害者総合支援法による給付対象になっている。その支援を受けながら退院し、地域生活を継続させている人もある。また、

ピアサポーターの活躍も地域別には見受けられ、それに関する報告や研究[8]もある。ピアサポーターが入院者に自分の体験を語ることは、入院者の不安を和らげ気持ちを退院に向けやすくさせるために、独自の機能と役割があると考えられる。ピアサポーターによる関わりの特徴については日本精神保健福祉士協会（2008）が、精神科病院の入院体験のあるピアが声をかけるので安心感が持てるとか、共感を得やすく相談がしやすいこと、などの結果を調査によって明らかにしている。

第2節　問題関心

　長期入院から地域生活へと退院の取り組みは進められており、実績報告があったりピアサポーターによる効果が示されたりしている。だが、多くは支援する側からの報告や指摘であり、退院した当事者の断片的な語りはあるものの、彼らのまとまった語りについて分析した報告はほとんど見られない。

　精神科病院に入院している間は治療が中心になるために、長期入院患者はどのような心情を持っているかとか、ニーズや希望は何かなど心理的社会的な情報が得られることは多くない。数年間から数十年間にわたって入院していた人は、生活の日常性の中断や社会関係の喪失などが生じている。そのため、退院にあたり住居探しはもとより、1人での地域生活（食事、清掃、洗濯、ゴミ出しなど）をどのようにしていくか、日中の過ごし方をどうするか、また、就労などに諸課題が生じている。また、彼らが退院して地域で生活するにしても、時によって生じる妄想や幻聴などの精神症状への対処に不安を感じて退院に踏み切れない人もある。

　さらに、住居の確保や生活する資金をはじめ生活手段を持てず、交通機関の使用方法や近所とのつき合い方など社会生活感覚も乏しいことが多い。そのことから、退院に強い不安を抱いている。このような状況は、文化、生活習慣、言語の異なる外国でいきなり生活しなければならないことにたとえられるような困難な感覚だといわれている。

　つまり、長期入院患者は「退院を諦める」とか「将来を諦める」[9]という気持ちにさせられてしまい、退院して地域で生活するという思いにはなれな

い。たとえ精神科医療に関連する専門職が退院のアプローチを実施しても、ある50代の入院者が「この年になってからでは遅い」と躊躇してしまう現状も数多く生じるのである。

　長期入院患者が退院しようと思うまでには変化があり、退院に至るプロセスがある。長期入院者の中には退院したいという意思を持っていた人もあるが、病院内においてその意思を強めたり実行したりする機会が乏しいことから、環境が整わない人たちも多くある。よしんば、専門職やピアサポーターによる退院支援があったとしても、長期入院患者が退院しようという気持ちになるまでにはさまざまな不安があり、躊躇、葛藤、思い直しという変化があるのである。

　それは「長期入院患者がかかえる世間との間のみえない壁」（朝本2003：29）の前に佇み、今後の行き先を思案している姿なのである。退院を諦めるのではなく、躊躇したり思い直したりする変化は貴重な体験である。また、そのような体験ができるように、精神保健福祉にかかる専門職が働きかけることも重要なのである。

　しかし、現実にはその詳細が十分に明らかにされていない。千葉ら（2009）は、長期入院患者の退院支援に関する先行研究において、退院阻害因子や社会復帰への支援に関する報告などがあるものの、「退院支援に対する患者の思いを調査した報告はみられない」としている。

　また、ピアによる関わりはなぜ安心感が持てるのか、なぜ共感を得やすかったり相談しやすかったりするのかについても詳細な研究が乏しい。それは今のところ、入院経験のあるピアによる関わりだからという観念的なレベルでとどまっているのではないかという疑問がある。さらに、岩上（2010）は自らが実施した退院支援にかかるある事例について、入院経験のある者同士の影響について紹介程度に触れている[10]。これは貴重な例だが、入院者同士の影響に関する論述ではない。たとえ、退院する人にとってピアや入院者同士が関わることで安心感が持て共感を得やすかったのだとしても、その詳細や効果にかかる研究は乏しいのが現状である。

　そもそも長期入院患者というのは、精神症状の治療のために、あるいは地域の受け入れ条件が整わなかったために入院している。退院に至るプロセスには各分野の専門職が関わったり、事象としては少ないもののピアサポーターが関

わったりしている。

　そのような中で、長期入院患者に焦点を当て、入院中の思いや退院に向かう気持ちに関する語りや、退院に至るまでのプロセスの語りなどは、精神障害者の生きざまや長期入院患者の人としての変化を示すものである。こういった長期入院患者の退院に至る変化やプロセスにかかる質的研究は、これまでは乏しかった領域である。

　退院に至る変化やプロセスが明らかになるということは、尊厳ある1人の人としての長期入院患者が入院中に何を体験し、退院に至るまでの不安、躊躇、葛藤、思い直しの内容が明らかになることである。これらから、長期入院が人にもたらす影響が明らかになり、人の尊厳を尊重する精神科病院への入院のあり方を示唆するものとなる。また、支援する立場から考えると、入院者の体験や心情を理解するうえで貴重な資料となり、今後の退院支援の重要事項を示すことにもなると考える。

第3節　研究目的と意義

　研究目的は2点ある。1点目は、精神科病院における長期入院患者に対する専門職の関心は何であったかについて先行研究として明らかにすることである。これは本書の第2章および第3章にまとめた。2点目は、専門職やピアサポーターが行う退院支援によって、退院していく入院者に生じる変化と退院のプロセスを明らかにすることである。これは本書の第5章および第6章にまとめた。

　長期入院患者が何かを思い、考え、必要なことに取り組み、退院していったわけだが、その人の語りの分析は貴重であり、変化と退院のプロセスを明らかにすることによって新たな退院支援の観点や知見を発見できる。今まで明らかにされていなかったことを明らかにすることによって、「地域移行・地域定着支援事業」や普段の退院支援の実践に、入院者の変化に関する新しい情報を提供できると考えている。

第4節　研究方法

1点目は、退院支援あるいは地域移行支援などに関する先行研究をリサーチする。精神科医療関係者が長期入院患者をどのような存在としてみていたのか、また、退院支援としてどのようなことが考えられ実施されてきたか、などについて論文や論考を分析することによって明らかにする。これはCiNiiを活用し2014年3月までの論文や論考を対象にしてまとめた。結果を2つの章に分けてまとめた。

2点目は、精神科病院の長期入院から退院して地域生活を送っている人たちへのインタビューを実施し、その内容をM-GTAによって分析する方法である。東京都と西日本の各地に在住している16名を対象にして実施した。M-GTAを使用したのは、1人の人に生じる変化やプロセスについて描写し分析できる方法であり、研究者の観点が活かされるという基本性格があるからである。

注
1) 1960年7月1日に設立された、医療金融公庫という特殊法人を運営するための法律である。本来の目的は、国民の健康な生活を確保するに足りる医療の適正な普及向上に資するためとされた。現実には、一般の金融機関が融資しない申請に対しこの公庫が融資するという内容であった。高度経済成長に裏打ちされ財源は政府が全額を出資していた。1985年1月1日に、社会福祉・医療事業団法に引き継がれた。
2) 1958年10月2日の厚生省事務次官通知（発医第132号）により設定された。人数換算では、医師は患者48名に1名でよい、看護師は患者6名に1名でよいという基準である。ちなみに一般病床では、医師は患者16名に1名、看護師は患者3名に1名が基準であった。精神科特例は2001年3月1日に改正医療法施行に伴い廃止され、大学病院や100床以上の総合病院は是正されたが、民間の精神科病院では是正の動きは乏しい。
3) OECD Health Statistics 2013を基にして作成された、人口10万人対精神科病床数の国際比較の結果は次のとおりだった。最も多いのは日本で269床、次いでベルギー175床、オランダ139床、ドイツ121床、チェコ101床と続き、OECD平均は68床だった。精神科病床数は単に少なければよいというわけではなく一定割合が必要である。だが、100床以上が5か国しかない中で日本は群を抜いている状況である。OECD平均と比較しても約4倍の多さであり、これは特別な理由があると考えざるを得ない差である。
4) 大和川病院は大阪府柏原市に存在していた精神科病院である。1963年3月に安田病院として開設され、1969年12月に大和川病院に改称した。「大和川病院事件」とは、1969年8月に当時31歳の患者が病院職員に暴行を受け死亡、1979年8月にも当時49歳の患者が職員に暴行を受け死亡、さらに、1993年2月にも当時57歳の患者が職員に暴行を受け死亡した一連の事件に対する、大阪府による大和川病院廃院に至るまでの処理に関する経過のことである。精神科医療に潜む患者不在、暴力の容認、社会的入院という人権侵害などを指摘する対象となった事件のことである。

5) 本章でいう精神科病院長期入院患者とは、精神症状の治療のために入院が長期にわたる人たちや社会的入院者を含めて表現している。長期入院といった際にその期間として2年以上を対象にしている。というのは、交通機関や公共機関の利用、生活のための各種情報を得ること、生活手段に関する変化が早い現代において、日常生活から離れ精神科病院に2年間も入院していたら社会生活能力が損失されると考えられるからである。その状況におかれた入院者は、退院や地域生活を可能にするためにさまざまな課題を持つようになり、退院が一層困難になると考えられるからである。
6) 地方自治体レベルにおいては、先に説明した大阪府が2000年度〜2002年度に退院促進事業を実施している。また、島根県出雲保健所においても2000年度〜2002年度に厚生科学研究として「長期入院患者（社会的入院）の在宅支援推進事業」が実施された。厚生労働省における2003年度からのモデル事業は、これらの先進自治体の取り組みを参考に施行されたと考えられる。
7) 内閣府の行政刷新会議における平成24年度の「行政事業レビュー」によると、地域移行・地域定着支援事業の実施圏域、事業対象者、退院者数は増加しているが、退院率（退院者数÷事業対象者数）は近年横ばいになっている。
8) 大阪府立大学の松田博幸（2012）「大阪府精神障がい者退院促進ピアサポーター事業の効果」や、杉原努（2013）「地域移行・地域定着支援事業におけるピアサポーター活動の特徴―退院する人の心的変化とエンパワメントに関する一考察―」の研究がある。
9) 杉原努（2013）は、「地域移行・地域定着支援事業におけるピアサポーター活動の特徴―退院する人の心的変化とエンパワメントに関する一考察―」において、ピアサポーターになった人が入院している時の振り返りについてインタビュー調査した。その結果、「退院を諦める」と「将来を諦める」の2つの概念を生成した。
10) 岩上は次の例（仮名と思われる）を示していた。30年間入院している石川さんは、病院で一生暮らそうと約束した鈴木さんから「退院してください」と言われたことを機に退院を決意した。鈴木さんは、自分は心臓が悪いために転院することになるだろうから、一生病院で暮らすという石川さんとの約束を守れなくなるので、そのように告げたという。石川さんは、尊敬する鈴木さんの告げたことに影響を受け退院したという。

第 2 章

「希薄な施策の結果」としての長期入院患者

　本章と次章においては、精神科病院長期入院患者への退院支援に関するこれまでの論文や論考について、いわゆる先行研究としていつの時代に、何が注目され語られたかについてまとめていく。まず、本章においては先行研究に関する問題意識、研究目的、方法、結果を示す。結果については 2 つのカテゴリーが生成されたことから、本章と次章に分けてその 2 つのカテゴリーに関する説明と解説を示す。本章においては、「希薄な施策の結果」というカテゴリーについて、精神科病院における長期入院に関連させながら示していく。

第 1 節　調査の背景、問題関心、研究目的、方法、結果

1-1　調査の背景と問題関心
　本節では第 1 章でみてきた研究背景や問題関心などについて確認するとともに、そのような状況において長期入院患者に関する先行研究として何があったかについて触れる。はじめに、長期入院患者を生じさせた経過やそれに関する取り組みについて再確認する。なお、本章および次章における社会的入院患者とは、入院治療の必要はないが地域生活に必要な社会資源や条件が整わないという理由によって精神科病院に入院継続になっている人たちのことであり、長期入院患者に含まれるという考え方である。
　日本の精神科病床について人口 10 万対病床数を比較すると、世界に類をみないほど多くの精神科病床が存在していることがわかる。その結果、入院治療が必要でないにもかかわらず、地域生活に必要な社会資源や条件が整わないという理由によって、精神科病院に入院継続になっている人たちがある。いわゆ

る、社会的入院といわれる長期入院患者である。このような状況が継続すると、「大和川病院事件」のように入院患者の生命や人権などに極めて深刻な事態が発生してしまう。

　大阪府精神保健福祉審議会は、「大和川病院事件」の表面化により審議会を開催し、1999年3月の報告書において、退院可能だが入院を継続させられること（社会的入院）は人権侵害であると断じた。そして、2000年～2002年度に「社会的入院解消研究事業」を実施した。

　また、厚生労働省は、2002年12月に社会保障審議会障害者部会精神障害分科会報告書である「今後の精神保健医療福祉施策について」をまとめた。報告書では、「受け入れ条件が整えば退院可能」な入院患者は72,000名との推計を示した。そして、同報告書は10年以内にこれらの入院患者を退院させるという方針と、社会復帰のための施設整備を図ることを明言している。

　厚生労働省は2003年度から精神科病院長期入院患者の退院に向けて「退院促進支援事業（モデル事業）」を実施し、それ以後も第1章でみてきたように事業を展開していた。2010年度からは「アウトリーチ推進モデル事業」が実施され、未治療者や医療中断者にも視野を広げ、必要な医療に結びつける支援事業が展開されることになった。

　これらに示す以外にも精神科病院入院患者へのさまざまな支援は、これまでも精神科病院の専門職スタッフによる普段の業務として展開されてきた。医師、看護師、精神保健福祉士、作業療法士などの専門職種が研究や実践報告をまとめており、多くの知見や研究結果が蓄積されている。そして、長期入院患者へのさまざまな支援に関する研究について、その動向に関する研究も著されている。

　たとえば、磯村ら（2010）は、「長期入院」と「社会的入院」の2つのキーワードに基づき、「医学中央雑誌刊行会『医中誌』Ver.4」「Medical on line」によって検索した1983年から2008年までの226件の論文を研究対象にした。その目的は、長期入院患者支援に関する研究の概要と長期的な動向を明らかにすることであった。そして、対象文献の論点を検討し類似した内容を整理していくと、9つにカテゴリー化されたという。それは次のとおりである。①長期入院患者の能力・行動、②長期入院患者のニーズ・主観、③長期入院患者へのケア・介

入、④長期入院患者の家族、⑤長期入院患者への退院支援、⑥精神障害者の地域支援・社会資源、⑦退院・社会復帰に関する要因、⑧長期入院患者に関わる病院職員、⑨長期入院患者・精神障害者の現状・転帰。

　磯村らは9つのカテゴリー化の他に、論文の筆頭筆者の職種や研究傾向を明示し、発表年代に応じた研究関心について明らかにしており、これは評価できるものである。だが、これにとどまらず、9項目における研究の概要説明や特徴を明らかにすることが求められるであろう。それぞれの項目における研究の動向や施策への反映に関する現状が明らかになると、磯村らの研究がより深まると考えるからである。

　また、朝野ら（2011）は退院に関する要因の文献研究として、CiNiiでは「精神」、「退院」、「要因」の検索用語で、医学中央雑誌では「精神科 or 精神疾患 or 精神障害」、「退院」、「要因」を検索用語にして検索した。さらに独自の選定基準に基づき1983年から2010年8月までの論文の中から7編を対象に研究を進めた。

　その結果、次のような退院を困難にしている5つの要因を明らかにした。①「本人要因」として退院意欲が乏しい場合に入院が長期化しやすいこと、②「家族要因」として家族の退院への積極性や世帯年収が影響すること、③「病院環境要因」としては、医療スタッフの数が入院の長期化に影響を与えていることが示されたとして、医療スタッフによる支援の質に関する詳細な検討が重要だと考えている、④「地域環境要因」との関連性では、退院先の社会資源の状況および有無が入院の長期化に影響を与えていることが示されたとしている、⑤「その他の要因」として、退院予定がないことがあげられている。

　以上は、退院を困難にしている要因を明らかにした点で重要な指摘である。

　だが、精神科病院長期入院患者の退院を困難にしているのは示された要因だけなのであろうかと疑問が残る。よしんばこれらの要因であったとしても、各項目の詳細な内容が知りたいところである。

　磯村および朝野らの研究を参考にすると、長期入院患者の退院に関する今後の研究の方向性は、精神科病院長期入院患者への院内における能力・行動把握、ニーズ・主観の把握、生活支援、退院支援にかかる他の要因などに関する研究が必要だと考えられる。すべての領域の研究を一挙に進めていくことは困難にしても、領域に焦点化させた研究が必要だと示唆される。

また、両者の研究でも明らかになることだが、長期入院後に退院する人の入院中の思いや、退院し地域での生活が可能になるまでの変化に関する研究が極めて少ない。というよりも、退院する人の思いや変化について検討された論文や論考が圧倒的に少ないために、カテゴリーとしてまとまらなかったということが考えられる。つまり、長期入院患者の入院中の思いや地域生活に至るまでの変化に対する関心が乏しいという現状なのだと考えた。

1-2　研究目的
　先に示した研究背景と問題関心を基にして、本章および次章における研究目的は、精神科病院長期入院患者の退院支援に関する研究視点と、具体的にどのような内容が示されたかを明らかにすることである。研究視点はいくつかのカテゴリーに分類が可能になると考えられるのでその分類を明らかにする。同時に、1つのカテゴリーにまとめられている内容を簡潔に説明することである。

1-3　研究方法
　今回は CiNii による文献データベースを用いた文献研究として実施した。検索用語は「地域移行」、「精神障害」、「退院支援」、「精神保健福祉」とした。検索におけるヒット数の結果は次のとおりである。なお、検索時期は 2013 年 4 月である。

・「地域移行」、「精神障害」の検索用語で 62 本
・「退院支援」、「精神障害」の検索用語で 35 本
・「地域移行」、「精神保健福祉」の検索用語で 29 本
・「退院支援」、「精神保健福祉」の検索用語で 10 本　（合計 136 本）

　検索対象の論文や論考が発表された時期は 1983 年から 2013 年であった。厚生労働省が行った「退院促進支援モデル事業」が開始されたのが 2003 年度からであり、それ以前は「退院支援」という表現が多く、それ以降の時期は「地域移行」という用語にかかる論文や論考を抽出したと考えられる。そして、この中から次の選定基準を満たすものを検索したところ 47 本であり、それらを

研究対象として扱った。

1-3-1　選定基準

①精神疾患による長期入院患者について検討した論文および論考、②退院支援あるいは地域移行支援と、精神保健福祉について検討した論文および論考、③退院支援あるいは地域移行支援の方法等について検討した論文および論考、である。なお、「地域移行」と「退院支援」に分けて検索した理由は次のとおりである。

「退院支援」とは、「地域移行」と表現されるまで使用されていた、退院のための支援に関する考え方や実践でありそれを示した表現である。その手法は「地域移行」と似ており[1]、「地域移行」の支援事業が展開されてから「退院支援」という表現は減少したが、本研究の対象にできる内容を持っていたと考えている。

そこで、研究の対象にした 47 本の論文や論考の最後に記されていた参考文献の中に当研究の対象になる論文や論考等が見受けられた場合は、それを対象にすることにした。その多くは 1983 年から 2002 年までの期間であり、その数は 2014 年 3 月末までに確認できた 17 本であった。これらを研究目的にしたがって分類していった。

したがって、2013 年の精神保健福祉法改正に伴い、医療保護入院患者退院支援委員会や退院後生活環境相談員が制度化されたが、これらが機能するまでの退院支援あるいは地域移行支援事業の状況に関する論文や論考を対象にしたということになる。退院支援委員会の開催や退院後生活環境相談員による実践が本格化すれば、これらが制度化される前後では退院支援あるいは地域移行支援の現状が変化していることが考えられる。そこで、2013 年の法改正を 1 つの区切りとして、改正以前における論文や論考を対象にすることとした。

1-3-2　分類方法

分類方法はカードワークを採用した。まず、対象にした論文や論考の筆者の研究目的を大切にし、研究結果や結論に共通する項目をいくつか抽出しそれらをカテゴリー化していった。その概要は表 2-1 のとおりであり、結果の項で示す。

先行研究の分析において、対象精神科医療機関の数、調査対象者の数、対象とする在院期間などにさまざまな差が生じていた。たとえば調査対象数につい

て、1つの精神科病院の数十人の入院患者を対象にした研究もあれば、国公立病院機構全体を対象にした研究もあった。さらに規模を大きくして、全国の公立私立を含めた精神科病院を対象にした研究もあり、その対象者数は数万人規模であった。また、在院期間についても1年以上の入院患者を対象にした研究もあれば、10年以上の入院患者を対象にした研究もあった。

このように、先行研究をリサーチしていくと多様な研究関心と目的を持った研究がなされており、細分化し過ぎるとかえって全体像が見えにくくなる恐れを感じた。そこで、本研究では先行研究において、公立私立別の精神科医療機関の数、対象者の数の多寡、対象とする在院期間ごとなどに細分化することをせずに、研究目的を尊重しそれを基準にしながら進めていった。

1-4　結　果

対象にした論文および論考をみると、問題関心、調査目的、方法、対象などがそれぞれに異なり、統一した基準のもとに分類できなかった。たとえば、長期入院といった場合に、その期間を1年以上と規定する研究もあれば10年以上とするものもあった。1つの精神科病院の数十人の入院患者を対象にした研究もあれば、国立病院機構全体を対象にした研究もあった。調査対象者については数名を対象にしたインタビューによる研究もあれば、約4万名を対象に統計処理を実施しその後に考察を加えた研究もあったのである。いわゆる質的研究を思わせる研究結果と量的研究から導き出された結果が混在していたのである。これらのことから、統一した基準を基に分類することは困難だと判断した。

だが、1つの論文および論考において、退院を阻害する要因について論じつつ、他方では社会資源の必要性を示しているものがあった。また、入院患者の退院意向に関する論考を示しつつ、家族との関係性を論じたり院内での専門職による働きかけ強化の必要性を指摘するものもあった。

したがって、対象とした論文や論考ごとに複数の要素が組み込まれていることを前提に考え、1本の論文や論考に含まれる要素が複数の項目に分類されることが必要だと考えた。つまり、1本の論文や論考には複数の要素があることを確認しそれぞれを抽出したのである。同様に、参考文献の中の論文や論考からも複数の要素を抽出し、その中から同類の要素を1つのまとまりとして集約

■ 表 2-1　退院支援の先行研究に関する概念とカテゴリー一覧

カテゴリー	サブカテゴリー	概念番号	概　　念
希薄な施策の結果	社会的入院の定義と人数	1	【定義】受け入れ条件が整えば退院可能な入院状態
		2	【人数】約7万名以上の社会的入院患者
		3	社会的入院を作り出した歴史
	社会的入院を生じさせた要因	4	利用者の病状や退院への不安
		5	家族の不安と抵抗
		6	病院スタッフの支援観点の課題
		7	社会資源の乏しさや地域連携の不足
		8	社会的入院を許している法や診療報酬体系の課題
		9	社会的入院患者の症状および状況の分析
観点のある退院支援の必要性	幅のある退院意向	10	調査結果ごとに異なる退院意向の割合
		11	退院したくないとの意思表示
		12	長期入院患者の揺れる心情
	退院意向に与える影響	13	ピアサポーターの有効性
		14	長期入院患者と家族との関係
	生活基盤の整備と支援体制の重要性	15	生活の場と活動の場の必要性
		16	プログラム化された地域支援
		17	支援体制構築へのプロセス

出所：筆者作成。

した。そして、そのまとまりについて一言で表現できる概念名をつけていった。

　さらに、複数の概念を1つのまとまりとできる場合には、上位概念としてサブカテゴリーを生成した。また、複数のサブカテゴリーにおける上位概念が生成できる場合にはカテゴリーとしてまとめた。

　このような抽出、生成、分類を繰り返すことにより、表2-1に示すような概念とカテゴリーの一覧表を作成した。要素の抽出にあたっては切片化せずに、1つの文章や文節が示す意味を重視した。

　このように、精神科病院長期入院患者への退院支援に関する先行研究について、分析方法として既存の研究方法を用いたわけではない。筆者が先行研究を読み込み、気づいた特徴や要素を抽出し、それをまとめたり概念をつけていったりした。

また、論文や論考の主筆者がどのような職種であるかについては明確に判断できない論文や論考があったことから、その点についてはあえて触れていない。さらに、本研究の対象とした論文や論考は当初の基準に基づき選考された限定的なものであり、退院支援あるいは地域移行にかかるすべての論文や論考について分析したのではないことを確認しておく。

　本章においては「希薄な施策の結果」について説明していく。先行研究では医師、看護師、精神保健福祉士、作業療法士などさまざまな専門職が、個人やグループとして論文や論考を示している。表2-1に示しているように、このカテゴリーに含まれる2つのサブカテゴリーと9つの概念について、専門職個人やグループとして語られたことを項目として分けて整理しながら説明していく。

第2節　社会的入院の定義と人数

　本節からは概念とカテゴリー一覧に関する説明である。まず表2-1におけるサブカテゴリーである、「社会的入院の定義と人数」について説明する。その他に定義と人数について触れた各種審議会や精神保健福祉従事者の指摘をまとめる。

　なお、対象とした論文や論考の中には「精神分裂病」という記述があったが、これは統合失調症に名称が変更[2]される以前の論文や論考に見られた。このような事例は本書において、引用部分と参考文献についてはそのまま精神分裂病と記したが、それ以外は統合失調症という表現に統一した。

2-1　社会的入院の定義およびその人数に関する指摘

　このサブカテゴリーに属するのは概念番号1と2である。社会的入院の定義やその人数に関して、先行研究ではどのように論じられてきたかについて概要をみていくことにする。

　大島巌ら(1991)は日本精神神経学会社会復帰問題委員会として、全国の精神科医療施設172施設（対象病床41,866床）に2年以上入院している精神障害者を対象に調査した。これは主治医の評価と障害者本人の意見に基づき、入院患者に占める社会的入院の割合や、退院促進のために必要な社会資源について検

討するための調査であった。調査日は1989年11月の任意の一日と、督促を行った1990年1月からその後の2月末までの期間であった。

　この調査報告の中で、社会的入院とはどのような状況をいうのかについて指摘している。それは、主治医による治療というよりも「主として社会的理由による入院」を社会的入院とした。社会的入院の名称とその意味がこの時点で明確に表明されたのであった。さらに、「主として社会的理由による」とは、社会資源が整備されれば1年以内には退院が可能になると思われるもののことである（大島ら 1991:584）と考えていた。ただし、ここでは社会的入院に関する精神症状の有無やその軽重については判断項目にない。

　ちなみに社会的入院患者の割合は、対象施設において2年間以上入院している者のうち33.1％、全入院患者に対しては20.5％であったという（大島ら 1991:588）。『我が国の精神保健福祉』平成15（2003）年版（623ページ）によると、調査年における日本の全入院患者数は346,540人なのでその20.5％とは約71,040名であり、この時点で約7万名という数字を引き出すことができる。2004年9月に精神保健福祉対策本部が取りまとめた「精神保健福祉の改革ビジョン」において、社会での受け入れ条件が整えば退院可能な入院患者を7万名と概算したが、その13年も前に既にこの数字は示されていたということになる。

　次に、柏木昭（1993:29）は『改訂　精神医学ソーシャル・ワーク』において、「精神医療の領域では向精神薬の進歩により、薬物投与によって症状が軽減され退院が可能になっても、家庭や職場、住む家等々社会的諸条件に阻まれて退院できない"社会的入院"」があるとしている。柏木は社会的入院について、社会の受け入れ条件を考えて、家庭や職場、住む家等々による社会的諸条件に阻まれているとより明確に示した。具体的に何が受け入れ条件にあたるかについては2000年代に多くの論文や論考によって指摘されてくるが、その先駆けになる指摘であった。

　また、岡田和史（1998:299）は社会的入院について、「症状が回復しているにもかかわらず、社会復帰施設などの退院後の受け皿がないというような社会的理由により、やむを得ず入院を継続しているもの」としている。ここでは、社会の受け入れ条件のみならず精神症状について触れて、入院患者の精神症状は

既に回復している状態にあることを指摘した。

　黒田研二ら（1999）は、日本精神神経学会のリハビリテーション問題委員会として、精神科病院長期在院患者のうちどの程度の割合の人が退院可能と判断されるか、また、生活機能レベルと退院可能性との関係の検討を目的に調査を実施した。調査時点は1999年2月である。

　その結果、長期入院患者の退院可能性を考えた際に、「退院可能」、「通院服薬問題の改善」、「地域生活問題の改善」、「服薬・生活問題の改善」、「退院困難」の項目をあげている。何らかの条件が整えば退院可能ということは、「通院服薬問題の改善」、「地域生活問題の改善」、「服薬・生活問題の改善」が対象になると考えていた。

　そして、黒田ら（1999:766-768）によると、1年以上の入院患者のうち「通院服薬あるいは地域生活の問題が改善されれば退院可能」の割合、つまり、ほぼ社会的入院患者数の割合は32.5％であったとしている。この割合は大島ら（1991）の研究結果（33.1％）と近い値を示している。大島らと黒田らによる調査はその間が約10年間であるが、両方とも日本精神神経学会による同様の問題意識に基づく調査であった。両方の調査の結果、いわゆる社会的入院の状態にある入院患者の割合が近似値だったということは、この10年間に社会的入院患者の割合がさほど変化していなかったということである。日本精神神経学会調査により課題が提起されているにもかかわらず、政府による社会的入院解消に向けての施策が打てていない状況を示すものといえる。

2-2　各種審議会における指摘

　次に、審議会の報告書における指摘という点では、社会保障審議会障害者部会2002年12月19日付け報告書「今後の精神保健医療福祉施策について」において社会的入院患者の記載がある。それは、「はじめに」で我が国の精神保健医療福祉の状況と課題を示した際に、課題の1つに「医療技術の進歩等により、最近入院した者については比較的短期間の入院医療が定着しつつある一方、長期入院の者が減らず、またいわゆる社会的入院者が減らないこと」があるとして、社会的入院患者の存在を認めた。社会的入院患者の存在は審議会においても明確に指摘されていたのである。

報告書の「2.基本的な考え方」として、社会的入院患者の定義について明確に示すことはないものの、「『受入れ条件が整えば退院可能』な約7万2千人」という表現によって、社会的入院の意味することとその対象者数を示している。

また、大和川病院事件を審議した大阪府精神保健福祉審議会（1999）は、社会的入院は人権侵害であると断じた。一地方自治体である大阪府の審議会における報告であるが、社会的入院の真相を明確に指摘しているものである。

2-3　地域における精神保健福祉従事者の指摘

地域で活動していた精神保健福祉士や研究者は次のように指摘していた。田村綾子（2003:6）は、「精神症状に対する治療的理由以外の社会的な諸条件が原因となって行われる（期間の長短とは無関係な）入院のこと」としている。また、松本すみ子（2003:11）は、「『社会的入院』とは、入院による治療の必要がないにもかかわらず、さまざまな社会的要因によって入院を継続していること」をいうと考えた。岩上洋一（2010:25）は、「入院による治療の必要がないにもかかわらず、さまざまな社会的な要因によって、入院を継続していること」と定義づけている。

これらのことから社会的入院患者に関するおおよそのイメージは描けるであろう。ポイントは2点ある。1点目は精神症状についてであり、入院治療が必要でない状態にまで回復しているということである。2点目は、社会における受け入れ条件が整っていないということである。つまり、住む場（住居）、家族が受け入れる場、昼間活動の場、相談できる場、働く場などの場がないということであった。これらが十分に調整されたり整備されたりしていないために生じた事象だったのである。

だが、重要なことは、大阪府精神保健福祉審議会（1999）が示した『大阪府精神保健福祉審議会　答申』において、社会的入院は人権侵害であると断じたことである。入院治療が必要ないにもかかわらず精神科病院に入院が継続されることは、その間の入院患者の社会生活が奪われるということである。退院していれば地域において経験できたであろうさまざまな生活や人々との関係性などが失われてしまったのである。これは機会不平等といえることであり、社会的復権に関わることであり、人間の日々の生活における人権侵害なのである。

答申はそのことを指摘していた。

第3節　社会的入院を作り出した歴史

これは概念番号3にあたる概念であり、日本における社会的入院を語る際に避けて通れない意味を持つと考えるのであえてここで触れることにする。

3-1　精神科医療の歴史に伴う指摘

概念番号3にあたる、社会的入院を作り出した歴史については次のような論文や論考があった。松本すみ子（2003:13）は「社会的入院」について、日本の精神科医療と精神保健福祉の歴史的特徴からその構造を指摘した。それは、①隔離収容主義、②民間への依存度の高さ、③長期的および閉鎖的入院環境、④サービスおよび地域サポートシステムの未成熟の4項目である。

また、精神保健福祉士の実践が社会的入院の一因であることも指摘している。それは、「図らずも長きにわたり入院患者の院内適応に向けて展開してきた」ことや、「家族とのかかわりにおいても精神障害者の退院と家庭生活を実現するための援助では必ずしもなかった」（松本 2003:13）という指摘である。このように、「社会的入院」は作り出されてきた歴史的特徴があることを示している。

柏木一恵（2002）は、明治政府は精神障害者を社会防衛思想の対象と見ており、精神科病院は社会治安の砦としての役割を担わされてきたとする。第二次大戦後も「精神衛生法」による、本人の意思によらずに入院させる法的手続き、1958年の「精神科特例」による他科に比べ低いレベルの職員配置、民間病院増の政策誘導、経営優先主義などが展開されてきた。他方で、精神保健福祉士の配置と社会復帰ケアの抑制（柏木 2002:124）などにより、多くの社会的入院患者を生じさせたと指摘している。

3-2　精神保健福祉士の役割と歴史に関する指摘

さらに、柏木一恵（2002）は長期入院を生み出してきた日本の精神科医療および専門職の実践の歴史を振り返り、精神保健福祉士の視点を示している。精神科病院における精神保健福祉士の視点として、「病院が地域生活支援にまで

手を出せば、結局のところ患者が患者という役割を退院してまでもなお引き受けなければならない」(柏木 2002:126) と考えた。したがって、「私たちが自戒すべきは、地域生活支援を病院で行われている患者管理と同根の地域管理にすりかえてはいけない」(柏木 2002:126) というのである。

そこで、地域支援を展開してきた精神科病院の精神保健福祉士は、地域で暮らす利用者について次の視点が重要だとする。それは、「地域の中で生きる力は彼ら自身がその暮らしの中で獲得していくしかないということではないだろうか」(柏木 2002:125) ということである。地域における患者管理を行わない、地域の中で利用者が生きる力を獲得していけるような関わりの必要性を指摘しているのである。

これは、精神科病院における精神保健福祉士の視点としては重要な指摘である。障害者総合支援法における各種障害福祉サービス事業所がなかった当時において、精神科病院の精神保健福祉士は地域で生活する人に対し、ややもすると再発予防の意識が強く出てしまい、患者管理の関わりになりやすいことを戒めた指摘であった。つまり、地域で生活する人の病状が悪化すると対応のために元の病院に再入院になり、それがきっかけで長期入院に戻ってしまいかねないから、何よりも地域で生活する力をつけるための関わりが強調されたのだといえる。

第4節　社会的入院を生じさせた要因

社会的入院を生じさせた要因に関する指摘は多くあったが、精神保健医療福祉に関わる職種によって指摘内容が異なり多様化していたことが印象的であった。精神障害者に対しては医療、福祉、地域におけるさまざまな生活支援など幅広い関わりが必要なことから、論文や論考内容の多様化は当然のことである。本節では、主筆の職種分けが明確にできなかったので、それをせずに指摘内容について論じていく。

4-1　精神科病院内の実践に関する指摘

橋詰宏ら (1991:60-61) は、同時期に入院した統合失調症患者を対象に、1年

間以上入院する長期入院群と 1 年間以内に退院する短期入院群とに分け、長期入院になってしまう危険因子を探った。その結果、長期入院になる因子として次のようにまとめている。

① 高齢者であること。高齢者は一般人口と同様に学歴が低く就職しにくいので無職が増え、配偶者と死別する機会も増加する、近親者以外に頼らなければならない人が増加してくるなどを理由としてあげている。
② 陽性症状の改善が見られない者であること。幻覚妄想、興奮混迷、他害問題行動等の表（おもて）に現れやすい症状を、家族が問題にすることにより入院が長期化するとしている。なお、無為、自閉といった症状には家族は比較的耐性が高いかもしれないと、筆者が勤務している地域的な特徴を追記している。
③ 社会的受け皿がない場合であること。社会的受け皿とは、家族、職場、その他のサポートシステムを含めるものである。家族を例にあげると、入院が 1 年間を超えると家族の態度が変わることを示している。

　この指摘からわかることは、①と③は社会的入院を生じさせる要因になる。①は入院患者の年齢に関することであり、高齢のために住居確保や家族等の支援が乏しく地域において生活することが困難になりやすい。③は社会における受け入れ条件の不足、つまりさまざまな社会資源の不足が要因として指摘されている。
　なお、②については、入院患者の病状に関することであり、精神症状が悪化している場合は治療に時間が必要なことから入院が長期にわたることもあるという指摘である。
　また、下野正健ら（2004）は自らの勤務する病院の退院促進の取り組みから、「精神症状の重症度（対人障害や現実検討能力障害）が退院関連要因であるという所見は、入院中心の精神科医療に代えて地域ケアを含めた包括的な精神医療を進めるためには、対人障害や現実検討能力障害の改善を図る長期在院者の病院内でのリハビリテーションの充実が必要であることを示している」（下野ら 2004:412）とする。つまり、院内の専門職がリハビリテーションを実施すること

によって退院が促進されることを指摘しているのである。主には院内の専門職による退院促進に取り組むことによって、社会的入院を避けようとする試みであった。

大阪府は2000年度から退院促進事業（府単費事業）を実施しており、大阪府こころの健康総合センターが府内の当該事業に関する調査研究を行っている。大阪府こころの健康総合センター（2005）が研究紀要第11号において、精神科病院内の取り組みの重要性についてまとめている。2005年度までの時期においては病院の職員や入院患者にこの事業の内容が十分に伝わっていないと思われた。そこで、病院職員や入院患者を対象に事業の説明会、この事業を使って退院した人の体験談を語る場、茶話会などを開催し、事業内容を伝え周知を図っている。

このことは、当時の精神科病院内では、この事業がまだ主なる業務ではなかったことを明らかにしている。また、地域の支援スタッフが病院へ出向き病棟の看護スタッフと協同して実施することにより効果をもたらすことを指摘した。さらに、地域における社会資源が乏しいことが、社会的入院を生じさせた最大の問題であることも指摘していた。

香山明美（2010）は2007（平成19）年度〜2008（平成20）年度における、社団法人日本作業療法士協会の研究事業から退院支援のモデル的試行を実施した。その結果として、院内における医師、看護師、作業療法士、精神保健福祉士、臨床心理士等の多職種チームによる支援体制を作り、そのチームによる退院促進と退院後の支援が有効であることを示した。特に支援の流れを一貫させる支援者（キーワーカー）によるマネージメントが重要なことを指摘した。このように、一部の病院では多職種チームによる退院のための支援が実施されていたことを示していた。

4-2　精神保健福祉士からの指摘

次に日本精神保健福祉士協会は、社会的入院などの精神科医療にかかる諸課題を検討するために、2001年7月から精神医療委員会の活動をスタートさせた。蓮井亜矢（2003:20-21）は精神医療委員会の検討の結果、社会的入院の要因として次の15項目にまとまったとしている。①収容主義の精神科病院、②医

療従事者の質、③精神科特例・マンパワーの不足、④機会の剥奪、⑤精神障害者の能力低下（ホスピタリズム、病院依存）、⑥精神障害者の自信喪失・主体性喪失、⑦障害者（社会）福祉の不備、⑧生活圏内の医療サービスの偏在、⑨制度の利用のしづらさ、⑩家族負担、⑪居住資源の不足、⑫訓練施設の不足、⑬支援ソフトの不備、⑭隣接・関連領域のスタッフの無理解、⑮社会の偏見・差別。

これらは次の小項目に集約できると筆者は考えた。

- 隔離収容主義に関する課題……………………①、③、④
- 医療従事者や関連領域スタッフの課題…………②、⑭
- 入院患者の意欲や生活能力の課題………………⑤、⑥
- 制度とサービス、生活支援システムの遅れ……⑦、⑧、⑨、⑪、⑫、⑬
- 家族負担に関する課題……………………………⑩
- 社会の偏見・差別…………………………………⑮

精神保健福祉士は、1997年12月の精神保健福祉士法成立によって国家資格となった。精神保健福祉士法の目的（第1条）は、資格を定めることによって「精神保健の向上及び精神障害者の福祉の増進に寄与すること」である。具体的な業務（第2条）は、「精神科病院その他の医療施設において精神障害の医療を受け、又は精神障害者の社会復帰の促進を図ることを目的とする施設を利用している者の地域相談支援の利用に関する相談その他の社会復帰に関する相談に応じ、助言、指導、日常生活への適応のために必要な訓練その他の援助を行うこと」である。つまり、精神障害者がおかれている状況から医療に関する相談を受けたり、地域生活や社会復帰に関する相談に応じたり、生活適応への訓練などを実施する職種のことである。

特に長期在院患者の地域移行を進めていくこと、地域生活の維持継続や生活の質の向上などに力点がおかれている。これらは精神保健福祉士法成立前までの精神科ソーシャルワーカーの業務を継承し強調したものだと考えられる。

蓮井のまとめは、長期入院の要因は隔離収容主義であったことや、入院患者の意欲や生活能力の課題をあげつつも、精神保健福祉士を含めた医療従事者や関連領域スタッフの課題もあげている。当然のことながら、制度とサービス、

生活支援システムの遅れなど社会の受け入れ条件が不十分であることの指摘もあった。だが、入院患者の精神症状や医療面に関する指摘は、社会福祉を学問的基盤とする精神保健福祉士という職種の特徴からか指摘されていない。

4-3 退院を阻む要因に関する研究

島田真弓ら（2004）は 5 年以上の入院患者を対象に、退院できた群と退院できない群の要因の比較結果を報告している。坂田三允・遠藤淑美（2000）の指摘により、長期入院の背景として家族、患者、看護者、社会の側面という 4 要因から検討している。

家族要因として、退院できた群の家族は患者の過去の状態へのこだわりがなかったとして、過去の状態にこだわる家族への教育や支援が大切だとしている。また、患者要因として自発性・意欲の欠如（73.9％）、社会性の欠如（60.9％）などが当てはまるとした。だが、退院できた群も自発性・意欲の欠如（26.7％）が少なからずあることから、他の要因の影響も示唆していた。

入院患者に関わる職種の 1 つである看護者の要因として、退院支援を諦めない姿勢が重要であると報告しているが、退院できない群にも看護者が諦めずに関わっていることから、長期入院についてやはり他の要因が考えられることを示唆している。社会の側面からは生活の場について報告している。退院できない群の 73.9％に生活の場に問題が見られたという。他方、退院できた群では生活の場にかかる問題はなかったことから、生活の場の確保が退院に影響していることが大きいと考えている。

これらから、島田は家族、患者、看護者、社会という 4 要因について検討したところ、長期入院に至らない明確な要因は生活の場の確保であるという結果を示したといえる。逆説的にいうならば、生活の場の確保ができていなかったから社会的入院を生じさせたと指摘しているのである。

次に、森川将行ら（2009）は大阪府堺市内の精神科病院の入院患者を対象に統計的解析を実施した。2007 年度の精神科在院患者調査において寛解、院内寛解状態にある 224 名の資料に基づいた解析である。その結果として、退院阻害要因と入院期間との関連において有意差があったものとして次のとおり報告した。

(1) 本人をめぐる区分
　・反社会的行動が予想される
　・退院意欲が乏しい
　・退院による環境への不安が強い
　・援助者との対人関係が持てない
　・家事（食事、洗濯、金銭管理など）ができない
(2) 家族をめぐる区分
　・家族がいない、本人をサポートする機能が実質ない
　・家族から退院に反対がある
(3) 地域をめぐる要因
　・住まいの確保ができない
　・退院に向けてサポートする人的資源が乏しい
　・退院後サポート・マネージメントする人的資源が乏しい
　・その他の要因
(4) その他の区分
　・住所地と入院先の距離があり支援体制を取りにくい

　つまり、これらの要因によって入院期間が長期にわたることを示したのである。他方、有意差を認めなかった要因として次の項目がある。

(1) 本人をめぐる区分
　・病状が不安定
　・病識がなく通院服薬の中断が予想される
　・現実認識が乏しい
(3) 地域をめぐる要因
　・生活費の確保ができない
　・日常生活を支える制度がない
　・救急診療体制がない

これについてはどの項目も退院阻害要因として大きいと思われるが、有意差が乏しいという意味は何だろうか。結論からいえば、支援する人々がいることや地域に既に存在する支援システムが機能すれば大きな阻害要因とならず、地域生活が可能ということだと考えられる。この指摘は重要である。

　さらに、古屋龍太（2010）は退院を困難にしている要因として、①患者側の要因、②家族側の要因、③病院側の要因、④地域側の要因、⑤行政側の5要因をあげている。その具体例は次のとおりである。

　①については、入院患者の退院意欲の乏しさ、生活技能の乏しさ、帰来先がない、家族等の支援者の喪失、再発のリスクが高いなどである。

　②については、本人不在という家族の再構成、親の高齢化に伴う世代交代、兄弟姉妹の核家族化、経済的にも日常生活的にも支援の困難さなどである。

　③については、乏しい人員配置、退院支援への余裕のなさ、病棟スタッフの退院支援のノウハウや意欲の乏しさ、退院システムが存在しない、地域資源との連携がないなどである。

　④については、居住のための施設をはじめ社会資源の乏しさ、居住のための保証人を得られない、他法人との連携不足、担当スタッフの不足、サービス調整ができないなどである。

　⑤については、隔離収容志向に基づく法が十分に改正されていない、長期在院でも一定の収入を得られる診療報酬体系の温存などである。

　これらから古屋が指摘する阻害要因は、「個体に起因する障害というよりは、退院をめぐる環境に起因する」（古屋 2010:12）と結論づけている。環境に起因するといった場合に、多くは各種社会資源の不足ということが思い浮かぶ。

　精神科病院入院にかかる診療報酬体系に関する指摘は、少なかったものの重要である。精神科は他科に比べ入院患者1人当たりの診療報酬が少ないなどといわれるが、入院している期間に応じて診療報酬は支払われるので、経営する側の立場からは収入源だとみなされてしまうのではないか。その意味からは、入院継続よりも退院支援の方がより多くの診療報酬を得られるように変更しない限り、長期入院患者は減少しないであろう。古屋が指摘するように、「長期在院でも一定の収入を得られる診療報酬体系の温存」は、診療報酬体系を根本的に変えていく必要がある。

田尾有樹子（2010:50）は自らが理事長を務める法人における退院支援の事業所活動を通して、阻害要因として①医療関係者の誤った認識、②本人や家族の抵抗、③地域との連携の問題、④退院先の確保の困難さをあげている。項目の説明は次のとおりである。

①については、「1人暮らしは無理」という入院患者の能力の過小評価や、「援護寮やデイナイトケアでないと難しい」という病院完結主義が見られることである。

②については、「長期間入院していたのに1人暮らしと言われてもできない」とか、「家に住む場所はない、病院にいてほしい」という声のことである。

③については、精神科病院と地域の社会資源との連絡や連携の悪さのことである。

④については、「頼れる家族がいない」とか「アパートの保証人もいない」という無い無いづくしである。

古屋と田尾の指摘はほぼ一致している。そして、これまでにみてきた退院阻害要因に関する指摘などを参考にすると、退院阻害要因はこの4～5項目の要因に集約できるように思われる。

岩上洋一（2010:24-25）は長年にわたる退院支援活動の体験から、①本人の意欲がない、②家族が拒否している、③社会資源の不足、を退院阻害要因としてあげている。説明は次のとおりである。

①については、まだ自分の番がまわってこない、退院したいと言ったが待ってくれと言われ待っていた、退院を諦めていたなど、夢や希望を封印している人たちであるという理由からである。

②については、家族は入院を継続するか家族が引き取るか以外に選択肢がないものと思い込んでいるからだという。

③については、絶対数の不足は認めつつも工夫の不足であったり、空きができてから利用するという発想になっている点があることを指摘している。

田村綾子（2003）は、①制度的要因、②家族状況、③本人の障害特性をあげている。項目の説明は次のとおりである。

①については、1900年制定の「精神病者監護法」から始まる日本の精神障害者への法制度が、「社会的危険防止のために精神障害者を私宅なり精神科病

院に隔離収容することによってつくりだされ、精神科医療や社会資源の整備の著しい遅れによって助長されてきた」と考えている。

②については次のとおりである。家族が患者の面倒をみるのは当然という日本的家族観により、「いつか患者を退院させなければならない」（田村 2003:8）と考えている。しかし、家族は高齢で経済的に厳しい状況にあり、乏しい社会資源、周囲の無理解などにより家庭への受け入れが困難な状況にあることを示している。

③については、退院は根気、体力、エネルギーのいる作業であり、退院へのハードルが立ちはだかると意欲が削がれ、入院継続のままになってしまいがちであることを指摘している。

指摘する人たちの内容を検討すると、共通項として次のように分けられる。

① 利用者本人の病状、退院意欲の乏しさ、地域生活への不安という要因
② 家族による病者の受け入れの不安や抵抗という要因
③ 病院や施設スタッフの退院支援に関する観点やシステムに関する要因
④ 社会資源の不足や地域連携の課題に関する要因
⑤ 長期間多数入院を許している法や診療報酬体系に関する要因

第5節　社会的入院患者の精神症状分析

岡田和史ら（1996:1065）は、①社会的入院患者とその他の患者の間にどの程度の精神症状の違いがあるか、②医師により社会的入院か否かを判断する基準に違いがあるかについて調査した。それによると、①については、社会的入院患者は医学的入院患者に比べて陽性症状が軽いと評価され、陰性症状では差を認めなかった。②については、症状の軽いものを社会的入院と判断する点では共通しているが、患者の重症度によって医師の入院理由の判断基準が異なっていることを明らかにした。

これらから何がいえるのだろうか。社会的入院患者は陽性症状が軽いことから、治療面においては退院の可能性は高いと考えられる。他方、診断する医師による共通の入院基準があるわけではないことから、他の要素が絡むことで退

院に変化を及ぼすことを示唆しているといえる。つまり、精神症状が回復したというだけでは退院に至らないということを示しているのである。やはり、社会内における受け入れ条件が整うかどうかが退院に影響を及ぼしているのである。

池淵恵美ら（2008）は9つの病院の292名を対象に、統合失調症の退院支援を阻む要因に関する調査を実施した。その結果、見出された因子として、①病識と治療コンプライアンス、②退院への不安、③ ADL、④問題行動、⑤自閉的行動、⑥身体合併症、⑦自殺企図の可能性、⑧家族からのサポートの8因子があるとした。さらにこの8因子のクラスター分析によって5つのクラスターが得られたと、次のように示した。

・1クラスター（複合的な困難要因群）
・2クラスター（病識と服薬および自閉的行動困難群）
・3クラスター（困難要因軽度群）
・4クラスター（不安および自閉的行動困難群）
・5クラスター（病識と服薬・不安・問題行動困難群）

なお、このうち3クラスター（困難要因軽度群）の、追跡可能な1年後転帰の調査では42.0％が既に退院となっていたという（池淵ら 2008:1016）。困難要因は軽度であっても、その半数に満たない人たちしか退院できていなかったということである。そして、「さまざまな退院を阻む要因の中でも、最も影響の大きいものは、周囲と安定して支持的な関係を作る能力と退院への本人の前向きの自信」だと主張した。

とはいうものの、入院患者は支持的な関係を自ら作ったり、退院といういわば未知の領域に踏み出すということには自信が持てないのが現実であろう。その意味からは、退院を促したり地域生活のための準備を整えてくれるような関係性があること、入院患者が強い退院希望を抱けるような関係性を専門職種が築いていくことが必要だと示唆している。

また、池淵らはロンドン北東部における退院プロジェクトの実施結果を参考にしながら、「精神症状がやや重く、不安が高度で、攻撃性、服薬不遵守、不

適切な性的行動、退院拒絶などの特徴のある人たちが、最後まで地域移行が困難であった」(池淵ら 2008:1018) とまとめている。

池淵ら (2008:1019) は最後に、退院を困難にしている 8 因子やクラスターごとの特徴、ロンドンにおける退院プロジェクトの結果などを参考に、退院支援について重要な視点を次のように示した。「個別の主治療者 (看護師である場合もあるだろうし、さまざまな職種が治療チームの中でこの役割を担いうる) との関係作り、それも統合失調症の病理を踏まえた精神療法的な視点とともに、地域での当たり前の生活をめざす、人生の復権を援助する視点も踏まえた、支援できる関係を築いていくことが、その後のさまざまな退院支援を生かしていく基盤になると考える」。

「退院に向けた入院患者の流れのある開放的な病棟の雰囲気の中で、日常的な声かけ、レクリエーションや作業を一緒に楽しむ体験、自発性を待ちつつ行う日常の生活支援、本人の欲求や希望を引き出して受け止めていく態度など、言語交流を主体とする学習プログラムの前の準備段階を醸成する心理社会的かかわりが大切」なのである。

第 6 節　小　括

本節では、第 2 節から第 5 節までに指摘してきたことについてその概要を節ごとにまとめ小括とする。

6-1　社会的入院の定義と人数

社会的入院については、1991 年から 2010 年までの 20 年間のさまざまな指摘から浮かび上がることは次の点である。①精神症状が落ち着き退院可能にもかかわらず入院している人があった、②治療以外の、社会的要因のために入院を余儀なくされていた、③社会的要因とは、家庭、職場、住居、施設 (現在の障害福祉サービス事業所) などの地域における社会資源の整備や退院後の受け皿が整っていないことであった。

これらから明確にしておかなければならないことは、社会的入院は精神症状の治療として入院が必要というよりも、地域での受け入れ条件が整わないため

に精神科病院に入院せざるを得ない社会的要因があったということである。だが、それは仕方がないことなのだろうか。決して仕方がないでは済まされないのである。

大阪府精神保健福祉審議会は、大和川病院事件で示されるような精神障害者の人権侵害の実態を踏まえ、精神障害当事者の審議委員への参加により人権を基本に据えた審議を行った。その結果、大阪府精神保健福祉審議会は1999年3月19日、大阪府知事に答申した。

それによれば、社会的入院は人権侵害であると断定している。そして、「精神障害者の社会的隔離を進め、精神病院の中にしか生活の場を確保してこなかった精神保健福祉施策のあり方に起因するものである。また、精神障害者に対する行動や通信・面会の制限、一律的な金銭管理は、病気による生活の能力の衰えを固定化し、自立と社会参加を目指す意欲を減退させ、地域でふつうに暮らしたいという思いを萎縮させるものとなっている」(大阪府精神保健福祉審議会1999:13)とした。

この答申は当研究のための検索にはヒットしなかったが、社会的入院の定義について人権の面からも法規制の面からも、また、施策面からも極めて明確に示している。社会的入院が人権侵害であると指摘したのは、当時では大阪府精神保健福祉審議会だけであり、定義を考えるうえでは基盤となる指摘なのである。政府は精神障害者の社会的入院についてその定義を示していないが、大阪府という自治体の精神保健福祉審議会が明確に示したという点で重要であった。

それではその数についてはどうだろうか。これは日本精神神経学会、厚生労働省(2002)、厚生労働省(2004)などが具体的な数字をあげて示している。社会的入院患者の数は調査方法によって多少の変動はあると考えられるが、1991年から2004年までの間では、約7万名あるいはそれ以上であることが指摘されていた。

6-2 社会的入院を作り出してきた歴史

柏木(2002)と松本(2003:13)の両者ともに、多方面から社会的入院を作り出してきた歴史について指摘している。いくつか整理してみると、精神障害者に対する社会防衛の意識があったことにより、法律や施策が隔離収容を許容する

設計になってしまったことがベースになっている。精神障害者への医療は国や自治体が主になるのではなく、民間の精神科病院に任せられてしまった。民間精神科病院は入院患者に対する医療にとどまらず、生活を賄うことにより存続を図ってきた。そのことにより、入院患者は生活が精神科病院内で完結してしまい、地域で普通に暮らす権利やさまざまな日常的社会的生活能力を奪われてしまった。

　これに対して政府は、民間精神病院による長期入院施策を認めてしまい、精神障害者のための地域におけるサービスおよびサポートシステムを作ってこなかった。他方で、精神保健福祉士による活動は入院患者の院内適応を図ったり、家族を含め家庭生活が可能になる展開ではなかったとの反省もあった。

6-3　社会的入院を生じさせた要因

　筆者たちは論文や論考において複数の項目をあげている。それは、①入院患者の病状、社会生活能力や退院意欲の不安、②家族の不安や抵抗、③病院や施設スタッフの支援視点の課題、④社会資源の乏しさや地域連携の不足、⑤社会的入院を許している法や診療報酬体系の課題などであった。社会的入院の要因としては複数の項目があり、それらが互いに影響し合いながら形成されていったと考えられる。

　ちなみに、①から④までは朝野ら（2011）の指摘と同様であり、朝野らは退院予定がないことを⑤としてあげていた。この他に入院に関する法や診療報酬体系の課題としてあがっていたことが新たな指摘であった。

　社会的入院には、退院を阻害する要因があり入院期間が影響していることを森川ら（2009）は指摘した。だが、同時に有意差を認めない次の項目もあった。

《本人をめぐる区分》
・病状が不安定
・病識がなく通院服薬の中断が予想される
・現実認識が乏しい
《地域をめぐる要因》
・生活費の確保ができない

・日常生活を支える制度がない
・救急診療体制がない

　どの項目も大きな退院阻害要因になると思われるにもかかわらず、退院に関する有意差が乏しいという意味は何だろうか。結論からいえば、このような状態であっても地域に支援する人々がいて支援システムが機能すれば、退院の大きな阻害要因とはならない、長期入院と直接に結びつかないという指摘なのである。つまり、地域における受け入れ条件を整えることの重要性が指摘されており、社会的入院はどうすることもできない事象ではないことを示唆しているのである。

6-4　社会的入院患者の症状および状況の分析

　岡田らの研究によれば、社会的入院患者は医学的入院患者に比べて陽性症状が軽いことから退院の可能性は高い。他方、医師による共通の入院基準があるというわけではないから、他の要素が絡むことで退院者の増減に変化を生じさせることを示しているといえる。それでは、他の要素と何か。それについて岡田らは、「社会的入院患者は精神病院に代わる生活の場でケアされるべきだ」(岡田ら 1996:1063) と、調査対象の全医師が回答したとしている。社会的入院患者は陰性症状が目立ち、高齢者が多く、長期入院患者であることから、福祉ケアが提供される居住の場が必要であることを示唆していたのである。

　池淵らは、3クラスター（困難要因軽度群）では1年後の転機の42.0%が退院と指摘した。そして、「個別の主治療者（看護師である場合もあるだろうし、さまざまな職種が治療チームの中でこの役割を担いうる）との関係作り、それも統合失調症の病理を踏まえた精神療法的な視点とともに、地域での当たり前の生活をめざす、人生の復権を援助する視点も踏まえた、支援できる関係を築いていくことが、その後のさまざまな退院支援を生かしていく基盤になる」と指摘している(池淵ら 2008:1019)。岡田らの指摘と同様に、地域において生活できる可能性と必要性を指摘しているのである。

　精神科病院長期入院患者の退院支援に関する論文や論考は1983年から確認することができた。それらを分析してみると表2-1のようになり、本章では概

念番号 1 から 9 までの結果内容の紹介と若干の説明を加えた。長期入院に至った要因は結果や説明で示したとおりいくつも考えられ、複合的な要因によってできあがった状態であることを明らかにした。同時に、地域における受け入れ条件が整えば退院できる人たちが、少なくとも 7 万名以上あることも確認した。

社会的入院を生じさせてしまったことは、日本の精神科医療の影の部分である。その実態が明らかになったのならば、解消に向かうベクトルが必要である。表 2-1 でいえば、2 つ目のカテゴリーである「観点のある退院支援の必要性」にあたる内容であり、この内容について明らかにしていくことで解消の道筋が見えてくるのである。何が語られ、具体的な方法や現状はどのようになっているのかを明らかにしていくことが重要である。それを第 3 章で示していく。

注
1) 筆者は「退院支援」と「地域移行」について考え方や方法として全く同じと考えているわけではない。むしろ、方法については異なっていると考えている。たとえば、「退院支援」においては、1 人の精神保健福祉士が退院に向けての入院患者の意識喚起、住居確保、昼間活動に関する相談、地域生活支援など多方面にわたる支援を実施するというイメージである。他方、「地域移行」においては、1 人の精神保健福祉士の支援業務は、地域との連携があるものの彼らが所属する機関や事業所の機能と役割という限定的な範囲にとどまるのではないかと考えている。しかし、本章では検索結果に基づいて分析することを目的にしているので、ここでは詳細な差異は控えて使用している。
2) 2002 年 8 月の日本精神神経学会総会において Schizophrenia の邦訳として、精神分裂病が統合失調症へと名称変更された。精神保健福祉法においては 2005 年 11 月改正時に統合失調症へ名称変更になっている。

第3章

「観点のある退院支援の必要性」の確認と実践

　本章においては、先行研究で明らかになった2つのカテゴリーのうち、「観点のある退院支援の必要性」に関する説明と解説について示す。本章では、このカテゴリーに含まれる3つのサブカテゴリーごとにまとめていく。3つのサブカテゴリーとは、「幅のある退院意向」、「退院意向に与える影響」、「生活基盤の整備と支援体制の重要性」である。

　なお、本章においては単に入院患者という表現が頻出する。その理由は、参照した文献においてそのように表現されているので尊重したことと、精神科病院に入院している患者を示す意味で使用したからである。長期入院であることを強調するためには、長期入院患者と表現している。

第1節　幅のある退院意向

　退院意向とは、退院を希望する意向と退院したくない意向という相反する両方の意向のことであり、あるいは揺れているということを含む。精神科病院からの退院とは、それを希望する入院患者、親や兄弟の意向、精神科病院スタッフの考え方、社会資源の状況などが相互に絡まる状況においてなされる。したがって、入院が長期になればなるほど一言では示しきれないさまざまな意向や変化が生じてくる。長期間における入院ということを考えれば、自由になる時間や空間が欲しいので退院したいという思いがあると一般的には考える。だが、親や兄弟との人間関係の複雑さや地域生活の困難さなどを考えると、慣れた入院での生活の方がましと考えてしまう場合もあるのである。

　本節ではそのような幅輳した状況を含めた研究から生成された3つの概念、

「調査結果ごとに異なる退院意向」(概念番号10)、「退院したくないとの意思表示」(概念番号11)、「長期入院患者の揺れる心情」(概念番号12) について説明していく。

1-1　調査結果ごとに異なる退院意向の割合に関する指摘

　精神科病院の長期入院患者は、自らの退院についてどのような意向を持っているのだろうか。調査結果に基づきその概要をみていく。

　原田ら (1985) は、姫路市のある精神科病院の入院患者217名を対象にした調査により、退院後にどのようにしたいかという「退院後の方針について」考えているとした者は65.5％であることを示した。なお、「退院したいか」という質問には81.2％が退院したいと回答していたという。尋ねられた時に具体的な退院方法までは考えられないが、8割を超える入院患者が退院したいという意向を持っていたと考えられる。

　茂田 (1989:154) は日本精神神経学会社会復帰問題委員会が実施した調査の、自分が所属する病院に関する調査結果について報告している。それによると、退院を希望する入院患者は62.0％であったという。この中には1人での生活、世話を受けての生活や仲間との生活、家族のもとへの退院などが混在しており、退院後の生活の目途まで考えられないが退院を希望するという意向と思われる。なお、同調査における全国値は56.7％であった。先の原田ら (1985) の81.2％という調査結果と比べると差が生じている。

　大島ら (1991:593) は、全国の精神科医療施設172施設 (対象病床41,866床) に2年以上入院している精神障害者を対象に、主治医の評価と入院患者本人の意見に基づき彼らの退院可能性を把握した。本人が示す意向として、「近いうちに退院して1人で生活したい」が11.0％、「身の回りの世話してくれて、仲間と暮らせるところがあれば退院したい」が12.6％であり、合計では23.6％が退院希望を示す結果であったとした。さらに「家族のもとに退院したい」は33.0％であり、家族のもとを含めると退院希望ありの合計は56.6％であった。

　また、この他には「わからない、どちらともいえない」の11.4％、「患者の意思表示がない」7.1％、「その他」1.9％がある。この回答の中には、丁寧に尋ねていけば退院という意思を表明する可能性があると思われる。また、「退院したくない」と明確に回答している割合は22.0％であった。この結果から、

56.6％よりも多くの入院患者が退院を希望している状況であることを明らかにしたといえるのではないか。

　菊池（1998）は東京都内のある精神科単科病院の、在院10年以上の統合失調症の入院患者を対象に質問紙調査を実施した。対象者97名（男性：69例、女性28例）であった。その結果、平均年齢は60.0歳（男性：59.4歳、女性：61.4歳）、平均在院期間は25.7年（男性：24.7年、女性：28.2年）であった。

　退院意向については、意向ありが49.5％、意向なしが50.5％であった。その特徴は、65歳未満のもので退院意向ありとするものが有意に多く、性別では男性に意向ありとする傾向にあった。単身者よりも家族のあるものが有意に退院の意向ありとしていた（菊池 1998:100）という結果であった。これは、退院意向には自分の年齢の要素と、退院先と考えている家族の同意の有無という要素があることを示しているのである。

　なお、菊池（1998）は、入院患者は家族のもとへの退院を考える傾向があるものの、それが不可能とわかると退院への意欲が失われることを調査で明らかにした。そして、「入院患者の地域での生活実現のため、社会資源に関する情報を入院患者にわかりやすくかつ具体的に伝える努力を、今後精力的に行っていく必要があると思われる」と指摘した（菊池 1998:105）。これは、入院中に社会資源に関する情報を提供することの重要性を示している。

　黒田ら（1999:764-768）によると対象者の79.9％が統合失調症であり、「退院希望あり」は35.7％、それを50歳未満で尋ねると47.7％であり、全年齢者との比較よりも12.0％も高かったということを報告している。そして、年齢が若い群ほどその割合が高かったという。また、6か月以内の退院可能性について主治医の判断では、条件が整えば退院可能と判断された人の割合は32.5％だった。退院可能の人はGAF[1]が高く、在院年数が短い人が退院可能性は高いという結果であった。ここでは、退院意向に年齢の要素と本人の精神症状が影響していることを示しているのである。

　布川ら（2001）は、自身が勤務する病院の3年以上在院している入院患者と、その家族を対象に実施した意識調査の結果を報告している。入院患者に「入院していることをどう思うか」と尋ねた結果、「退院したい」が78.3％、「このまま入院していたい」が21.7％であった。8割近くの入院患者は退院を希望して

いたという結果であり、これは原田ら（1985）の報告内容（81.2％が退院希望）に近い。

また、家族を対象に「患者の退院をどう考えるか」と尋ねた結果では、「良くなれば退院」が14.7％、「医師の許可があれば」が11.8％であり、肯定的な回答は26.5％であった。他方、「退院させたいが問題があり考える」が29.4％、「入院していてもらいたい」が44.1％であり、否定的な回答は73.5％であった。入院患者の希望と家族の希望には大きな開きのあることがわかる。

大部ら（2010）は3つの精神科病院の93名の入院患者を対象に、退院に対する意識、必要だと考える社会資源などについての調査を実施した。その結果、退院のことを考えている人は77.7％、退院したい人は59.2％、退院できると考えている人は51.8％だったという。これは、退院意向といっても希望する程度によって差があることを示している。

このように、退院の意向については尋ね方によって回答が異なる。漠然と退院意向を尋ねる場合と、方法や手段を明示しながら地域生活の可能性を含めた退院意向の尋ね方では異なった回答になる。尋ね方を一致させた調査の結果ではないし、対象者の入院期間も一致していないのだが、1980年代半ばから1990年代終わりの時期の退院希望が、黒田ら（1999）の35.7％から原田ら（1985）81.2％であったということになる。このことから、1980年代の半ば以降の入院患者の退院希望がかなりあったといってもよいのである[2]。他方、退院希望がないことについては、布川（2001）の21.7％から菊池（1998）50.5％という、調査結果ごとに異なる退院傾向だったということになる。

1-2　退院したくないとの意思表示に関する指摘

大島ら（1991:595）によると、「退院したくない」と回答する割合は21.9％であったという。これを年齢別にみると、60歳以上では27.0％、40～59歳では21.0％、39歳以下では13.0％であり、年齢が高くなるにしたがって「退院したくない」割合も高くなっていた。年齢が高くなると在院年数も長くなる傾向があり、また、何かをしようという意欲も乏しくなる。これは、入院生活に慣れるにしたがって、退院という新たな生活の変化を望まなくなる傾向だと考えられる。同様に、慣れてしまった入院生活に変化をもたらすことへの抵抗感があると考えられる。

この他には、菊池（1998）は退院の意向なしが 50.5％、布川（2001）は「このまま入院していたい」が 21.7％であったと調査結果を示した。
　入院患者の退院意向に関する論文や論考ついては、調査対象の一致をみないことを示してきた。たとえば、全入院患者を対象にした調査（原田ら 1985、茂田 1989）もあれば、1 年以上在院者を対象にした調査（大島ら 1996、黒田ら 1999）、2 年以上在院者を対象にした調査（大島 1991）、3 年以上在院者を対象にした調査（布川ら 2001）、10 年以上在院者を対象にした調査（菊池 1998）などがあった。在院年数が長くなればなるほど年齢は高くなり、退院を諦める気持ちも生じやすくなる。
　したがって、長期入院患者といった際の基準の統一が取れないという結果であった。ここでは、調査結果として退院を考えていないとする入院患者もあって、その割合は約 2 割から 5 割程度であるという結果だったことを示すにとどめる。

1-3　入院患者の揺れる心情に関する指摘

　本研究の対象とした論文や論考において、主筆者の職種をすべて確定することは難しかった。そのような中で本項においては、看護職によると思われる論文や論考が多くあった。入院患者に対する病棟内における QOL の向上を目指す目的や、入院患者の自己認識を把握するなどに関するものであり、病棟内の入院患者の身近にいる職種ならではの発想がうかがえた。
　たとえば、多喜田（2001）は、平均入院期間 15.6 年の社会復帰病棟にいる、平均年齢 55.7 歳の男女 20 名を対象にした生活の満足感とその理由に関するリサーチを行った。満足感は、健康状態、生活環境、日常生活行動、対人関係・対人交流、自分自身についておおむね満足していた。多喜田（2001:23）は、彼らの生活の満足感の高い理由として次のように説明している。「現在の体調は良く、生活環境にも慣れ、病棟での毎日の生活リズムを獲得し、納得した入院生活を送っている。また、病棟の当番や日課など社会復帰活動に参加することで自分自身を認めようとしていた。さらに、看護者に守られているという安心感をもったり、同室の患者や医療スタッフなど限られた対人交流に満足していた」。

多喜田のリサーチは1998年であり発表は2001年であった。この時期の社会復帰病棟に在院している入院患者の、病棟での様子や入院生活に関する意識を知るうえでは重要な資料といえる。そして、入院患者のこのような病棟での様子について、「患者役割行動が影響していると考える」と多喜田（2001:23）は指摘している。

　現象面から考えればそうなのだろう。だが、入院患者は限定的な環境の中で入院生活を送らざるを得ず、退院や地域生活にかかる情報がイメージできない環境にある。そのような環境では、入院患者は退院や地域生活についてほとんど考えられず、退院や地域生活へ向かう心的変化は芽生えてこない状況なのである。そこでは、「同室の患者や医療スタッフなど限られた対人交流に満足」せざるを得ない環境におかれていたのである。つまり、これは各種専門職やピアサポーターたちが働きかける前の、入院患者の一側面を表しているととらえる方がよいであろう。

　奥村（2002）は社会復帰（退院）の意向を持つ2名の入院患者への半構造化面接により、被面接者から次の点を得られたとしている。①社会資源利用の情報不足、家族が受け入れ困難である状況、②社会に適応するための準備が必要である自分という自己評価の低下、③入院理由として家族や周囲の理解不足、自分の対応のまずさ、長期入院という経過、自分の過去へのこだわりと考えていた、④面接による自分の体験の言語化、洞察、現状の認識ができていた。

　退院意向のある2名の入院患者を対象にした研究という条件下であるが、入院患者の社会資源情報の不足、家族の受け入れを期待している、自己評価が低い、長期間入院の弊害、過去へのこだわり、面接による洞察が可能になったこと、などを明らかにした。特に、面接によって自分を客観的にとらえ洞察できたという体験は貴重な指摘である。他者との関わりにより、入院患者は洞察していけることを明らかにしたからである。退院支援や地域移行支援においては、専門職によって退院に向けた入院患者の洞察を促していくことが重要である。洞察が可能であるという指摘は、退院支援にも活かしていくことができる。

　退院支援を継続する過程では、専門職やピアサポーターをはじめ支援者による関わりによって、入院患者は社会資源に関する情報を得たり地域での生活方法を知ったりできる。入院患者は自己評価が低いが、専門職や支援者との関わ

りによって地域生活への目途が立ち、自分にもできるかもしれないという目標や希望を得ることができる。限定的な条件の中で入院患者は、今後の自分の成り行きに揺れている状況だと思われる。

　松岡（2004）は平均入院期間 18 年 10 か月である男性入院患者 16 名を対象に、QOL に関係する要因とその構造を明らかにするためにインタビューを実施した。その結果は 5 つのカテゴリーと 12 のサブカテゴリーに分類でき、カテゴリーの関係を次のように整理した。①「地域社会に復帰することへの希望」を持ちながら、「安定と安心を求める気もち」から入院生活を継続させている、②趣味やその人なりの「生活の楽しみ」を見つけている、③入院患者の生活は「病気の症状の影響」や「加齢による不安」により活動範囲が狭く、変化に乏しいものになる傾向がある、④この③の 2 つの要因は「地域社会に復帰することへの希望」を弱め、「安定と安心を求める気もち」を強めることに影響している。

　松岡は入院患者の QOL を高めるための方策を検討する目的だったが、長期入院患者の思いや状況の理解について貴重な情報を提供している。長期入院患者は地域生活への希望を示すもののそれを強力に進められない状況にあり、結果として安定と安心である病棟での入院生活を継続させていることが明らかになったのである。いわゆる「病院から地域に送り出す力」が弱かった、働かなかったということがいえるのである。

　奥村ら（2005）は、10 名の長期入院患者の自己認識にかかる面接調査の結果として次のように示している。①長期間にわたり精神科病院に身をおくことは、自己評価を低め意欲を低下させる。②退院できない 2 つの理由があり、1 つは「周囲の問題」、つまり社会資源にかかる知識や情報の不足、家族や社会の受け入れの悪さや理解の乏しさである。もう 1 つは「自分の問題」であり、身体疾患や日常生活能力の低下である。③自分について言語化することで自分の問題を再認識できた。

　この研究の特徴は、奥村らが長期入院患者に質問し諸情報を得る過程そのものが、長期入院患者が自分について考える機会となっていることである。長期入院患者が自分を洞察できる機会となり、具体的な気づきの内容を明らかにできたことが重要なことなのである。だが、洞察できる機会であったとしても、その後に新たな変化が生じたかどうかについては記載されていない。もっとも、

この研究は長期入院患者の自己認識に関する調査なのであり、変化を促すための働きかけではない。特に結果の①と②から、入院していても自己評価を低下させるだけだが、だからといって、退院したくてもできない2つの理由のために揺れている心情が理解できる。

　小出水ら（2006）は9名の統合失調症の長期入院患者を対象に、入院生活のとらえ方に関するインタビューを実施した。その結果、7つのカテゴリーと20のサブカテゴリーを得た。7つのカテゴリーは、「慣れた病棟生活」、「落ち着いた生活の再開」、「退院後に向けて取り組んでいる入院生活」、「先の見えない入院生活」、「退院後の生活と入院生活の隔たり」、「力づけられる人間関係」、「打ち解けられない人間関係」、である。9名全員が「慣れた病棟生活」を送りつつ、他方で全員が「退院後の生活と入院生活の隔たり」を感じていた。「退院後に向けて取り組んでいる入院生活」が7名であり、他方で「先の見えない入院生活」が2名であった。

　小出水らの研究から、入院患者は「退院後に向けて取り組んでいる入院生活」と「先の見えない長期入院生活」を送っている人たちがいることが理解できる。なお、両者のサブカテゴリーは次のとおりである。

「退院後に向けて取り組んでいる入院生活」
　・退院後に役立つ服薬方法
　・退院に向けて取り組もうとする前向きな思い
　・入院生活で生活リズムを整える
「先の見えない入院生活」
　・退院への見通しが立たない
　・病状に振り回されている

「退院後に向けて取り組んでいる入院生活」の人たちは、前向きな取り組みが可能になっていると考えられる。他方、「先の見えない入院生活」の人たちは、家族の意向や社会資源の整備状況等の諸事情による見通しのなさや不安定さがあると考えられる。この両者ともに「退院後の生活と入院生活の隔たり」を感じている。つまり、退院の現実的具体的な目途がない状況では、隔たりを感じ

ながら退院後に向けて取り組む、そのような入院生活を送らざるを得ないことが明らかになったのである。ここでも、長期入院患者の揺れる心情が明らかになっていた。

このように入院中には、実際に退院できないが退院したいという思いは保持されており、入院生活を継続するしかないという思いと、退院したいという思いの両側に心情が揺れている状況にあるのである。

それでは、退院したら人はどのような心情になるのだろうか。渡辺（2013）は自らが地域移行推進員の役割を果たしつつ、地域移行支援事業を利用して退院した人を対象に、生活実態に関するアンケートを実施した。その結果、退院して良かったこととして、「自由」、「生活の質の向上 - 余暇活動」、「人間関係 - 家族／恋愛」、「自己決定／自己選択」などの回答があったという。

その逆に退院して辛かったこととして、「日常生活について　食事／買い物／家電／社会資源の利用」、「金銭的な苦労」、「人間関係」、「医療のこと」などの回答があったという（渡辺 2013:49-50）。そして、退院することにより生活の自由度が大きくなり、退院した人の多様性が認められると考えている（渡辺 2013:53）。

つまり、退院すると地域での生活に辛いことが生じるものの、自由、恋愛、自己決定など入院中に体験できないことがあり、多様性のある生活になっていることを示しているのである。

第2節　退院意向に与える影響

本節では、長期入院患者の退院意向に対して、実際にはどのようなことが影響したかについて示す。入院患者の退院意向に影響を与えていたのは、「ピアサポーターの有効性」（概念番号13）と、「長期入院患者と家族との関係」（概念番号14）であった。本節ではその両者について説明していく。

2-1　ピアサポーターの有効性に関する指摘

ピアサポーターの有効性についてはこれまでにいくつかの研究成果がある。ここでは退院支援におけるピアサポーターに関する論文や論考についてまとめ

る。なお、ここでいうピアサポーターとは、精神科病院に入院経験があり退院した後に自分が入院患者の退院を支援する活動に参加している人たちのことである。

　河島（2010）は、ピアによってなされる支援は入院中の利用者に影響を与えるのみならず、病院スタッフにも与える影響が大きいことを示している。当事者であるサポーターからの働きかけは、「非常にインパクトがあり、看護師が地域を信じ、入院患者を地域へ送り出そうとする原動力になった」（河島2010:31）ことを報告している。

　また、島根県出雲保健所（2005:11-12）の厚生科学研究によると、精神科病院の看護スタッフにインタビューした結果、退院支援として病院外から関わっているピアサポーターが長期入院患者と病院スタッフに影響を与えたことが明らかになった。この当時、出雲保健所管内にあった複数の精神科病院は、長期入院患者が病院スタッフからの働きかけにより退院していた。だが、どうしても退院の最後の決断ができない長期入院患者もあった。そこで、ピアサポーターを院内に迎え入れ長期入院患者の退院支援に取り組んでもらったところ、病院スタッフの対応ではできなかった退院が可能になったという。

　このような背景がある中で、20名の病棟スタッフを対象にしたインタビューの結果は次のとおりである。キーワードは変化である。

○自分（病院スタッフ）の変化
　生活サポーター事業に関わり自分の中に変化があったと回答した人は18名（90%）であり、その内容は、「地域生活している精神障害者についての理解が深まった」13名（65%）、「地域の施設やサービスについて理解が深まった」6名（30%）だった。また、その他として「自分自身の患者さんに接する態度など振り返ってみることができた」1名（5%）があった。

○病棟の変化
　生活サポーター事業により病棟に変化があったと思うかを尋ねた結果、「思う」19名（95%）、思わない0名、わからない1名（5%）であった。「思う」の内容は、「長期入院患者さんの退院に向けての気運が高まった」9名（45%）、「地域の施設や関係者との連携が深まった」7名（35%）、「病院内での活動（レクリエー

ション等）の内容が充実した」6名（30％）だった。
　○入院患者の変化
　生活サポーター事業によって患者さんの変化があったと思うかについて、「思う」18名（90％）、「思わない」0名、「わからない」2名（10％）だった。
　○入院患者の変化の内容
　変化があったと思う内容を尋ねると、「表情や行動などに変化が見られるようになった」14名（70％）、「地域で生活することを考えるようになった」3名（15％）だった。
　○今後の活動について
　今後の活動継続については、「継続した方がよい」18名（90％）、「継続しなくてもよい」0名、「わからない」2名（10％）だった。

　この厚生科学研究は2003年度から2006年度にかけて実施されており、研究の実践が出雲市における「生活サポーター」養成に大きく貢献した。「生活サポーター」とは、退院した人の中からピアサポーターとして活動している人たちの総称である。役割としては、精神科病院を訪問し入院患者への退院支援活動や、退院した後の地域生活におけるさまざまな支援を、自分たちの経験を基にしながら提供することである。
　このアンケート結果は、生活サポーターが病棟や病院スタッフの変化を促し、退院支援として効果を発揮したことを明らかにした。ピアサポーターとしての関わりが、専門職の働きかけでは退院できなかった入院患者の退院に効果を発揮したのである。
　三橋（2010:46）は、自身が勤務する法人におけるピアサポーターの活動内容について次の項目をあげている。それは病院での面会、外泊時のイブニングケア、家具家電の買い出し、自室の片づけ、日中活動の場への通所支援などである。入院している人、あるいは退院間もない人たちは、ピアサポーターという「同じ体験をした仲間にもっとも勇気づけられる」という。ここでもピアサポーターの有効性が示されていた。
　また、杉原（2013）は、退院支援に関わるピアサポーターを対象にした調査に基づき、ピアサポーターの発言や関わりが入院患者に与える影響について指

摘した。入院患者もピアサポーターもともに「病者としての共感体験」がある。また、入院患者が困っている幻聴や妄想などについてピアサポーターが傾聴し、その対応方法を示すことで「ピアサポーターへの信頼」が生じる。入院患者がピアサポーターとの関わりで抱いたこの2点を基礎にして、入院患者は自分に既にある力に気づきエンパワメントが図られるのである。そして、入院患者自身が自分に関わったピアサポーターのように地域で生活できると思うようになり、ピアサポーターや支援者の力を借りて退院しようと変わっていくことを明らかにした。

このように、専門職とは異なるピアサポーターによる有効性を示した概念が生成された。

2-2　入院患者と家族との関係に関する指摘

入院患者の退院意向に与える影響として、家族との関係性に着目した論文や論考は多く見られた。ここではいくつかの指摘をあげながらその特徴をみていく。

原田ら（1983）は、姫路市と岡山市にある2つの精神科病院入院患者の家族を対象に、入院患者の退院に関するアンケートを実施した。その結果は、入院期間が1年未満の者は家族受け入れが良いが、1年以上で受け入れが悪くなるというものであった。そこで、家族のもとに退院していく人が多い現状からみて、入院が長期にわたると退院が難しくなることを指摘していた。

また、アンケートから得られた家族の状況について次のように明らかにした。

・外泊も退院も可能と考えている家族の割合は、39.9％であった。
・家族の入院患者の受け入れについては、両親とも健在の者が最も受け入れが良く、父が家長である場合が受け入れが良く、兄弟の場合は極めて悪い（原田ら 1983:707）。
・入院患者の年齢が30歳代と40歳代の間、発病経過年数が15年と16年の間に受け入れの差があった。年齢が40歳代を超えて発病経過年齢が16年を超えると、家族の受け入れが急激に悪化する。「15年間の履病期間中に入患者の症状が固定化し、社会復帰意欲が低下した頃、同時に家族の中心も両親から兄

弟、姉妹へと移行してしまうと考えられる」（原田ら 1983:709）。

・「変化のないものは発病経過、入院期間が長期にわたり、いわゆる hospitalism に陥っている患者が多く、家族の態度は極めて冷たい」（原田ら 1983:710）。このことが患者・家族関係の疎遠化に発展していく。

入院が長期になるにしたがい家族との関係性も疎遠化するから、長期入院にさせないような働きかけが、入院患者にも家族にも必要であることを示唆している。入院期間や親兄弟などの家族構成員との関係性によって、退院の受け入れが変化してくることを示した貴重な研究といえる。

この他に原田ら（1985）は、姫路市のある精神科病院の入院患者 217 名を対象に調査し、入院患者の 81.2％が退院したいと答えていることを明らかにした。他方、原田ら（1983）の調査では外泊や退院が可能と答えた家族の割合が 39.9％であり、入院患者の退院希望である 81.2％の半分にも満たない家族しか可能だとしていなかった。つまり、入院患者と家族の間に退院をめぐる希望に相当な開きがあるといえる。入院患者が家族に求めていることと、家族が入院患者に求めていることは異なるのであり、そのことを明らかにしたといえる。1980 年代の前半はこのような状況だったことが明らかになった。

茂田（1989:154）は自分が所属する病院における調査によって、退院先として家庭を選択する者の割合は 32.5％（全国値：33.0％）だとした。家族意識の強い日本において入院患者の気持ちが家庭に向きやすい状況がうかがえる。

大島巌ら（1991：593）によると、入院患者本人の退院に対する思いは表 3-1 のとおりであった。

明確に退院の意思を表明するものは上位 3 つの合計の 56.7％だったが、その中で「家族のもとに」と考えているものが 33.1％であり、入院患者が退院する際に家族への期待が強いという結果があった。大島ら（1991：599）はこのことについて、「障害者本人の家族に対する依存性や家族へのあこがれ感情を示すだけではなく、家族以外の社会資源の選択肢があまりに少なく、さまざまな生活体験を踏んでこられなかったために、家族以外への退院をイメージできないことに由来していよう」としている。

日本の精神科医療の歴史をみると、入院や退院について大きな権限を持つ保

■ 表3-1 退院の仕方

家族のもとに	33.0%
仲間とともに	12.6%
1人で生活したい	11.0%
その他	1.6%
わからない	11.5%
意思表示なし	6.9%
退院したくない	21.9%

出所：大島ら（1991）に基づき筆者作成。

護者制度によって、家族は入院患者に縛られてきた経緯がある。そのために、入院患者にとっての住居、昼間活動の場、相談支援の場、地域生活支援の場などの社会における諸資源の開発が遅れたのである。このような日本独特の精神科医療や制度とサービスのあり方が、入院患者と家族との関係に影響を及ぼしていると考えられる。

　原田ら（1983）、茂田（1989）、大島ら（1991）によると家族による退院の受け入れは3割〜4割が可能であることから、家族のもとに退院するのであれば、両親が世代交代するまでの間の早い時期に退院への働きかけを強化する必要性を示唆している。

　また、大島ら（1991）は、入院患者は「家族のもと」への退院を望んでおり、彼らの家族へのベクトルの強さを明らかにするとともに、社会資源整備の遅れを指摘したのである。

　菊池（1998）は、退院意向はあるが退院できない理由として、「家族が引き取らない」は39.6％であり、「病気が良くなっていない」は20.8％であったという。この回答割合からみると、病状の回復よりも家族との関係性の方が、より退院できない理由であると考えていることを明らかにした（菊池1998:103）。

　布川ら（2001）は、入院患者への意識調査とともに家族を対象にした退院に関する調査を実施した。家族に「患者の退院をどう考えるか」と尋ねた結果では、「良くなれば退院」が14.7％、「医師の許可があれば」が11.8％であり、この2つの肯定的な回答は26.5％であった。他方、「退院させたいが問題があり考える」が29.4％、「入院していてもらいたい」が44.1％であり、否定的な回

答は73.5％であったという。

　奥村（2002：49）は、入院患者は「長期入院にともなって家族との関係も疎遠になってきて、現実的に患者を受け入れてくれない状況を理解していた」という。入院患者は家族の発言や態度などに接しながら、このような状況について理解していると判断していたのである。その結果、入院は継続したままだったと思われる。

　菊池（1998）や布川ら（2001）は、入院患者は退院意向がありながら家族の受け入れが厳しいことから、退院に結びつかない状況があることを示した。奥村（2002）は、入院患者がそのような状況を理解していると考えていた。大島ら（1991）の指摘と同様に、入院患者が退院先を家族に頼り過ぎている状況がうかがえ、同時に、地域で生活できる社会資源や生活支援システムの不足などが示唆された。

　このように、2000年代の初め頃までは、入院患者が家族のもとへの退院希望を示すことが多かったものの、家族の受け入れが整わないことによって退院が実現しなかった側面が明らかになった。同時に、社会による受け入れ条件がまだ十分でなかったことも明らかになった。

第3節　生活基盤の整備と支援体制の重要性

　第1節と第2節では、入院患者の退院意向やそれに関する家族の意向などが指摘された論文や論考についてまとめ、その状況から示唆されることについてみてきた。示唆の1つとして、受け入れ基盤の整備や支援体制の重要性があったが、これについてはサブカテゴリーとして生成することができた。

　本節では、「生活基盤の整備と支援体制の重要性」について、このサブカテゴリーを構成する3つの概念である、「生活の場と活動の場の必要性」（概念番号15）、「プログラム化された地域支援」（概念番号16）、「支援体制構築へのプロセス」（概念番号17）についてまとめていく。

3-1　生活の場と活動の場の必要性に関する指摘

　茂田（1989：153）は日本精神神経学会社会復帰問題委員会が実施した調査を参

考にして、自分が所属する病院に関する調査結果について報告している。それによると、社会生活をするうえでの必要な生活の場と活動の場について主なものは表3-2 および表3-3 のとおりであった。全国値と併せて記す。

　茂田の所属していた病院では、この調査の対象者は30歳以上の入院患者であり、それ未満の年齢の対象者はいなかった。これをベースにして、生活の場としては老人施設、共同住居（給食付き）、単身用アパート、福祉型小規模ホステルなどが求められていた。全国値とは異なる割合であり、多くの高齢の入院患者が対象になったためか、特に老人施設を希望する者の割合が多かった。

　単身用アパートと福祉型小規模ホステルにおいては、全国値と異なる結果であった。また、家庭を考えている者の割合は、全国値と大きな差はない。

　活動の場としては憩える場、各種の働く場、デイケアが求められていたことがわかる。全国値と比較してみると、毎日通うデイケアは全国値よりもかなり低かった。

　これらから、入院患者にとってのニーズの異なりや地域ごとの調査結果の差などがあるものの、生活の場と活動の場に関する本人意向を明らかにしたといえる。場の種類によって希望する数値を明らかにし、その必要度を明確にしたのである。

　大島ら（1996）は1年以上にわたる精神科病院の長期入院患者を対象に、退院に対する意識とその形成要因について調査を実施した。その結果、「退院後の社会生活を考えている」は70.3％、「条件が整えば退院したい」は54.8％、「条件が揃えば退院できる」41.4％だとしている。このような退院に積極的な態度は、「彼らなりの具体的なイメージによって形成されている」としている。さらに、「退院積極度には、「家族への受け入れ期待」を中心とした家族条件が大きく寄与する一方で、今ひとつ退院pull因子の社会資源条件の関与が小さい」（大島ら 1996:1254）ことも明らかにした。

　これらから、「長期入院患者の退院への意欲は決して小さくない」から、「地域生活実現のより現実的な方策は、家族に代わる社会的受け皿の利用を積極的に考慮すること」（大島ら 1996:1255）だという。つまり、「病棟でのリハビリテーション活動をより積極的に行い、社会資源に対する認識を体験をとおして深めるとともに、実際の利用に結び付ける努力が必要」（大島ら 1996:1255）だとして

■ 表3-2 ≪生活の場≫（入院している本人の意向）

必要な生活の場	本人（％）	全国値（％）
既存の老人施設	26.9	18.6
数名の共同住居（給食付き）	23.9	24.3
単身入居の賃貸アパートなど	12.7	5.2
地域福祉型小規模ホステル	6.6	20.6
数名の共同住居（給食なし）	3.6	3.1
家庭を生活の場に	16.8	17.8

出所：茂田（1989）に基づき筆者作成。

■ 表3-3 ≪活動の場≫（入院している本人の意向）

必要な活動の場	本人（％）	全国値（％）
憩いの場、ソーシャルクラブなど	28.9	27.9
小規模共同作業所	21.3	16.8
職親などの保護的な職場	15.7	12.7
週1～2日程度のデイケア	10.2	8.7
毎日のように通うデイケア	9.6	16.2

出所：表3-2と同じ。

いる。

　大島が指摘するように、退院を可能にするために、病棟におけるリハビリテーション活動を通して社会資源や地域生活に関する情報を得たり、実際に体験したりして地域生活のイメージを作っていくという方法は、理に適っており正しい。まずは病棟内において、退院の意思を明確にするための長期入院患者への働きかけがなければならない。その後に、社会資源へのアクセスだとか具体的な利用体験などが必要になってくる。

　このように、1990年代の半ばには、1年以上の長期入院患者を対象にした退院支援の考え方や具体的な方法が指摘されていた。退院に向けた考え方の準備は整っていたのである。

　ちなみに、大島らが論文を発表した1996年とは、「ノーマライゼーション7か年戦略」（1995年12月）が発表された翌年である。その計画には7年後の2002（平成14）年度までの、グループホーム・福祉ホーム、授産施設・福祉工場、生活

訓練施設（援護寮）、ホームヘルパーの提供量、ショートステイ数などの目標数が示されていた。まことに時宜に適った論文の指摘であり、その後の7か年戦略があったといえる[3]。

菊池（1998：105）は、退院後の生活の場として「家族のいる自宅」をあげる者が最も多く、次に「1人で暮らすアパートや借家など」であったという。そこで、退院後の生活様式について次のようにまとめている。「退院後の生活様式については現実的に実現困難な家族に関連づけて考える傾向があった。同時に社会資源利用への認識が極端に低く、彼らの地域での社会生活実現の思いが失われないうちに社会資源の整備を急ぐとともに、社会資源の利用に関する適切な教育的かかわりが必要である」。

菊池の指摘も適切である。病院内における長期入院患者を対象にした退院支援の考え方や具体化の方向性が示されている。「ノーマライゼーション7か年戦略」が基礎にあることを踏まえた指摘だといえる。利用できる社会資源に関する指摘なのである。

また、黒田研二ら（1999：768-769）によると、退院可能と判断された人にとって退院後に必要な社会資源としては表3-4・表3-5・表3-6のとおりであったことを示した。

下野ら（2004）は自らが勤務する病院の退院促進の取り組みから、「ある程度の対人障害や現実検討能力障害が認められても精神障害者が地域で生活できるような、地域支援体制（在宅福祉サービス）の構築も重要である」（下野ら2004:412）と指摘している。対人障害や現実検討能力障害がある入院患者の地域生活を考えていることから、地域支援体制（在宅福祉サービス）が構築されることで、障害が重い場合でも地域生活が可能になることを示唆している。

3-2　プログラム化された地域支援に関する指摘

これまでは、社会資源として示された生活基盤の整備の必要性に関する指摘をみてきた。だが、社会資源があれば退院した人たちが自然にそれを利用し、つつがなく生活できるというわけではない。社会資源と長期入院患者をつなぐ必要性、社会資源を利用して生活できるように支援する必要性があるのである。ここでは、支援体制の重要性について述べていく。

■ 表 3-4 ≪通所事業≫

デイケア（ナイトケアを含む）	41.8%
ソーシャルクラブ	19.9%
共同作業所	12.0%
福祉工場等	6.5%
授産施設	6.1%

注記：主治医の判断によるものである。表記は当時のものである。
出所：黒田ら（1999）に基づき筆者作成。

■ 表 3-5 ≪居住サービス≫

生活訓練施設	32.6%
福祉ホーム	16.9%
グループホーム	15.3%
賃貸住宅アパート	7.6%

出所：表 3-4 と同じ。

■ 表 3-6 ≪その他の社会資源≫

訪問援助の必要性	78.8%
食事サービス	45.8%
洗濯・入浴サービス	27.6%

出所：表 3-4 と同じ。

　大部らは次のように指摘をしている。「過去の調査においても長期入院患者の退院への意欲は決して小さくない」（大部ら 2010:188）として、「利用可能な社会資源（特に就労支援に関するもの）を『知る、見る、体験する』機会および利用者（先輩患者）の話しを直接聞く機会などを小グループ活動で効果的に提供し、より具体的な形で情報を伝え共有していく取り組みを地道に積み重ねていくことが重要である」（大部ら 2010:190）。

　また、田尾（2012）は地域における相談支援機関である「ユースメンタルサポート COLOR」における早期支援を紹介する中で、就労（継続）支援、居住支援、訪問や同伴支援、家族支援、グループ参加支援、医療機関紹介支援、学習・就学・卒業支援をあげている。これは 10 歳代から 20 歳代の若い人たちを対象にした相談支援に関する指摘である。

同様に田尾（2010:50-51）は「COLOR」以外に、自分が所属する社会福祉法人である「巣立ち会」における退院・地域移行支援の実践から、①24時間電話相談の窓口設置、②アパートを準備しているので保証人がいなくても住居が提供できる、③家主に障害内容を開示、④近所に仲間を住まわせる、⑤夕食会などでの親睦、⑥警察との連携、⑦新しい利用者への受容的な態度などが特徴だと説明している。
　そのためには、「スタッフによる支援」、「退院後の支援」、「当事者による支援」、「明確で段階的な個別の目標設定に基づく支援」が必要であると提唱する。①から⑦のような体制や支援が地域にあれば、長期入院患者の退院への不安は軽減され、退院支援はスムーズに進む。このような地域における支援システムの存在が重要なのである。田尾らは「巣立ち会」において既に実践しているが、このような取り組みは全国的にはまだ少ないのが現状なのである。
　次に、岩上（2010:24）は、自分が所属する法人の生活支援センター「ふれんだむ」における、地域移行のための準備プログラムである「暮らし安心プログラム」の有効性を指摘している。項目とポイントは表3-7のとおりである。
　このプログラムの特徴は、地域生活のためにスキルを身につけることを第一にあげていないことである。大切にされることは、本人たちの夢や希望を取り戻すことに視点をおくことである。つまり、夢や希望を取り戻すために生活スキルを得る、という発想の転換がある。これは「本人たちが変わるのでなく、わたしたちが、わたしたちの考え方をかえればいいのだ」（物江2010）ということにもつながる考え方である。
　長期の入院生活や病院の都合に合わさせられている人にとって、夢や希望を取り戻すということは、生きている実感や自由であることを感じられることであり、人としての尊厳を回復することなのである。このような条件にあれば人は大きな力を発揮し、自らを変化させていくことができるであろう。
　ここで重要なことは、田尾が示した機能的な支援体制が必要であったり、岩上が示しているような夢や希望を第一に考えるような支援である。2010年頃には退院支援の観点として、このようなプログラム化された地域支援の重要性が示されていた。

■ 表3-7 「ふれんだむ」の「暮らし安心プログラム」

①	オリエンテーション、自己紹介
②	どんな暮らしがしたいですか ―夢を語りあおう―
③	いきいき生活したい ―地域で暮らす仲間の話―
④	仲間がたくさんいます ―使えるところの話―
⑤	仲間がたくさんいます ―見学―
⑥	どんな所で暮らそうか ―居住空間の話―
⑦	どんな所で暮らそうか ―見学―
⑧	まずは体験しよう ―外泊体験に向けて―
⑨	まずは体験しよう ―外泊体験―
⑩	今後のことを話そう

出所：岩上（2010）に基づき筆者作成。

3-3　支援体制構築へのプロセスに関する指摘

　大阪府は、2000年度～2002年度にかけて退院促進支援事業を実施した。鹿野ら（2003:70-77）は、事業対象者に退院促進支援事業を受けた効果と、入院中に関わった支援職員の良かったところの2点に関するアンケートを実施して結果をまとめている。その中で、支援職員の良かったところとして表3-8のようにまとめている。

　この中で②の「気を楽にしてくれた」、③の「安心させてくれた」、④の「人との絆ができた、頼る相手ができた」の解答から、入院中の人は支援者がピアでなくても気が楽になったり安心したり、頼る相手を得ることができていることがわかる。また、③の自由記載の1つに支援員が「的を射た支援をしてくれた」とあり、これもピアでなくても的を射た支援が可能であることを示している。これらは、ピアによる関わりと支援員による関わりの良かったところの、共通項として確認できる結果だといえる。

　また、大阪府の退院促進支援事業については、吉原（2005）が2000年度からの取り組みを振り返り次のようにまとめている。

　①この事業の通常の支援方法・内容にはなじまない層、高齢者層など、多様な支援の工夫が必要である。

　②現在対象になっていない中・軽度（精神科在院患者調査の病状区分）の層への

支援方法の確立、退院準備に重点を置いた事業の展開などが必要になってくるのではないだろうか。

③退院促進支援事業の自立支援は普通の市民の関わりの良さを活かしてきたが、中・軽度の層への支援を考えると、今後、自立支援員には精神保健福祉従事者・経験者の専門性が求められるであろう。

④社会的入院解消のための退院促進支援事業を進める中、どうしても事業では対応できない層の人たちには、全く別の「集中的・包括的な取り組み」が必要であろう。

退院支援を展開すると、当初の比較的退院しやすい人たちが退院した後には、退院を阻害する要因を多く持つ入院患者や高齢者への関わりが必要になってくる。そこで、これらの対象者に対しては、当初の取り組みと異なった退院支援の考え方や方法が必要であることの指摘である。それは当然に予想されることであり、大阪府においてのみならず、出雲市の退院促進支援事業を実施していた地域生活支援センター（当時）「ふあっと」における取り組みにおいても、2013年時点で課題としてあがってきている。退院促進支援事業を実施することで、このような課題が表面化してきたことを指摘している。

退院支援に関わる人にとって、重要な観点があることを指摘した論文や論考があった。木村（2003:32）は、大阪府による2000〜2002年度実施の退院促進支援事業から学ぶこととして次のように述べている。入院患者にとっては「病院職員によって病院から追い出される」のと、「外の世界から迎え入れられる」のとでは大違いであることに大きなインパクトを受けたという。

朝本（2003:29）は自分の退院促進支援事業を振り返って、入院中の人がかつて慣れ親しんだ人が迎えに来てくれることの有効性を示している。あの人が来てくれるなら会うとか、○○にも行ってみるとかいうように話が弾む。それらから、日々の行くところがあること、そこへ行けば話をしたいと思う人がいることなど、このようなつながりが不可欠だと主張している。

つまり、長期入院患者にとっての、これまでに関わりのあった人たちが退院支援に関わることの重要性を示したものである。このような観点を持ちつつ退院支援の体制を作る必要がある。

支援体制を構築する際に評価シートの活用について論じた論文や論考があっ

■ 表3-8　支援職員の良かったところ

	支援職員の良かったところ	記　述　内　容
①	丁寧に関わってくれた	・根気よく１つひとつの出来事について教えてもらった。 ・よく話を聞いてくれた。 ・いろいろと心遣いをしてくれた。 ・親身になってやってくれた。 ・ものすごく親切に教えてくれるので嬉しかった。 ・やさしかった。
②	気楽につき合えた 気を楽にしてくれた	・ふさぎこんでいた自分を笑わせてくれた。 ・「まあやってみよう」と、追いつめずに楽な気分でいさせてもらった。 ・気軽にしゃべってくれた。 ・話しやすくて、相談によく乗ってくれた。
③	支えてくれた 安心させてくれた	・親切で強い支援職員で安心できた。 ・一緒に作業してくれて心強かった。 ・患者の考え方をよく理解してくださり、的を射た支援をしてくれた。心の支えになった。 ・不安になった時に話を聞いてくれた。頑張ろうと思えた。
④	人との絆ができた 頼る相手ができた	・これからもいろいろな活動を一緒にしていきたい。 ・退院後もお世話になりたい。 ・話し相手ができた。

注記：自由回答。
出所：鹿野ら（2003）に基づき筆者作成。

た。下野ら（2004）は、複数の評価シートを用いて退院促進の対象者を評価した結果を示している。それによると、「知的障害群が統合失調症群よりも退院しやすいことがわかった。一方、全般的な生活能力の低下、対人障害や現実検討能力の障害が退院阻害要因であることが示唆された。（略）他方、対象を統合失調症のみとした場合、活動性の低下[4]が退院促進要因で、思考障害や認知機能障害が阻害要因であることがわかった」（下野ら 2004:411）[5]という。これは医師による評価であり、退院促進に取り組んだ結果と評価シートの結果を照らし合わせて導き出したものである。

波床（2010:40-41）は病院スタッフや自立支援員への聞き取り調査から、退院に至らなくても退院支援は次のような効果があることを示している。①個別的な関わりにより本人の視野の広がりが見られ、自己選択・自己決定の機会も増

え、現実的・具体的な社会生活のイメージが可能となった。②家族との関係が整理され、適切な距離を持つことで本人の自立心が向上した。③事業の導入により、これまで拒否的であった家族と病院スタッフとの話し合いの場が設定でき、理解・協力が得られた。④経済的支援、連絡、家族の関わる機会が増えた。⑤スタッフ間で定期的なカンファレンスが実施されるようになった。⑥患者への関わりの視点がより個別性を重視したものに変化した。⑦入院中から退院後まで作業所への同行支援が継続され、スタッフの安心感につながった。⑧知的障害・身体障害の施設の協力を得ることができ、支援の可能性が広がった。

　これらを整理してみると、これまで幾人からも退院阻害要因が指摘されているものの、阻害要因の各項目に対して効果があることを示唆しているといえる。たとえば、①②は入院中の利用者本人側の阻害要因に対する効果であり、③④は家族側の阻害要因に対する効果である。⑤⑦は関係機関における連携がなされ、それのみならず協同が実施されたという効果である。⑥は病院や施設のスタッフが利用者本人に対する視点を変化させた、見方を変えたという効果である。そして、⑦⑧は地域における社会資源の活用がなされた効果といえる。

　退院を阻害する要因として5つに分けられる[6]ことを先に示したが、波床の指摘はその阻害要因のほとんどに効果があったことを述べている。1つだけ、「社会的入院を許している法や診療報酬体系の課題」に対してだけ指摘がない。しかしこの要因以外の効果を確認できていることにより、支援体制構築の重要性を示すものだといえる。

　柳瀬（2010:72）は、2004年度から実施してきた「精神障害者地域移行支援事業」を振り返り、地域移行支援に必要な着目点として表3-9の内容を示している。この事業は柳瀬自らが所属する法人の諸施設と、精神科医療機関および保健所などの行政機関を含めた支援体制によって進められた事業である。退院を阻害する要因に関する指摘があり、同時にその具体的な理由を示していることが特徴である。柳瀬が進めた支援事業ではこのような状況に対し、支援体制を組んで具体的に対応していったのである。

　金川（2012:107-09）は精神保健福祉士によるアウトリーチの重要性に触れながら、利用者に対する訪問支援と同行支援の効果や意義について触れている。まず、「入院先への訪問」を繰り返すことで信頼される関係が築けて、利用者の

第3章 「観点のある退院支援の必要性」の確認と実践

■ 表 3-9 地域移行に必要な着目点

困 難 要 因	具 体 的 な 理 由
本人の意欲に関すること	ア）症状への不安や薬の副作用が背景にある。
	イ）病院生活の安心感・居住感が定着している。
	ウ）退院後の生活不安がある。
	エ）退院後の楽しみや希望がない。
	オ）退院後の孤独感がある。
	カ）家族の理解がないことを知っている。
	キ）地域の偏見、人付き合いを気にしている。
	ク）年齢の衰えを気にしている。
家族の受け入れに関すること	ア）急性期における関係が残存。
	イ）家族のコミュニケーションに不安がある（障害がわからない）。
	ウ）親戚、地域の偏見に対する不安がある。
	エ）生活援助への疲弊感がある（扶養義務、経済支援等）。
	オ）家族兄弟への防衛意識がある。
	カ）具体的な居住場所を提供できない。
	キ）自立要求意識がある（自立してほしい）。
病院の送り出し意識に関すること	ア）精神医療施策への反発がある。
	イ）医療給付に伴う経営問題がある。
	ウ）医療モデル・生活モデルに曖昧さがある。
	エ）医療機関の体制（人員）不足がある。
	オ）地域資源への不安感がある。
	カ）当事者への不安感がある。
	キ）退院する必要を感じていないことが背景にある。
地域資源に関すること	ア）病院との関係性（入り込めない現実）。
	イ）地域支援機能（制度）の不明確さがある。
	ウ）地域資源が不足している。
	エ）病院との調整システムが未完である。
	オ）退院支援の施策に弱さがある（制度面）。
	カ）現実的な支援体制不足がある（特にグループホーム等）。
	キ）幅広い活動の選択肢が少ない。
	ク）多様な障害への支援技法が発達していない。
	ケ）包括支援のチーム不足。
地域の受け入れ意識に関すること	ア）障害特性への理解不足がある。
	イ）偏見による差別意識がある。
	ウ）交流不足がある。
	エ）共同活動への不安がある。
	オ）仕事等における疑問がある。

＊調査では、長期入院患者が退院すること・地域で生活することに賛同しながらも、「回答する者の身近で」という設定になると、上記理由の回答割合が半数程度あった。

出所：柳瀬（2010：72）の論考にあった表に、わかりやすくするために筆者が「困難要因」と「具体的な理由」の文字を加筆した。

入院前の生活や退院を諦めた経過などを聞くことができた。このような関わりは、入院患者が退院する気持ちを持つために必要な過程である。「入院中の同行支援」では、病棟では退院を表明しなければならない雰囲気だったという利用者が、本当は昼間の過ごし方がわからなかったり仕事が見つからない不安があったなど、静かに涙ながらに表出する場面に出合っていた。

そして退院に向けての「外泊中の訪問支援」として、外泊中の地域の機関事業所による支援に利用者が信頼を寄せて、地域生活継続への自信を得たことを指摘している。「退院後の訪問支援」は、一定期間内における生活費の使い方やスーパーでの買い物の方法などの、利用者の新たな社会生活能力の向上を図られるような意義があるという。

最後に、「退院後の同行支援」として、精神保健福祉士は退院に向けて利用者が積み上げてきたものを多くの支援者に伝えたり、地域生活における本人の不安軽減を図ったりする役割があることを示している。入院中だが退院に向けての時期と、退院後の時期のそれぞれにおける支援視点をわかりやすくまとめている。それとともに、それぞれの時期に機関や事業所が支援体制の構築に取り組むことの重要性を示しているのである。

第4節　小　括

これまで説明してきたカテゴリーである「観点のある退院支援の必要性」について、特徴的なことを振り返ってまとめておく。

4-1　幅のある退院意向

入院患者の退院意向に関する論文や論考については、調査対象者や病状への判断が研究者によって任意であり調査結果の一致をみない。たとえば、入院患者の退院希望は、大島ら（1991）23.6〜56.6％から原田ら（1985）81.2％までと幅があった。他方、「退院したくない」とか「このまま入院していたい」については、布川ら（2001）21.7％から菊池（1998）50.5％までの幅があった。それぞれに差が生じていた。

また、入院期間でいえば、全入院患者を対象にした調査（原田ら1985、茂田

1989)、1年以上在院者を対象にした調査（大島ら 1996、黒田ら 1999）、2年以上在院者を対象にした調査（大島ら 1991）、3年以上在院者を対象にした調査（布川ら 2001）、10年以上在院者を対象にした調査（菊池 1998）などであり一定していない。性別、年齢、GAF によっても割合が異なる指摘があった（大島ら 1991、菊池 1998、黒田ら 1999）。また、在院年数が長くなればなるほど年齢は高くなり、退院を諦める気持ちも生じやすくなる。したがって、退院希望を示す割合はどのくらいかなどという結果は一律に引き出すことはできず、それぞれの調査対象において退院希望の割合を確認することが重要だといえる。

次に、医師の判断による退院可能の割合は、原田ら（1985）が56.4％であり、黒田ら（1996）が32.5％だった。今回の調査の対象にしなかったのだが、1983年に実施された当時厚生省による「精神衛生実態調査」によると、「退院の可能性のある者」は57％であった。これらから、医師の判断からみて退院可能である割合は 32.5％から 57％だったといえる。こちらも、入院患者の退院希望の割合と同様に幅のある結果となった。

退院意向については、調査の研究目的、対象者、医師の診断基準の差が影響していることが考えられるが、決して少なくないパーセンテージの意向があると判断すべきである。また、医師からみた退院可能性についても入院患者の3人に1人から2人に1人の割合で退院が可能な人たちがあったという結果であった。やはり、社会資源が整備されていれば退院が促進され、長期入院にならずに済んだであろうことが示唆される結果だといえる。

入院患者の揺れる心情については、奥村（2002）がいうように、退院意向を持つ人が長期入院のために自己評価が低かったり過去へのこだわりを持ったりしている。また、多喜田（2001）が指摘するように、入院生活に馴染もうとしたり、自分を認めようとしたり、医療スタッフに安心感を持ったりしていた。このことについて多喜田は、「患者役割行動が影響していると考える」（多喜田 2001:23）と指摘している。また、松岡（2004）は、「地域社会に復帰することへの希望」を持ちながらも「安定と安心を求める気もち」から入院生活を継続させていると、入院患者の揺れる心情を示した。

4-2　ピアサポーターの有効性

　ピアサポーターによる活動は、入院患者への影響のみならず病棟スタッフにも変化を与えており、スタッフによる入院患者への見方に変化を生じさせていた（島根県出雲保健所 2005、河島 2010、三橋 2010）。杉原（2013）は、ピアサポーターの関わりにおける有効性として「病者としての共感体験」、「ピアサポーターへの信頼」があることを指摘した。そのことによって、入院患者が自分もピアサポーターのように退院できたり地域生活が可能になるかもしれないことに気づき、新たに自分を発見したり地域生活を模索していくようになるという。このようにピアサポーターによる関わりは、入院患者や病棟スタッフに影響を与えてその考え方や行動を変化させるうえで有効であることが指摘されていた。

4-3　入院患者と家族との関係に関する指摘

　原田ら（1983）の調査が実施されたのは 1981 年であり、その指摘は、入院期間の長短や親兄弟などの家族構成員との関係性によって退院の受け入れが変化していることを示した貴重な研究である。大島ら（1991）の指摘するように、入院患者は「家族のもと」への退院を望んでおり、入院患者が家族を求める強さを示した研究もあった。

　大島ら（1991）の指摘から 10 年ほど経過した時期に菊池（1998）や布川（2001）らは、入院患者には退院意向がありながら、家族の受け入れが厳しいことから退院に結びつかない状況があることを示した。入院患者の退院意向や家族の受け入れに大きな変化がないことが明らかになった。

4-4　生活基盤整備の重要性

　茂田（1989）、大島ら（1991）、黒田ら（1999）の研究は、必要な社会資源の種類を明らかにした。それは生活の場とともに活動の場であり、長期入院患者がどのような種類の場を求めているかを示した重要な指摘であった。実は 1993 年の精神保健法改正時に「グループホーム」が法定化された。また、1995 年には精神保健福祉法が制定され、「保健及び福祉」の章を新たに設け福祉支援の必要性をうたい、精神障害者の生活の場と活動の場の充実の足掛かりになった。さらに、1999 年の精神保健福祉法改正時に、日常の相談、憩いの場、活

動の場となる精神障害者地域生活支援センターが社会復帰施設として法定化されるに至った。必要とされる社会資源が社会復帰施設として法定化されたことの意義は大きいし、大島らの指摘が徐々に現実化したと考えられる。

1990年代から2000年代の半ばにかけてその量が徐々に増加していった。2000年代の半ばからは下野ら（2004）が指摘するように、ある程度の対人障害や現実検討能力障害が認められても地域で生活できることが指摘された。病状や障害が重くても地域生活が可能であり、地域支援体制（在宅福祉サービス）構築の必要性が指摘され、社会的入院解消のための方向性が示されたのである。

2010年頃には「巣立ち会」が、その実践によって先に示した①から⑦（田尾 2010:50-51）のような具体的な支援内容や体制を地域に築いた。退院・地域移行支援のみならず、地域定着できるような支援システムが必要であり、一部の地域ながらそれが形成されてきた。

同様に岩上（2010）は、地域移行支援と併せて「暮らし安心プログラム」の重要性を指摘している。このプログラムの特徴は、地域生活のためにスキルを身につけることを第一にあげていないことである。まず、自分の希望や夢を取り戻すために生活スキルを得るという発想からの転換があった。長期入院患者にとって夢や希望を取り戻すということは、人としての尊厳を回復することなのである。これは「本人たちが変わるのでなく、わたしたちが、わたしたちの考え方をかえればいいのだ」（物江 2010）という発想に基づく。

これらを振り返ると次のことがいえる。長期入院患者への退院支援は、社会的入院の発生要因を指摘しつつ、課題を解消するための施策を考えることから始まった。そして、地域における社会資源の種類と量を増加させ、社会資源を活用し、地域定着支援をプログラム化させるところまで来たということである。

4-5 支援体制構築へのプロセス

高齢者や重度の障害者など退院支援の困難な対象者に関する吉原（2005）の指摘は予想されることであった。大阪府と同じ時期に独自に退院支援に取り組んだ出雲市の「地域生活支援センター　ふあっと」においても、2010年頃から課題としてあがってきていた。これは、退院できる人たちが退院した後に退院が困難な人たちがまだ入院しており、その人たちへの支援の必要性が表面化

してきたのである。

　下野ら（2004）は退院促進要因と阻害要因を明らかにした。だが、退院阻害要因と考えられる状態であっても、田尾（2010, 2012）や岩上（2010）らが指摘するように「プログラム化された地域支援」による可能性を加味すれば、永続的な退院阻害要因とはならないと考えられる。退院支援とは、退院阻害要因や困難に対する実践なのであり、長期入院患者の退院および地域生活の可能性を示すものなのである。

　病院外部からの支援職員による働きかけの方法、役割、重要性については朝本（2003）、木村（2003）、鹿野ら（2003）、波床（2010）、柳瀬（2010）、金川（2012）らが指摘した。まず、「入院先への訪問」を繰り返すことで信頼される関係が築けて、利用者の入院前の生活や退院を諦めた経過を聞くことができた。同様に家族への支援もなされている。このような関わりは長期入院患者が退院する気持ちを持つために必要な過程である。
「入院中の同行支援」では、病棟では退院を表明しなければならない雰囲気だったという利用者が、本当は昼間の過ごし方がわからなかったり仕事が見つからない不安があったなど、静かに涙ながら表出する場面に出合うこともあった。そして「外泊中の訪問支援」として、外泊中の機関事業所による支援に利用者が信頼を寄せて、地域生活継続へ自信を得ることが指摘されている。
「退院後の訪問支援」は、一定期間内の生活費の使い方やスーパーでの買い物の方法などの、利用者の新たな社会生活能力の向上が図られるような意義があるという。最後に、「退院後の同行支援」として、精神保健福祉士は退院に向けて利用者が積み上げてきたものを多くの支援者に伝えたり、地域生活における本人の不安軽減を図ったりする役割があることを示している。

　渡辺（2013）は、退院により生活の自由度は広がったが、地域で生活することの辛さや苦労も生じているという。普通の生活を実現するために退院し地域での生活を目指すのだが、長期入院患者は普通の辛さや苦労を長期入院のために体験していないことから、普通にある辛さや苦労に戸惑っているというわけである。普通の生活を維持するためには何が必要なのかを考えさせられる。

　本章では「観点のある退院支援の必要性」のカテゴリーについて、論文や論考を検討した結果を示し考察した。その結果、退院支援に関する方法と、地域

定着に必要な考え方およびシステマティックな支援体制が展開されていることを示した。長期入院患者といわれる人たちは、これまでの退院支援により地域において定着が図られてきて、近年は高齢者や強い精神症状がある人たちへのアプローチが進められている。

だが、気になることに、「社会的入院を許している法や診療報酬体系の要因」（概念番号8）に対して指摘が少ない。退院支援をいかに具体化するかに関心が集まっていたのかもしれないが、この要因は長期入院患者を作り出してきた根源的な要因であり、もっと指摘されなければならない点である。その意味では、退院支援についてあまねく指摘されたという現状ではないことを指摘しなければならない。

2014年4月から精神保健福祉法の改正法が施行され、入院診療計画の作成や地域援助事業所との連携が強化されている。これは長期入院にならないための施策の1つといえる。今後は、法改正に示されるように長期入院患者を作らない施策の推進が必要である。

注

1) GAFとは、The Global Assessment of Functioning（Scale）のことであり、その頭文字を取ってGAFと表現されている。人の精神健康と病気は連続した状態だと解釈し、健康と病気の間を0から100の数字で評価する方法のことである。100に近づくほど精神健康であり、反対に0に近づくほど不健康であることを示すスケールである。病気の状態と社会生活や職業上の機能に基づき評価している。そのどちらか低い方の数値を採用する。
2) 1980年代の半ばというのは、1981年から始まった国際障害者年の世論に後押しされるように小規模作業所あるいは共同作業所と称した、障害者の昼間活動の場、働く場が全国各地に設立されていた時期である。精神科病院の入院患者は、退院すれば作業所という働く場に通所することは可能であり、それを基にして地域生活に慣れていくことができた。だが、住居となると作業所ほど全国各地に展開されたわけではない。東京、大阪、京都などの都市部においてアパートの一室を住む場所にして退院していく、1970年代から取り組まれてきたアパート退院という方法が展開された。中にはアパートのほとんどの部屋を退院した人が占めるほどの展開を見せたところもあるが、限定的な実践にとどまり、家庭以外における退院者の住居確保は困難な状況であった。
3) 筆者は「7か年戦略」を手放しで評価しているわけではなく、ようやく当面の整備量が提案されたことに対して評価している。
4) ここでいう活動性の低下とは、主として加齢による活動性の低下のことであり、そのことで特別養護老人ホームなど高齢者福祉施設への移行が進んだことを示している。
5) 下野らが使用した評価シートとは、精神症状の重症度をGlobal Assessment of Functioning（GAF）、Brief Psychiatric Rating Scale（BPRS）、Social Behaviour Schedule（SBS）で評価し、認知機能はMini-Mental State Examination（MMSE）で評価した。
6) 概念番号4、5、6、7、8の5項目のことである。波床は、このうち概念番号8以外の要因に効果があったことを指摘したと考えられる。

第４章

M-GTA を使用した研究

　本章では、M-GTA（Modified Grounded Theory Approach）を使用した研究について述べる。M-GTA の基礎になっている考え方は、グラウンデッド・セオリー・アプローチ（GTA；Grounded Theory Approach）である。グラウンデッド・セオリー・アプローチとは、データに密着した（Grounded-on-data）分析から独自の理論を生成するという研究のあり方である。1960 年代にカリフォルニア大学（サンフランシスコ校）の医療社会学者のバーニー・グレーザー（Barney G.Glaser）とアンセルム・ストラウス（Amselm L.Strauss）によって考案された。当時の社会学の領域では理論検証を強調することが主流であったのだが、その風潮への反発として「データを重視した分析から理論生成を促す新しい社会学調査のあり方を提起した」（木下 2007:18）という背景がある。

　木下（1999, 2003, 2007, 2009）は、グラウンデッド・セオリー・アプローチの特性を理解したうえで、研究者視点を重視することで、研究者が独自の理論を生成する新たな方法として M-GTA を考案した。その特徴としていえることは、対象者に関わる人たちを含めた社会的相互作用に着目する、対象者に生じる変化やプロセスを大切に扱う、対象者を時間的プロセスの中でみていく、人間行動の予測とその説明に関わる、研究する者の研究テーマの範囲内における理論生成が可能である、方法論や手順（分析ワークシート、概念やカテゴリー一覧表、結果図の作成など）が明確に示されてある、などである。

　また、木下による修正版の考案については、「グレーザーとストラウスらの対立によって表面化した点は、実はコーディング方法を改善することで同時に解決できる」（木下 2003:18）と判断したことによるといわれている。その意味では、コーディング方法も M-GTA の特徴の１つだといえる。

筆者は、第 5 章および第 6 章において M-GTA を用いたインタビュー調査の分析結果を述べ、第 7 章において、本研究による日本の精神科医療のあり方や退院支援に関する提案を行った。

本章では、筆者が研究方法として M-GTA を採用した理由や動機について述べ、その範囲において M-GTA に関する概要を説明する。したがって、本章で書こうとすることは M-GTA の解説書ではなく、筆者が M-GTA をどのように考えているか、そして活用してきたかについて記すことにとどめる。M-GTA に関する詳細な解説や説明については、木下（1999, 2003, 2007, 2009, 2014）をはじめ諸研究者の書籍を参考にしていただきたい。

第 1 節　M-GTA に関する説明

M-GTA と本研究の関連性について筆者が考えていたことを第 2 節において示すが、その前に筆者の M-GTA に関する理解をまとめておきたい。とはいえ、M-GTA に関する全体像について説明することが目的ではないため、本節においてはここに示しているような限定的な項目の説明にとどめる。

1-1　M-GTA に適した研究

質的研究として分析する際に、目的に応じて適した研究方法を取ることは当然のことである。そこで、どのような調査目的や研究であれば M-GTA を用いる方がよいのだろうか。実は、その課題にそっくり回答するものがある。データに密着（Grounded-on-Data）しながら分析し、その結果から理論化を図ろうとするアプローチが適している研究として、木下（1999:177-183）は、領域、分析対象レベル、現象特性の 3 点から次のように述べている。

① 領域

健康問題や生活問題を抱えた人々に専門的援助を提供するヒューマンサービス領域がもっとも適している。ナース、ソーシャルワーカー、教師、営業や販売担当などであり、問題は具体的な対象や現象の取り上げ方となる。

② 分析対象レベル

サービスが行為として提供され、それに対する利用者も行為で反応する直接的、対面的なやりとり（社会的相互作用）のレベルである。制度や組織、システムといったマクロ的レベルではない。
③　現象特性
　実践的領域が前提とされているのであれば当該領域において現実に問題となっている現象であり、提示するグラウンデッド・セオリーがその解決あるいは改善に向けて実践的に活用されることが期待される場合である。取り上げようとする現象がプロセス的性格をもっているということである。

また、木下（2003:89-91）が別の機会に次のように示している。

①　人間と人間が直接的にやり取りをする社会的相互作用に関わる研究であること。
②　領域としてはヒューマンサービス領域が適していること。医療、看護、保健、リハビリテーション、ソーシャルワーク、臨床心理、教育など。
③　研究対象とする現象がプロセス的性格を持っていること。

さらに、木下（2007:66-68）は次のような説明もしている。

実践的な領域：　健康問題や生活問題を抱えた人々に専門的に援助を提供するヒューマン・サービス領域が最適。サービスが行為として提供され、利用者も行為で反応する直接的やり取り（社会的相互作用）のレベル。現実に問題となっている現象で、研究結果がその解決や改善に向けて実践的に活用されることが期待されている場合。研究対象自体がプロセス的特性を持っている場合。ヒューマンサービスはこの特性を持っている。

　引用として3点あげたが、それらをまとめると、①ヒューマンサービス領域において、②社会的相互作用が生じている対象、③プロセス性という現象特性があること、これらの要素が含まれる研究がM-GTAに適しているということなのである。

調査や研究を実施しその結果をまとめる際に、研究論文や調査報告書の中にどのような研究方法を採用したかについて説明する必要がある。そこで、M-GTAを採用した場合には次のように表現すると読み手は理解しやすい。
　眞砂（2017）らは、発達障害児の支援に関する研究を実施しその結果を研究紀要に報告した。研究方法としてM-GTAを用いた理由を次のように述べている。「M-GTAは、ヒューマンサービス領域の研究対象が適しており、分析の結果であるグラウンデッド・セオリーが社会的相互作用に関係し、人間行動の説明と予測に優れた理論であること、研究対象としている現象がプロセス的性格を持っていることからM-GTAを採用した」。
　また、高木（2017）は、長期入院精神障害者の退院援助実践に関する研究として、精神科ソーシャルワーカーへのインタビュー調査を実施しその結果をまとめた。研究方法に関する項で分析方法の選択として、「精神科ソーシャルワーカーとクライエントとの退院援助実践のプロセスという社会的相互作用に着目していること、ヒューマンサービス領域を対象とすることから」M-GTAを採用したと記している。
　研究の領域、分析の対象、生じている現象などについて、このように表現できる場合にはM-GTAの選択が考えられるのである。

1-2　M-GTAの主要特性

　M-GTAは、グラウンデッド・セオリーを基礎におきながらも独自の主要特性がある。木下（2003:44-45）はM-GTAの主要特性として次の7項目をあげている。
（1）グラウンデッド・セオリーの5項目の理論特性と、4項目の内容特性を満たすこと。
　なお、それぞれの項目の説明は次のとおりである。

　　5項目の理論特性とは次のことである（木下 2003:25-30）。①データに密着した分析から独自の説明概念をつくって、それらによって統合的に構成された説明力にすぐれた理論である。②継続的比較分析法による質的データを用いた研究で生成された理論である。③人間と人間の直接的なやりとり、すなわち社会的相互作用に関係し、人間行動の説明と予測に有効であって、同時に、

研究者によってその意義が明確に確認されている研究テーマによって限定された範囲内における説明力にすぐれた理論である。④人間の行動、なかんずく他者との相互作用の変化を説明できる、言わば動態的説明理論である。⑤実践的活用を促す理論である。

　そして、4項目の内容特性とは次のことである（木下 2003:30-34）。①現実への適合性（fitness）　研究対象とする具体的領域や場面における日常的現実に可能な限り当てはまらなくてはならないということである。②理解しやすさ（understanding）　研究対象の領域に関心をもったり、その領域や場面に日常的にいる人々にとって、提示された理論は理解しやすいものでなくてはならないということである。③一般性（generality）　グラウンデッド・セオリーはテーマと対象に関して限定された範囲における説明力で勝負するわけだが、研究対象とされたところの日常的な状況は常に変化しているのであるから、提示された理論にはそうした多様性に対応できるだけの一般性が求められるということである。④コントロール（control）　具体的領域において自ら主体的に変化に対応したり、ときには必要な変化を引き起こしていけるように、社会的相互作用やその状況をコントロールできなくてはならないということである。

(2) データの切片化をしない。データの分析方法は、独自のコーディング方法と「研究する人間」の視点とを組み合わせることで、手順として明示している。
(3) データの範囲、分析テーマの設定、理論的飽和化の判断において方法論的限定を行うことで、分析過程を制御する。
(4) データに密着した（Grounded-on-Data）分析をするためのコーディング法を独自に開発した。概念を分析の最小単位として、グレーザー的特性である作業としての厳密なコーディングとストラウス的特性である深い解釈を同時成立させるために、分析ワークシートを作成して分析を進める。
(5) 「研究する人間」の視点を重視する。
(6) 面接型調査に有効に活用できる。
(7) 解釈の多重的同時並行性を特徴とする。分析作業を段階分けせずに、デー

タの解釈から概念を生成する時に、類似例や対極例を検討するだけでなく、同時に、その概念と関係するであろう未生成の他の概念をも検討する。推測的、飽和的思考の同時並行により理論的サンプリングと継続的比較分析を実行しやすくしている。

　筆者の研究に即したこれらの項目の具体的な説明については、本章の第2節および第3節で関連づけているのでそれを参照していただきたい。ここでは、M-GTAには先に示したような主要特性があるということを説明しておく。

1-3　分析テーマ

　M-GTAによる研究は、分析テーマに基づきインタビューや面接を実施しそれを分析する。初めからややこしい書き方をするが、研究テーマと分析テーマは異なる。研究テーマの中に複数の分析テーマがあるという関係性である。研究テーマとは、たとえば筆者の研究では、精神科病院長期入院患者の退院に関する研究という大きな枠組みのことである。ただ、この中には、地域で活用できる社会資源に関する検討、長期入院に関する政策的な検討、長期入院に関する現状や原因の検討、専門職の数や退院支援の意識に関する検討など、複数の検討が可能なテーマが含まれている。実は、このように、研究テーマの中でも関心を絞った研究としてのテーマが分析テーマになるのである。両者はそのような関係にある。

　研究を進めていく際には、分析テーマは1つの調査データに対して複数設定されることもあり、それぞれが少なくとも1つの論文を執筆するに値するテーマとなる。分析テーマはデータの収集前に検討しようとするしそれでよいのだが、その時点のテーマで最終まで分析するというわけではない。分析しつつデータをみていくと、得たデータの全体を概観してその時点で再設定する方がよい場合も出現するので、データ収集後に行う方がフィットする。このように、データに基づく（Grounded-on-Data）分析がしやすいところまで絞り込んだものが分析テーマとなる。

　それでは、得たデータを分析テーマに基づき分析するとは具体的にはどのようなことなのだろうか。これに対して木下（2003:134）は、「分析テーマの設定によりデータに対してどのような"角度"で分析に入るかを定める」と説明し

ている。つまり、自分が定めた分析テーマを常に頭において、得たデータを読み込みながらデータが示す中に分析テーマに関連する部分を見つけ出すのである。

そのことについて木下（2003:135-36）は、「社会的相互作用における人間行動の説明や予測に有効であるためには、研究対象の現象自体が治療であれ援助であれ、あるいは、自分の病状であれ、何らかの変化を示しているのであるから、分析で明らかにしようとするのはその現象の特定断面についてではなく、変化の様態である。研究対象が有している現象としての特性をおさえた上で、最終的に明らかにしていくのはどのような"うごき"なのかを考える。その方向性を示すのが分析テーマで、この段階では分析の結果がどうなるかはむろんまだわからないのである」、と述べている。

そうすると、明らかにしたいことは、データの中にある分析テーマに示されるところの「うごき（変化やプロセス）」である。分析テーマの表現としては「〇〇のプロセスの研究」という具合に、プロセスという単語を用いてみるとある程度特定できるのでわかりやすい。

1-4　分析焦点者

分析焦点者とは、たとえばインタビューや面接を実施した際の対象者の集団のことである。1人ひとりの個人は対象者（分析対象者）であり、対象者を集団としてとらえてこれを分析焦点者という。インタビューや面接の対象になるのは個人であるが、たとえば、ソーシャルワーカー、看護師、入院している児童の母親、高齢者施設の入所者、子ども食堂の運営者などを集団としてとらえて分析焦点者という。M-GTA では、この分析焦点者について分析し理論化を図っていく。

1-5　現象特性

現象特性とは、現象として生じたことの特性を述べるものである。分析焦点者の当初の状態や状況から、どのような変化やプロセスがあって、その結果として生じているところの状態や状況の特性に関する説明である。変化やプロセスについて、文節程度の長さで説明すると読み手は理解しやすい。

1-6　オープン化と収束化、分析ワークシート

　これらは分析方法と分析プロセスに関する説明である。M-GTAの分析プロセスでは、得たデータを読み込んで概念を生成していく時期と、必要十分な概念を基礎にして概念間における関係性を検討する時期がある。概念を生成していくことがオープン化であり、概念間の関係性を検討していくことが収束化である。このように進めていくと、概念とカテゴリーの一覧表を作成することができ、また、結果図を作成することもできる。そして、研究する人間として、分析焦点者における現象特性などについて一覧表や結果図から説明することが可能になる。このようにM-GTAによって分析することで全体像を示すことができる。だが、M-GTAの目的は変化やプロセスの説明だけではなく、データに基づき分析したことを理論化することなので、オープン化と収束化というのは理論化のための方法なのである。

　インタビューを掘り起こした原稿を読む際に、分析を目的としたコーディングの基準が必要である。グラウンデッド・セオリー・アプローチの分析におけるコーディングの基本はデータの切片化だがM-GTAはそれを行わない。分析し理論化するための最小単位は概念なので、それを導き出すためには分析ワークシートを作成するという方法を取る。

　オープン化と収束化を進める際に活用するのが分析ワークシートであり、これは、概念、定義、バリエーション、理論的メモで構成されている。データを読み込みながらそこに含まれる意味から概念を生成していくわけだが、表4-1にあるように、1つの概念には複数のバリエーションが含まれている。1人の対象者から複数項目が得られることもあり、複数の対象者からも得られるので、結果として多くのバリエーションが抽出される。このようにして、概念に関するバリエーションを豊富にしていく。

　ここで大切なことは、理論的メモを充実させることである。理論的メモとは、「着想や思考、そして、疑問やその確認の記録となり、(略)カテゴリー生成や分析全体のまとめはこのノートで検討していく。概念諸関係図を試行錯誤的に検討する時にも、その都度このノートに記録していくと、最終的な関係図にまとまっていくまでのプロセスが残せる」(木下 2003:207-8)のであり、そのような目的で活用する。

■ 表4-1　分析ワークシートの様式例

概　念	
定　義	
バリエーション （語りの具体例）	A B B C ・ ・ ・
理論的メモ	

出所：筆者作成。

　具体的には、バリエーションをピックアップした時の感想や思い、また、概念や定義の意味を深めようとした時、概念と概念の関係を考える時、カテゴリーのまとまりを考える時、全体の分析結果に関するアイデア、ピンときたこと、ひらめきなどのことである。そして、「理論的メモ・ノートは日記的に日付ごとにつけるのが効果的である」（木下 2003:207）という。これは、分析ワークシートの正確性、先見性、オリジナリティなどに大いに影響する。このようにして、分析ワークシートを積み上げていくことで分析が進んだり理論化が図られたりしていくのである。

　インタビュー、面接、観察などを通して得られる情報はややもすると主観的だといわれる。だが、M-GTAという考え方や分析方法を採用することで、「主観性を科学化する」ことに近づくと考える。それは、「研究者の主観的な思考や感覚を客観的に捉え返しつつ活かす営み」（山崎 2016:68）にできると考えるからである。

第2節　インタビューの必要性とM-GTA

2-1　インタビューの必要性と生じてくる主観性

　第2節では、筆者がM-GTAを採用した理由について述べる。筆者の分析の対象者は、精神科病院に2年間以上から40数年間にも及ぶ長期入院患者であっ

た。彼らは、治療のためであったり地域における受け入れ条件が整わなかったりという理由によって長期間の入院になっていた。

　そのために、多くは社会生活能力の低下や意欲減退などが生じ、退院や地域生活などが考えらないなど、人の尊厳の尊重がなされず生活力の低下が深刻な状況におかれていた。しかし、彼らは、精神科医療の専門職による院内での働きかけや退院に向けての支援によって退院し、地域において社会生活能力を徐々に獲得し、生活者として暮らすまでに自分を変化させていった。

　精神科病院長期入院患者は、入院中に患者同士や患者と医療専門職との関わり、院内におけるリハビリテーションプログラムへの参加などさまざまな体験をしている。そして、それらを通していろいろな心情を蓄積させ、入院という生活の中でさまざまな思考を重ねてきた。彼らの長期入院はどのような原因によって生じたのか、長期入院患者の心情や思考はどのようなものだったのか、なぜ退院しなかった／できなかったのか、などということは、長期入院患者に尋ねることなくしては明らかにできないことである。

　また、退院と地域生活について、何がきっかけとなって退院できたのか、その間に院内外で取り組んできたことは何か、どのようなプロセスによって退院できたのか、地域で生活するにしたがい自分にどのような変化が生じたか、などについても長期入院患者だった人に尋ねないと明らかにならない。

　そもそも、精神科病院に長期間にわたり入院するということは稀な体験である。入院中の患者の扱われ方と精神科病院の役割については、E.ゴッフマン（1961）が『アサイラム―施設被収容者の日常世界―』で詳細に述べている。1960年前後のアメリカの州立病院の1つである聖エリザベス病院において、全制的施設の1つとしての精神科病院は、社会に脅威を与えると思われる人々をその人の意思と関係なく入院させる収容所の1つであった。入院した患者に生じた共通のことは剥奪であった。患者や職員との平等な関係性、自分の希望や関心を持つこと、病院の外部との自由な関係を得ること、何よりも人としての尊厳などにおいて剥奪があった。

　翻って2010年代半ばの日本において、アメリカのように脱施設化が生じなかった精神科病院で長期入院患者にインタビューをするのならば、当然のことながら剥奪という観念を頭におく必要があろう。ただし、時代も地域も調査方

法も異なる条件において1つの観念をとらえることは困難である。現在の日本において注目すべきことに着目する必要がある。大切にされなければならないことは、剥奪状態にある長期入院患者の心情や思考であり、そのことについてはこれまであまり調査されてこなかった。

また、長期入院患者と一口に表現するものの長期入院患者には主観がある。長期間の精神科病院入院あるいは退院という共通の事実は存在するのだが、その経験に関する受け止め方は個々人の主観的な語りとして成り立っている。ということは、インタビューの対象者が増加すればするほど一致する主観が多義にわたるが、他方では、一致した主観においても意味することが深みを増していくことにもなる。

加えて、主観という意味においては、インタビューを分析したり解釈したりする人（分析者、研究者、実践者など）によって新たな主観が生じることになる。つまり、それを研究する人の観点や解釈によって1つの意味を提示されるという事実もある。だから、長期入院患者の語りの主観性と、研究する人の分析テーマや方法を含めた主観性の両方があることになる。

2-2　研究方法としてのM-GTAの必要性

これらを踏まえると、そもそも、長期入院患者の語りに関する分析や解釈は、常に客観的でなければならないか、という疑問が生じてくる。先にも触れたように、長期間の入院においてはさまざまな体験があり、そこからはさまざまな心情や思考が生じてくる。幾人かの人には一致したりそのことに共感したりすることもあるだろうが、そのように共感できない人もあり、他の要素を主張する場合もある。重要なことは、ある体験をした人の語りは、その人の主観を伴いながら大切に扱われる必要があるということである。まず、大切に扱われそこから何が分析され、それに基づきどのように理論化されていくかを明らかにしていくことが重要である。同時に、その語りを分析し解釈しようとする場合においても、研究する人や分析者の主観が入ることも必然であると考えられる。

このようなことを基本において、精神科病院に長期入院を余儀なくされた人たちの語りについて、どのような分析方法があるのだろうかと考えていた。そこで筆者がたどり着いたのがM-GTAであった。質的研究の方法についてこと

さら詳しく調査したわけではないが、M-GTA という研究方法は対象者の語りを大切に扱い、その人の社会的相互作用による変化内容に着目し、退院し地域生活が可能になったという変化のプロセスを踏まえて研究できる。また、分析する研究者の視点が大切にされることや、分析の結果から新たに理論化できることも魅力であった。さらに、分析方法が理解しやすく、図や表などを活用し他者に説明しやすいという利点があることに気づいた。

たとえば、長崎（2010）は、「M-GTA は、混とんとした現象を分析し、どのようなことが起こっているのかを探索するための方法として優れている。（略）ある限定的な状況の中で起こっている現象を分析する方法である。その際に、分析焦点者に起こるプロセスに焦点を当てるという特徴を持っている。また、分析を行うときに、コンテキストを重視し、調査対象者が何を語っているのかという意味性を重視する」（長崎 2010:43-44）と指摘し、自分の研究にこの方法を採用した。

現象として確かに何かが生じているがその変化やプロセスがまだ不明である、それを明確にすることで新たな方向性が見えてくるから、いわゆる理論化ができるのである。このようなことが可能になると考え、筆者は M-GTA という研究方法を採用した。

第3節　大切にしたいと考えていたこと

本節では、インタビュー分析や理論化を大切にしたいと考えていた理由について述べていく。そのことで、筆者の研究と M-GTA という質的研究法との関わりについて説明できると考えるからである。

3-1　文節データを大切にすること

筆者は、保健所における精神保健福祉相談という、いわゆる現場で働いていた時から多くの入院患者に出会ってきた。彼らは短期入院の人もあれば長期入院になった人もあり、それぞれ制約された入院体験について語ってくれたことがあった。その内容は、本当なのかと疑うことがあったり、よほど大変だったのだと思うこともあった。それと同時に、日本の精神科病院に関する現状を確

認したり、また、入院患者であった1人の人間の生きざまを理解するうえでも、彼らの語りは重要だと思っていた。

　長期入院患者が抱いていた心情や思考に関する研究がこれまで多くないことは事前に把握していた。筆者が現場で働いていた時にも長期入院患者への関心はあったものの、構えて彼らについてインタビューしたり、その結果を分析したりする時間の余裕がなかった。長い間にわたり気になっていたことに取り組もうと考え、ようやくインタビュー調査を実施するに至った。

　今回のインタビューを通して、精神科病院という限定された建物の中で、しかも数人が一室で入院生活を送るというプライバシーが制限された空間で、彼らは2年間から40数年間にもわたり精神病の治療と称して時間を刻まれていったのである。インタビューでは、その期間における長期入院患者が感じたことや体験したことを聞くことができたので、そのデータを大切に扱いたかった。このデータは、筆者からの質問に対する回答としての語りであり、その人の入院期間に関するさまざまな心情や思考と、地域で生活するまでのプロセスが詰まった語りである。精神科病院における長期入院の実態と、その人生を知るという意味から、非常に重要な内容だと考えた。

　データを扱う際に大切に考えていたこととして、対象者の語りをそのまま示す方法を採用したいということがあった。これは分析方法に関することだが、録音したインタビューを掘り起こして、明らかになった語りを要約したり切片化したりすることなく、1つの区切りのある文章なり文節なりとして採用したいという意味である。人は自分の思いや考えていることを言語化する際に、一言で伝えきれない多くの内容を含ませているものである。それは、ある程度の分量があるからこそ読み手に伝わっていくことから、少なくとも1つの区切りある文章や文節が必要だと考えたのである。得られた文章や文節データをそのまま活用できるようにしたいと考え、それが可能になる分析方法を求めたのであった。

3-2　社会的相互作用の実態を明らかにすること

　インタビューを実施する前に筆者は、精神科病院長期入院患者の退院は容易にできることではないと考えていた。だが、退院した人たちがいる現状から考

えると、病院内ではもとより退院した後の地域においても、精神保健福祉の専門職による多くの支援があったことが理解できる。その関係性の1つとして、退院する人と専門職との何らかの相互作用があると考えた。それは、多くは複数の専門職によって構成されたグループが、1人の長期入院患者に対して関わるという社会性を持った関わりであり、そのことによって生じる相互作用なのであろうと考えた。まずは1人の専門職が関わることが大切だが、その人がいつでもいるわけでもないし万能でもない。だから、複数の専門職が1人の長期入院患者に関わることで、退院していく人は複数の専門職からの作用を受けるのである。

　たとえば、精神保健福祉士という専門職が長期入院患者に関わりながら、その人が退院を意識するように作用を及ぼすことがある。また、長期入院患者が発する言葉や取った行動が、精神保健福祉士にその人の退院のために準備を促すような作用を及ぼすこともある。このような関わりがあると、長期入院患者と精神保健福祉士との関係性や相互の信頼性が高まり、相互作用が有効に働くということである。精神保健福祉士の他には精神科病院内で医師、看護師、作業療法士などの専門職によるグループも同様の関係性が生じると考えられる。

　長期入院患者の多くは、入院による社会生活能力の低下や意欲減退などが生じ、退院や地域生活などが考えらない状況にあっただろうと思われる。その状況から退院したいという思いになるまでに、何らかの作用があったと考えられる。同様に、本当に退院できるのかという迷いや、心配するあまり病状に変化が生じるなどの患者自身の変容も考えられる。だが、結果として退院し地域での生活ができている。そこにも、退院を目指す患者と精神保健福祉の専門職による相互作用があったのではないかと考えた。

　時には患者から、不安と期待を含んだ思いを専門職に表出する場面もあったであろう。また、時には専門職から患者に働きかけがあったであろう。それは具体的にどのような表出や働きかけであり、それが実施された際にどのような作用が生じたのだろうかという素朴な疑問であった。したがって、素朴な疑問を明らかにするために、両者における社会的相互作用とは何だったかを明らかにしたいと考えた。

　なお、社会的相互作用としての時期は、1つ目に入院が長期化することによ

る無力化や社会性が収奪される時期である。2つ目に、入院中に専門職からの働きかけにより退院を志向し、専門職と協同しながら生活力を育成し、退院後も地域生活を継続するという時期がある。このように2つの時期について、社会的相互作用の内容は異なるものの、長期入院患者と主に精神保健福祉の専門職の両者による社会的相互作用の実態を明らかにしようと考えていた。

3-3　変化とプロセスを大切に扱う

　社会的相互作用のところでも触れたが、長期入院患者と精神保健福祉の専門職は相互に作用しており、まずはそのこと自体の指摘が重要である。相互作用とは、働きかけによって変化が生じ、時間経過とともにプロセスが生じ、その結果としての状況変化が生じてくる。つまり、作用という元があって、最終的に結果が生じ、それについてプロセスとして説明できるということである。このような要素は、社会的相互作用について論じる場合には、作用と結果にはプロセス的性格がもともと含まれている（木下 2003:90）からということで説明できる。

　今回のインタビューにおいて、長期入院患者が退院に至る変化やプロセスは非常に重要だと考えた。長期入院によって社会生活能力の低下や意欲減退などが生じて退院や地域生活などが考えられない状況だった人が、地域生活が可能になっているというのは、その変化とプロセスを語る価値のあることだと考えたのである。

3-4　分析方法がわかりやすい

　質的研究といった場合に、分析方法が難解だったり時間がかかったりすることは、研究者や実践者にとってどうしても抵抗感がある。対象者の語りの文節を意味あるものと考え、文節という量を1つの意味として分析しようと考えると、切片化した研究方法は、今回は向かないだろうと考えた。

　難解でなくわかりやすい分析方法として考えられることは次のようなことである。たとえば、文節の意味を概念化するとか、さらに同類と考えられるいくつかの概念を集めて新たな意味を生成するカテゴリーにできるとか、そのように1つのまとまりとして集約できるような方法のことである。このような方法

による分析であれば一覧表にすることも可能である。加えて、わかりやすい分析方法としては、分析結果を図表化できることなども効果的であると考えた。

筆者は、グラウンデッド・セオリー・アプローチを活用できないかと漠然と考えていたが、それよりも修正されたという M-GTA に興味関心を持った。考案者の木下康仁氏による書籍や M-GTA によって分析し理論化されたいくつかの書籍を見るにつれ、さらに興味関心が深まった。そこで、自分でも取り組んでみようと思ったきっかけは、結果図を見ながら説明と解説を読んだ際のわかりやすさであった。

特に、結果図が読み手に与えるインパクトは非常に大きいものがあると受け止めた。M-GTA を用いて調査をまとめた書籍の結果図は、分析結果を文章で読みながら見ていくと多くの実感的な理解を与えてくれた。それは、事象の始期（はじまり）の状況理解、次にいわゆる転換する時期やそのきっかけになること、そして転換期からその後の変化とプロセスがストーリーになって伝わってくること、最後に終期（おわり）の状況が説明されていること、などであった。

このように、M-GTA に魅かれた大きな要因は、文章による説明だけではなく、むしろ概念カテゴリーの一覧表や結果図によって視覚的に理解できることと、結果図を活用することで変化とプロセスがストーリーになって伝わってくることであった。分析方法や研究結果がわかりやすいということは、M-GTA の特徴でもあり質的研究方法としての強みだと考えたのである。

次に、筆者が理解している範囲ということが前提であるが、M-GTA による分析方法の特徴について述べる。

3-4-1　多くの概念を生成できる

データの分析や考察については、できるだけ多くの概念がある方が幅広く分析でき、深い考察になるだろうと考えた。「Grounded-on-Data」に徹することで多くの概念を生成できると考えていたからである。したがって、それが可能になる方法を模索したところ、M-GTA による分析方式であるとわかった。

対象者へのインタビューについて、対象者の数や 1 人当たりのインタビュー時間などは、調査目的や対象者の話し具合によって全く異なったものになる。実際の分析方法について木下（2003：160）は、「まず 1 人分のデータ全体にざっと目を通す。最初に取り上げるのはベース・データの中で、分析テーマに照ら

してディテールが豊富で多様な具体例がありそうなものを選ぶとよい」と考えている。筆者の場合は、20歳代のある女性の語りから始めた。なぜならば、その語りの中に入院時のこと、精神症状に悩まされたことやそれへの対応、家族との関係性、入院中の医療スタッフとの関係性、退院へのきっかけ、退院のためのトレーニング、地域における生活の現状など具体性に富んだデータが十分に含まれており、入院から退院に至る全体を把握できると感じたからであった。

このようにして、次々に複数の対象者の語りを読み込んで、概念として位置づけられる文章や文節を抽出していった。概念は1人目から多く生成でき、対象者が増加するにしたがい概念数が増加していった。取り出した文章や文節そのものが1つの概念になるほどの内容があり、できるだけその内容を大切に扱って意味を読み取り、概念として考えられる名称を生成していった。

次第に1つの概念の中に複数の対象者の語りが含まれることになった。これは、1つの概念ごとに作成する分析ワークシート内に落とし込んでいくことでバリエーションが豊富になったからである。分析ワークシートでは、概念の定義を示し理論的メモも作成する。分析ワークシートの様式は第1節で示したとおりである。

概念数を数十項目という数まで生成できると、その後の概念と概念の関係性の検討や、変化とプロセスという一連の時間的経過を把握できる。そのことで、長期入院から地域生活を継続させるまでのストーリーを得ることができ、長期入院でなくても済む要因を考えることができるのである。筆者にとって、理論化のためにはこのような思考が必要であった。

3-4-2 視覚的資料の生成が可能

ここでいうところの視覚的資料とは、概念とカテゴリー一覧表および結果図のことである。概念は、インタビューの対象者の発言を文章あるいは文節単位で把握し、バリエーションとして落とし込み、その特徴について一言で表現したものである。また、概念は、概念と概念の関係性を考察し、同類の概念同士を1つの枠に集めて、その枠の特徴を一言で表現した名称をつけ、上位のサブカテゴリーとして生成する。サブカテゴリーについてもそれぞれの関係性を考察し、複数のサブカテゴリーによってさらに上位のカテゴリーを生成していく。

■ 表4-2　概念とカテゴリー一覧

コアカテゴリー	カテゴリー	サブカテゴリー	概念番号	概　　念	定　　義
			1		
			2		
			3		
			4		
			・		
			・		
			・		

注記：以下、概念番号の数だけ項目が続く。
出所：筆者作成。

このようにして概念とカテゴリーの一覧表が完成する。この一覧表は視覚的資料として活用できる。様式は表4-2のようなものである。本書における概念とカテゴリー一覧表は巻末に示したとおりである。

　結果図は、概念やカテゴリーの関係性が一覧して理解でき、分析焦点者に生じた事象の時間的プロセス、変化の方向、影響の方向、相互の影響など、変化や影響の実態を記した結果を説明する図のことである。本書では巻末に示しているが、視覚的に変化とプロセスを見ることが可能であり、事象の理解に大いに役立つ。このように、M-GTAは視覚的資料の生成が可能であり分析する際に理解しやすい。

3-5　長期入院患者を生じさせない実践への理論生成

　精神保健福祉士は、長期入院患者の退院を支援し促進することを目的の1つにして1997年に誕生した国家資格であった。その後、2003年度からの退院促進支援モデル事業や、2010年度からは地域移行・地域定着支援事業（現障害者総合支援法における）が展開され、長期入院後に退院して地域生活が可能になっていった人たちを支援してきた。

　だが、元をたどれば長期入院にしなくてもよい精神科医療のあり方が必要なのである。今回のインタビュー調査を通して長期入院患者から得られた情報を基に、精神科医療のあり方や現存する長期入院患者への対応に関する理論が生成できると考えた。データを大切にしながらデータに忠実に分析し検討する必

要があるが、現状分析だけで終了させてしまってはいけないのである。

　つまり、長期入院患者を作り出している構造のようなものに切り込んで、必要で十分な、さらにタイムリーな精神科医療を提供するためには、いったい何が求められているかを考え出さなければいけないと考えた。それが可能になるのはM-GTAだろうと考えたのである。

第 5 章

密室の中のディスエンパワメント

　本章および次章では、16 名の長期入院患者を対象にインタビューした内容を、M-GTA によって分析した経過や結果について述べる。第 5 章では、第 1 節において本インタビューに至った経緯やその方法などについて述べ、第 2 節および第 3 節において、2 つのコアカテゴリーの中の 1 つである【密室の中のディスエンパワメント】についてその概要を述べる。
　なお、第 1 章において日本の精神科病院数や精神病床数をめぐる各種の課題について OECD 諸国と比較しながら現状を述べた。いわば、日本における精神科医療の概要をみたということである。そこで本章では、精神科病院長期入院患者の退院支援あるいは地域移行支援に絞りながら、その範囲における筆者が考えるところの研究背景、問題関心、研究目的、研究方法などについてはじめに述べる。そこでは、第 1 章で述べたこととやや重複する点もあるので説明はできる限り簡略にした。その後に M-GTA による分析結果について示す。
　なお、インタビュー対象者の語りを示した中に（　）付きの部分があるが、これは筆者がその発言の捕捉あるいは説明として加えたものである。

第 1 節　研究背景、研究目的、研究方法および分析方法、結果

1-1　研究背景と問題関心

1-1-1　研究背景

　日本において人口 10 万人当たりの精神科病床数を OECD 諸国と比較すると、世界に類をみない多くの精神科病床が存在している。このことが脱施設化や長期入院患者対策の課題になっており、長期入院患者の中には社会資源や受け入

れ条件が整わないために精神科病院に入院し続けている人々が7万名以上いるといわれている。彼らは社会資源や受け入れ条件を整えられていない、あるいは、地域生活の可能性が追求されていない状況にあるのである。

このような精神科病院長期入院患者を対象にした退院支援の事業は、厚生労働省によって2003年度から実施された「退院促進支援事業（モデル事業）」に始まり、2010年度から「精神障害者地域移行・地域定着支援事業」として実施されている。この事業は精神保健福祉に従事する専門職によって取り組まれており、内閣府による2012年6月の「行政事業レビュー」において実績が報告されている。

長期入院患者への制度的な退院支援の事業は、2012年度からは「地域移行・地域定着支援事業」として、障害者総合支援法による給付対象になっている。その支援を受けながら退院し、地域生活を継続させている人もある。また、ピアサポーターの活躍も地域別には見受けられ、そのことに関する報告や研究もある。ピアサポーターが長期入院患者に自分の体験を語ることは、長期入院患者の不安を和らげたり気持ちを退院に向けやすかったりするため、独自の機能と役割があると考えられる。ピアサポーターによる関わりの特徴については日本精神保健福祉士協会（2008）が、精神科病院の入院体験のあるピアが声をかけるので安心感が持てるとか、共感を得やすく相談がしやすいことなどの結果を調査によって明らかにしている。

長期入院から地域生活へと退院の取り組みは進められており、実績報告があったりピアサポーターによる効果が示されたりしてきている。だが、多くは支援する側からの報告や指摘であり、退院した当事者の断片的な語りはあるものの、彼らのまとまった語りについて分析した報告は見あたらない。

1-1-2 問題関心

精神科病院における長期入院により、患者は生活の日常性の中断や社会関係の喪失が生じて地域における友人知人を失ったり、地域で生活するための社会生活能力の低下をきたしたりしている。そのため、退院を考えた際に、住居探し、生活のための経済的保障、1人での日常生活の仕方、日中の過ごし方、地域での支援者の確保、相談できる場の確保、就労などに課題が生じている。また、幻聴や妄想などの精神症状への対処方法に不安を感じて退院に踏み切れな

い人もある。

　そのような状況にあっても、退院したいという自分の意思や専門職による働きかけによって退院が可能になった人たちがあった。長期入院患者が退院しようという気持ちになるまでにはさまざまな不安があり、躊躇、葛藤、思い直しという変化があると考えられる。退院を諦めるのではなく、躊躇したり思い直したりする変化は貴重な体験である。

　退院して地域生活が可能になるまでのプロセスには、精神保健福祉の専門職が関わったりピアサポーターが関わったりしている。そのような中で、長期入院患者の入院中の思いや退院に向かった気持ちに関する語りは、精神障害者の生きざまを語るものである。また、退院し地域生活を送っているというプロセスには、退院支援あるいは地域移行に関する方法や考え方への示唆が含まれているものである。

　長期入院患者は入院による生活をどのように受け止めていたのか、どのようなきっかけや働きかけがあって退院が現実的なものとなり退院できたのか、また、その後の地域生活を送るうえでの思いは何なのか。これらを明らかにすることは、今後の日本の精神科病院における治療のあり方や退院支援の重要性や、精神障害者が地域で生活することの重要性を示してくれると考えた。

1-2　研究目的と意義

　研究目的は、専門職やピアサポーターが行う退院支援によって退院した人に生じる変化と退院のプロセスを、インタビュー調査を通して明らかにすることである。自分の退院意思を確認し、それを継続させながら、必要なことに取り組み退院した人の語りの分析は貴重である。その変化と退院のプロセスを明らかにすることによって、新たな退院支援の観点や知見を発見できるのである。

　今まで明らかにされていなかったことを明らかにすることによって、「地域移行・地域定着支援事業」や普段の退院支援の実践に新しい情報を提供できる。

1-3　研究方法および分析方法

　本書で述べようとするのは、精神科病院長期入院患者が地域生活を可能にしていった変化とプロセスに関する論考である。その中でも、本章と次章は、退

院した長期入院患者16名に半構造化インタビューを実施した結果と考察をまとめた内容である。それを前提にして研究方法および分析方法を述べる。

1-3-1　調査方法

　精神科医療機関や障害福祉サービス事業所に勤務する精神保健福祉士に協力を打診して、該当する対象者を選考し、了解を得られた人たちを紹介していただいた。1か所当たり1名から4名の対象者であり全部で16名であった。筆者がそれぞれの機関事業所あるいは対象者の自宅に出向き、調査の趣旨や倫理的配慮について文書および口頭で説明し同意書を得た。対象者に半構造化インタビューを実施しICレコーダーに録音した。インタビュー時間は1人当たり1時間程度を目安にした。

　なお、対象者にインタビューする際に退院を支援した専門職が一緒にいた例が5例あった。一緒にいてくれる方が落ち着いて話せるとか、質問に答えやすいからという理由によって対象者が同意したからである。この場合に、どのようなことを話しても今後の相談支援に関する専門職の対応に変化はないことを、対象者に説明し理解を得た。

　インタビュー対象者が所属する精神科機関や障害福祉サービス事業所
　① 　大阪府A市……A障害福祉サービス事業所
　② 　東京都B市……B障害福祉サービス事業所
　③ 　大阪府C市……C障害福祉サービス事業所
　④ 　京都府D市……D病院
　⑤ 　京都府E市……E障害福祉サービス事業所
　⑥ 　岡山県F市……F障害福祉サービス事業所
　⑦ 　沖縄県G市……G病院

　選考した機関事業所は、従前から退院支援あるいは地域移行支援に積極的に取り組んできた多くの実績があり、精神保健福祉士は本研究の対象者選択において適切な方を紹介してくれた。また、地域としても東京都、大阪府、京都府、岡山県、沖縄県と広域にわたっており一か所に集中するという偏りがない。

　なお、今回のインタビュー調査については、普段の退院支援と地域移行・地

域定着支援を分けずに対象者を選考した。障害者総合支援法による制度（地域移行支援事業、地域定着支援事業）を活用しているかどうかの違いがあり、両者の退院に向けての方法論に差異はあるが、本章における目的はその差異を強調することではないからである。加えて、院内の退院プログラムに参加しているかどうかにもこだわらず、退院できたという事実のある人を対象にした。この意味の範囲であることと、16名へのインタビューなので対象者は限定的である。

また、退院に向けて支援する人とは、精神保健福祉士、作業療法士、看護師などの専門職やピアサポーターが考えられるが、両者ともに支援者として対等に考えることにする。退院にあたり誰の影響を強く受けたかなどよりも、むしろ専門職集団のアプローチによる相互作用が影響していると考える方が現実的であり、そういう差異を明確にできないからである。

さらに、ここでいう長期入院とは、おおむね2年間以上の入院を指す。その理由は次のとおりである。交通機関や公共機関の利用方法、パソコンや通信情報機器の普及や改変、その他生活手段などにおいて変化の早い現代において、精神科病院に2年間も入院し地域生活から離れてしまえば、社会生活能力が損失されると考える。その状況におかれた長期入院患者は、退院や地域生活に対するさまざまな課題を持つようになると考えるからである。

調査期間は2014年5月から同年9月であり、この間に先に示した7か所においてインタビューを実施した。

1-3-2 対象者の説明

インタビューの対象者は退院支援あるいは地域移行支援において、精神保健福祉士や医療関係者から退院の働きかけがあった人たちであり、診断名は全員が統合失調症である。入院期間は2年間以上で最長は44年間以上もあったが、分析にあたり入院期間ごとに分けたわけではない。実際には、入院時期が1969（昭和44）年から始まる人もあれば2000年代に入ってからの入院という人もあり、時期によって精神保健福祉に関する法律が異なっているために、現代からみると違和感を覚えるような体験をしている人もあった。

だが、それらはすべて2年間以上という長期入院者として対象にしている。さらに、2年間以上まとまって入院していた人もあれば、数回の入院を合計すると2年間以上になる人もあり、その点に対象者の限定性において幅がある。

1-3-3 分析方法

録音したインタビュー内容は逐次記録に掘り起こし、M-GTA によって分析した。M-GTA は、ある状況や経過に生じている変化やプロセスに関する分析および説明に適した分析方法である。つまり、「社会的相互作用に関係し人間行動の説明と予測に優れた理論である」（木下 2003：89）といわれており、データを分析する際に発言内容を切片化するのではなく、文脈の意味性を重視する方法である。

この方法を使用することによって本研究では、入院に至った経緯、長期入院患者の入院中の心情、それを生じさせた要因や環境、退院支援に関する受け止め方、具体的な支援内容、退院までの変化やプロセス、退院後の生活などについて、彼らの語りを通して分析できるのである。つまり、「人間と人間の複雑な相互作用がプロセスとして進行するわけであるから、その全体の流れを読み取ることが重要」（木下 2003：158）だと考えたからである。

本研究のために得たインタビューデータが膨大なために、上記に説明したすべてについて詳細を述べることは困難である。だが、M-GTA ではデータを分析することにより概念、カテゴリー、コアカテゴリーに関するコーディングの一覧を作成する。また、概念やカテゴリーに関する影響の方向や変化などを示した結果図を作成する。これらによって視覚的にも理解しやすい結果を示すことができる。それらは巻末にまとめて示した。

そして、M-GTA による分析については、M-GTA 研究会西日本のスーパーバイザーの指導を受け、合同研究会において報告し出席者からも意見をいただいた。

実際の分析手順は次のとおりである。まず、インタビューした数名の語りの中から、分析テーマをより深められると思った対象者の掘り起こし原稿を読みながら、重要だと思われる文節あるいは文章をバリエーション（例示）としてピックアップした。そして、それに含まれている貴重な体験や意味性について「理論的メモ」に記載し検討していった。

その後、他の対象者の掘り起こし原稿を随時読み込んでいくと、複数のインタビュー対象者からも同様の体験や意味性を示す語りが得られるので、それらをバリエーションとしてすべてまとめていった。バリエーション全体が示す体

験や意味性について、「理論的メモ」を参考にしながら、そのバリエーションにおける概念を生成していった。併せてその概念を説明する定義を示し、このようにして生成した概念およびカテゴリーの一覧表を作成した。

　導き出した複数の概念は、同様の意味性があればそれらを集約し１つのサブカテゴリーとして名称をつけていった。そして、いくつかのサブカテゴリーの関係性を検討したうえで、上位概念のカテゴリーとして生成していった。同様に、さらに上位概念としてのコアカテゴリーを生成した。このようにして、カテゴリー・概念一覧を作成していった。

　これらの作業と並行しながら、コアカテゴリー、カテゴリー、サブカテゴリー、そして概念の関係性を説明する結果図を作成した。結果図には、各カテゴリーや諸概念の関係性、変化、プロセス、影響の方向などについて示した。また、１つのカテゴリーの終息や発展などが理解できる図になるように作成した。

1-3-4　インタビューガイド

　インタビューガイドは次のとおりである。①あなたの入院生活はどのような状況でしたか。②退院を働きかけた人はどのような人でしたか。

　一見すると大きなくくりのように思うかもしれないが、インタビューの対象者がどこからでも話しやすいように、このように大枠にして入院中の心情や退院支援の概要を尋ねる項目を設定した。ただし、語りの内容から判断して、対象者の変化や心情などにかかる詳細が得られるように、インタビューの場で尋ねられる小質問を複数準備した。たとえば、入院生活にかかる述懐があれば、その理由や思いなどを詳細に尋ねるといった具合である。また、退院を働きかけた人については、職種や方法などを尋ねたり、具体的な退院準備等についても尋ねられるように準備した。

　なお、M-GTA における分析テーマ、分析焦点者、現象特性は次のとおりである。

［分析テーマ］

　精神科病院長期入院によって諸能力や機会を奪われた患者が、専門職と協同しながら地域で暮らせるようになっていくプロセス、である。

［分析焦点者］

　専門職と協同しながら退院に向けて取り組み、今は地域で生活している精神

科病院長期入院患者だった人

［現象特性］

　精神科病院長期入院患者は、入院している期間に希望やニーズが受け入れられないことや、人としての尊厳の尊重も十分でないことが多く生じている。そのために、機会や自分の意思で取り組む体験が奪われてしまった。そこで、専門職による退院への働きかけで退院への協同の取り組みが始まる。さまざまな不安や迷いに遭遇しながらも徐々に 1 人で生活できることが増えていき、自分らしい地域での暮らしを築いていく。

1-3-5　倫理的配慮

　倫理的配慮については次の点があげられる。①インタビューの概要およびインタビューの内容や方法について文書で説明し、個別の同意書を得る。インタビューの実施日時は対象者の了解のもとに決める。②語りたくないことは言わなくてもよいことを伝え、インタビューを録音することに同意を得る。また、インタビューに応えても応えなくても、今後の処遇に何ら関わりのないことを伝える。③結果は冊子にまとめたり各種研究会や学会発表の資料として使用すること、要望に応じてまとめを配布することを伝え同意を得る。④インタビューに応じていただいた方の氏名は匿名にする。⑤録音データおよび逐語録は、まとめが終了した段階で廃棄する（5 年を目途に）。⑥今回のインタビュー調査は、2014 年度に佛教大学「人を対象とする研究」倫理審査委員会の審査を受けて承認されている（承認番号：H26- 学部 1）。

1-4　結　果

　調査によって得られた結果は次のとおりであった。

1-4-1　調査対象者に関すること

・対象者は全員で 16 名。男性 10 名、女性 6 名であった。
・診断名は、全員が統合失調症であった。
・年齢構成は、20 歳代 1 名、30 歳代 1 名、40 歳代 2 名、50 歳代 6 名、60 歳代 5 名、70 歳代 1 名であった。
・入院期間は 2 〜 5 年間 6 名、6 〜 9 年間 2 名、10 〜 19 年間 4 名、20 〜 29

第 5 章　密室の中のディスエンパワメント

年間 1 名、30 年間以上 3 名であり、最長は 44 年間以上であった。
　・調査時の所属はデイケア利用 6 名、B 型事業所利用 5 名、作業療法室利用 1 名、地域活動支援センター利用 2 名、グループホーム（当時ケアホーム）利用 3 名、会社勤務 1 名であった。なお、重複利用者が 2 名あった。
　・インタビュー時間は、最短 36 分 49 秒から最長 64 分 24 秒であった。

　なお、対象者の一覧は巻末の資料に示したとおりである。

1-4-2　概念、カテゴリーの一覧
　16 名の語りを丹念に読み込み、語りに共通した内容を概念として生成し、その概念に関する定義を規定した。また、概念には概念番号を付し、複数の概念をまとめた上位概念としてカテゴリーを生成した。
　その結果、31 の概念、8 つのサブカテゴリー、4 つのカテゴリー、2 つのコアカテゴリーを生成した。表示する際に次のように区分けした。

　概念は、" "を使用した。
　サブカテゴリーは、< >を使用した。
　カテゴリーは、≪ ≫を使用した。
　コアカテゴリーは、【 】を使用した。

　なお、カテゴリー、概念、定義一覧は巻末の資料に示したとおりである。

1-4-3　結果図
　M-GTA による分析では、概念やカテゴリーを配置し、概念やカテゴリーとの関係性や相互の影響の及ぼし方を示し、そのことによる全体の変化やプロセスなどを視覚的に確認できる結果図としてまとめる方法をとっている。結果図は巻末に示しているとおりである。

1-4-4　全体のストーリーライン（結果図参照）
　全体のストーリーラインとは、インタビュー分析をまとめた第 5 章および第 6 章に通底するストーリーラインのことである。なお、詳細はこの後に各章において述べていく。

［ストーリーライン］
　長期入院患者を作り出す【密室の中のディスエンパワメント】のプロセスは、＜意思に添わない入院＞から始まる≪無力化させていく入院≫が、＜社会性が収奪される＞と＜退院意思ありだが実行できない＞によって構成される≪全部ダメって言われる≫に変化することによって起こる。
　"専門職による退院意思の確認"が、＜社会性が収奪される＞と＜退院意思ありだが実行できない＞に影響を及ぼし＜退院が現実味を帯びる＞に変化していく。さらに＜生活力を育成する＞へと変化が続き、≪回復のために取り組む≫が主である【暮らす力を得ていく】を経ることにより≪地域の生活者として暮らす≫に至っていた。

第 2 節　無力化させていく入院

　第 2 節では、≪無力化させていく入院≫というカテゴリーについて説明していく。これは、精神科病院入院後にその入院が長引き長期にわたってしまった要因について説明したカテゴリーである。はじめに、≪無力化させていく入院≫におけるストーリーラインを示す。本節では、M-GTA による研究のまとめ方として、生じている変化やプロセスの説明とともに解説も併せて示す。なぜならば、そうすることでカテゴリー内の現象や変化についてより理解を深められると考えるからである。

［カテゴリー≪無力化させていく入院≫のストーリーライン（結果図参照）］
　≪無力化させていく入院≫のプロセスは、＜意思に添わない入院＞と"自分で理解していた入院"（概念番号 4）による構成部分に、"主治医による退院判断"（概念番号 13）と"独自の精神症状と体験"（概念番号 14）が影響を及ぼすことによって、≪全部ダメって言われる≫に変化していくことによって生じる。

2-1　サブカテゴリー＜意思に添わない入院＞
　サブカテゴリー＜意思に添わない入院＞の説明と解説を行う。
2-1-1　構　成

＜意思に添わない入院＞の構成は図 5-1 のとおりである。
2-1-2　サブカテゴリー＜意思に添わない入院＞の説明と解説
　サブカテゴリーである＜意思に添わない入院＞を形成している概念は、"強制的な入院"（概念番号1）、"状況理解ができなかった入院"（概念番号2）、"家の都合による入院継続"（概念番号3）の3つである。この他に、"自分で理解していた入院"（概念番号4）と併せて4つの概念について説明と解説を行う。

［概念 1　"強制的な入院"］
　"強制的な入院"の意味することは、行政機関や警察などによって強制的な措置により入院させられたということである。インタビュー対象者の入院というのは、2014年の取材時から40年以上も前の体験であったり近年の体験であったりと時間に幅がある。入院形態としては措置入院あるいは現在の医療保護入院にあたり、本人には忘れられない体験として残っている。これに関する具体的な語りは次のとおりであった。

　K　昭和44年の×月×日に親族会議（を）開かはって、○○病院の精神科に診察だけしに行って、待合室で待っとったら、△△病院のマイクロバスが迎えに（来て）、□□寮という病棟に放り込まれたんです。迎えに来はって。そういうたぐいですね。
　N　自宅で療養していたんですけど、おかしかったんですよね。うちのお兄さんの会社に殴り込みかけて。で、警察呼ばれて。何回も。あともう最終的には警察官に、留置所に、拘束というか一泊させられて。家族呼ばれて。警察官と一緒に刑務所来て、入院しました。
　N　ジョギングっていうか、してたんですよ。で、帰ってきたら、警察官来てから、乗んなさいっていって。なんで乗るのって聞いたら、いいから乗んなさいと。強引に入れられて。留置所、一泊して。昼の1時頃いて。入院っていう感じで。
　P　警察が6名くらい来たんですよ。もうはっきりいって「無理やり病院に入れちゃえ」みたいな。で、その時に最初はですね、○○病院行ってそして△△病院行って、○○病院行って△△病院行ってですね。そして最後に××病院

■ 図 5-1 ＜意思に添わない入院＞

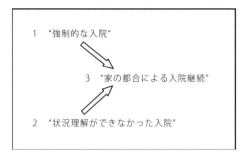

出所：筆者作成。

来たんですよ。で、××病院に即入院っていうことになって。結局確認ってことなんですね、この3病院。この人はちょっと頭おかしいのか精神的におかしいのかどうかということを確認したんですよね、3病院。いずれも「はい、この人は精神的におかしいです」って判断が下ったわけです。

　これは、当時の本人の発言、行動、精神症状等への対応方法として入院という処遇が既に決まっており、それに合わせて周囲が動いているが、本人にはその場の状況や処遇内容が理解できていないという状況である。医療機関や警察が事前に控えていて、その目的は本人を入院させるためだったという内容である。つまり、強制的な入院であった。

　Kさんは昭和44（1969）年という時代を示しており、親族の都合によってKさんの入院が決まっていたことがうかがえ、また、医療機関側も親族の希望を叶えようと行動していることがわかる。このような方法および経緯によって入院させられた本人は、親族や医療機関側に対して不信を抱く出来事として受け止めることになる。

　また、NさんとPさんの場合は警察官の保護によって入院に至る経緯があったことが語られており、本人たちには強制的な入院であったという印象が残っている。そもそも、警察官が勝手に患者を保護し入院させてもよいという法律はなく、警察官通報がなされれば住所地を管轄する知事（保健所）が当時の精神保健福祉法に基づき対処することになっている。だから、警察官通報がなさ

れれば実際はそのように対処されたはずであるが、彼らにはその自覚がなく強制的であったことが主たる出来事として残っているのである。

［概念2　"状況理解ができなかった入院"］
　"状況理解ができなかった入院"については、自分の精神症状や自分と周囲の人との関わりなどについて、理解できないうちに周囲の判断で入院になっていたということである。自分では不調感やおかしな感じがわかる気がしたり、電波や幻聴が出現するなどの精神症状があったりして、自分でそれにうまく対処できずに周囲の人によって入院させられたのである。親や周囲の人と意思の疎通が図れない、あるいは自分の意思を周囲から確認してもらえない、自分以外の人の都合で事が運ばれていく、不眠で疲れており意思を表出することが困難などという状況であった。この概念については次のような語りがあった。

　C　それで（認知力が下がった状態になり）1か月経たないうちに病院に戻ってしまったんですよ、私。で、その次にまた1年ぐらい入院して。でも2か月経たないでまた病院に戻ってしまうみたいな、繰り返してしまったんですよ。
　K　再発しまして、脱水症状を起こしたんです、ぼく。痙攣みたいなのを起こして。おかしな話なんですけど、嘔吐してしまって、それから緊張したまま番頭さんとお父さんが個人のかかりつけのお医者さんを呼んで、家で注射1本打ってもらって、そのあくる日にまた2回目の入院したんですけどね。
　M　不眠症というか、これですね。不眠症で入院したのですけど。
　M　別に人との関係はないですね。地元で警備の仕事をやっていたんですよ。3交代で。それで、もちろん夜勤に入りますよね。それから昼勤で帰って、眠れなくて。それから精神的に落ち込んで。それから、どういうわけかわかんないけど、○○に入院したと。
　O　おかしくなったんですよ。幻聴が聞こえて。自分に死ねって言われてるんだとか。彼氏っていうか、居候させてたところに住んでたのですね。そこで電波が、幻聴が出てきて。それで、傷を負ったものですから、お腹の方に。それで一緒に住んでる人がびっくりして、住んでるおばさんのところに電話したら、横浜の病院だったのですね。連れていった方がいいよってなって。その前

に、走り出したり変な行動とかしてたのですよ、自分。自分でもわからないのですけど。それで、おかしい、病院へ連れていこうということで。ある時、耳をふさいで、聞こえない状態になったのですよ。何も聞こえないというか、こんな状態で。

　このような入院は、親や周囲の人と疎通が図れない、本人の意思を尊重する姿勢がない、あるいは本人の意思を確認されない状況があったのである。Ｃさんの場合は、家で暮らせない状況だったので、自分の入退院が周囲の人の都合で事が運ばれていく状況にあり、そのためにおかれている状況が理解できていなかった。Ｋさん、Ｍさん、Ｏさんの場合は、心身の不調のために自分に生じている状況がよく理解できなかったり、電波や幻聴が出現するなどの精神症状があったりして、自分でどうしたらよいか判断できない状態だったのである。
　治療を受けるのは本人なのだが、治療行為に対するインフォームドコンセントが機能していない状況が生じていたといえる。周囲にいる人たちも本人への対応に懸命になるために、関わる側の思いを前面に出してしまう状況だったと考えられる。周囲の人たちは、緊急に対応する必要があると判断し、精神科医療機関につないでしまったのであろう。精神症状や治療について説明したかもしれないが、本人たちに十分に伝わらなかったことも考えられる。
　インタビューに応えてくれた４名ともこれらの体験を淡々と語ってくれた。病気の状況を彼らなりに理解しながら振り返っていたが、Ｏさんだけは語りの途中から大粒の涙を流した。また、何度か嗚咽がありインタビューを中断することがあった。自分の力ではどうにもできなかった病状に対する思いと、帰郷によって人生の変更が生じてしまったことへの悔みなどが涙の理由とのことだった。彼らは自分の病気の状況を淡々と語るものの、ＣさんやＯさんに代表されるように、病気による入退院に関する腑に落ちない思いや悔みは明確に残っている。入院期間が長ければ長いほど、その思いや悔みは記憶に染みついていると考えられる。

［概念３　"家の都合による入院継続"］
　この概念の意味することは、自分の意思が反映されず、十分な情報を知らさ

第5章　密室の中のディスエンパワメント

れないまま、家の都合によって入院や次の処遇が決まってしまったということである。それが治療のための入院だったかどうかは不明である。これは、"強制的な入院"と"状況理解ができなかった入院"とは異なるものの、この2種の入院が時間経過とともに変化していった概念ととらえる必要がある。

　先の2つの概念の対象者は、精神症状の治療が進み病状が改善されたら退院していくのが普通である。だが、社会における受け入れ態勢の不備により退院できず、"家の都合による入院継続"の対象者として変化させられていく入院者が少なからず存在した。その意味で、先の2つの概念から変化した結果としてこの概念があるのである。

　先のインフォームドコンセントが機能しない状況は、入院の継続者についてもいえることである。入院後は一定の治療がなされているはずで、入院者本人も自分の意思を語ることができるようになってくる。ところが、実際は自分の意思を語るどころか、家族や親族の意向によって入院継続になっていた。また、ある入院者が、家族が退院を受け入れてくれないという他の入院者の状況を見るにつけ、自分の退院を口にすることすら困難な状況になってしまったこともあった。この概念に関する語りは次のとおりである。

　A　うちのお母さんの要望書とかじゃないかな。要望と、妹がおって、また夫婦、ついがおって。娘・息子もおるし孫もおるし、ひ孫もできたということで（Aさんが自宅に退院できない）。
　C　親がもう疲れたってことになって、みんなで話し合った結果、あなたは家に帰らないのが一番いいんですよって。何を言われているのかもわからないし、話し合いの場で、いろんな人が発言することに、ついていけなかったんですよ。
　C　何回も入院したり退院したりしていて、実家に帰れないってことになった時に、とても長い入院をして、その時はどこに退院できるのかもわからない状況で、何を目指して頑張ればいいのかもわからなくて、やみくもに先生とも話しても何も答えがわからないっていう状況です。
　F　いろんな人が、親が反対、無理やり入院させられて「親があかんって言うから退院できへんねん」とか言う人もおったし。だから、俺もだから、退院っ

てしたいと思ってたけど、退院っていう言葉を口にすると、逆にずっとおらされるんじゃないかっていう恐怖がありましたわ。
　O　自分は早く退院したいけど何で退院させてくれないのという時と。いい（良い状態）なのに退院させてくれないというか。一応、お母さんとお医者さんとのやり取りで退院は決めてたのですよ。自分が決めるのではなくて。お母さんたちの都合と先生の都合とで決めていたのですよ。

　周囲とは家族や親族であることが多い。入院者本人が家に退院してくると家族がその後の対応に困ることから生じる、周囲の都合なのである。家族や親族などが、本人への日々の対応や再発した際の対応で普段の生活でなくなるのではないかと感じているのである。だから、家族や親族の意向を生かすのであれば、入院者本人は入院継続という結果になってしまう。そこで、入院者本人が自分に対する家族の思いに気づき、家族のもとに退院しなかった、あるいは退院できなかったのである。
　もう1点重要なことは、医療提供側が入院者に退院できないような圧力を感じさせていることがうかがわれる点である。たとえばFさんの、「退院っていう言葉を口にすると、逆にずっとおらされるんじゃないかっていう恐怖がありましたわ」という発言である。
　入院が長期にわたるにしたがって、入院者が治療者側の判断や都合を自分の肌身を通して感じ取っていく。つまり、治療の進行状況や入院者の回復状況による判断ではなく、別の要素によって入院の継続がなされていったと考えるべきである。医療機関側は、長期入院患者の精神症状が落ち着けば退院させようとするはずなのだが、入院継続のための目に見えないような圧力を長期入院患者に与えていたこともうかがえる。

［概念4　"自分で理解していた入院"］
　この概念の意味することは、病状が再燃した時の不安定な状況について自分で気づき、親や周囲からの説得を受け入れ、治療目的のあった入院だったということである。概念1から3までではく意思に添わない入院＞について説明と考察をしてきたが、≪無力化させていく入院≫になった入院はいつでも意思に

第5章　密室の中のディスエンパワメント

添わないという理由でもなかった。自分の病状を理解し治療のために入院した体験について語った人もあったのである。したがって、＜意思に添わない入院＞の対極に位置するともいえる概念である。

ただし、対極とはいえ中には入院を完全に受け入れて治療に臨むという人たちばかりではなく、止むなく入院するという人もあった。つまり、＜意思に添わない入院＞に比べると本人の中に入院治療への同意性があったという概念である。

このように、"自分で理解していた入院"は入院治療への同意性があったと説明できるにしても、それ以降の経過として長期入院になってしまっていた。いわゆる、社会における受け入れが整わなかったのである。その意味で、≪無力化させていく入院≫の1つとして考えることができる。

この概念に関する語りは次のとおりである。

L　なんか被害妄想とかひどくて、それで親に入院した方がいいって言われて、学校の先生とかからも入院した方がいいって言われて、それで○○の○○病院に入院したのです。

L　高校2年生の時の2月から3月の終わりまで入院していたのです。退院したのですけれど、それで、また高3になって（学校に）行ったのです、1年間は。また春休み、高3の。卒業した頃、またおかしくなって入院したのです。

L　今度はまた入院したのです。入院が20歳の時の12月から22歳の12月ぐらいまで入院したのです。退院して○○クリニックというところに代わったのです。そこでデイケアとか行って、ソフトボール大会とか、そんなのに出たりしたのですけれど。

M　体調面もありましたね。体調を考えて。体調というか、体の面もまだ、また再入院するんじゃないかなという、そういう気持ちもありましたね。だから、落ち着いてから、落ち着いてというか、再入院しないように、というあれで（再入院しないようによく治療してから退院する）。

O　なんで生きてるの？　とか、薬全部飲んでいいか？　とか。なんでうちに聞くの？　なんでそんなことするの？　とか。なんで苦しいのに生きてるの？　って。だからって薬飲むの？　って。毎日のようにかかってきて、おか

しくなってきて、自分も。自分も飲もうかなと思って、軽い気持ちで飲んだのですよ。そしたら、ラリってる状態になって、入院するってなって。その時はしなかったのですけど。でも、弟の誕生日の時に、どうしようってなって。同じこと繰り返して入院するってなって。するって決めて。それがすごい後悔ですね。

　P　病棟、辛いんですよ。病棟も自由がなく辛いもんですから出てしまおうかと思いましたけど、でも長い年月のこと考えたら「いやいや、もう少しいよう」って考え直そうってなったわけです。

　これは、自分の入院を理解したという語りとして読める。だが、疑問なこともある。それは、病状が悪化し入院が必要な状況を自分で理解して入院したとしても、本当に入院しなければならなかったのか、という疑問である。つまり、通院で治療できなかったかという可能性にかかる点である。同意したり周囲の言うことを理解して入院してしまったがために、結局は"自分で理解していた入院"になってしまった感がある。統合失調症は再発を繰り返すことがあるといわれてきたが、再発のたびに入院となれば自ずと長期入院になる可能性は高くなる。

　その意味では、外来治療を主にした精神科医療が展開されることによって、このような語りは少なくなるのではないかと考えられる。同時に、このような語りから、外来治療の可能性を追求する精神科医療が必要だということが示唆されるのである。

2-2　社会的入院の発生

　これまでに示してきたような経過によって社会的入院[1]が作られていき、長期入院患者は自分の意思表明がはばかられたり無力化されたりしていくと考えられる。自分を抑制してしまい、自らの意思で決めることができない状況に至らされてしまったのである。

　古屋（2010）が社会的入院の原因として5点について指摘している。それは、①患者側の要因、②家族側の要因、③病院側の要因、④地域側の要因、⑤行政側の要因である。これらから、阻害要因は「個体に起因する障害というよりは、

退院をめぐる環境に起因する」（古屋 2010:12）と指摘している。このうちの①②③について今回のインタビューで語られたといえる。

また、杉原（2015）は退院支援あるいは地域移行に関する先行研究において、「生活基盤整備と支援体制の重要性」というサブカテゴリーが生成されたことを指摘した。居住の場として 1993 年のグループホームの法定化、また、相談や活動の場として 1999 年の地域生活支援センターの法定化などがあったが、本インタビュー対象者は退院できなかったのでそれらが持つ機能にたどり着かなかったのである。

社会的入院の理由として、住む場所や地域生活を支援する事業所などの社会資源が不足していること、家族に退院受け入れ責任を負わせていたことなど、日本の精神科医療における処遇の歴史が影響していた。このことによって、治療のためではなく周囲の都合により入院が長期化してしまう結果を生じさせたのである。

他方、入院者本人が持つ退院したいという思いは、多くの入院者がそのように考えているという事実がある。家族紐帯の強い日本においては、家族員に生じた諸事情はその家族が対応し解決していくべきだ、という風潮が強くある。そのために、家族員に生じた諸事情であっても社会内で受け入れて解決しようとする意識が高まらない理由になっていることが考えられる。

第 3 節　全部ダメって言われる

≪全部ダメって言われる≫は、精神科病院に入院している期間における、＜社会性が収奪される＞と＜退院意思ありだが実行できない＞の状況を説明したカテゴリーのことである。はじめに、≪全部ダメって言われる≫におけるストーリーラインを示し、その後にサブカテゴリーである＜社会性が収奪される＞と＜退院意思ありだが実行できない＞の説明と解説を加える。

［カテゴリー≪全部ダメって言われる≫のストーリーライン（結果図参照）］
　＜社会性が収奪される＞と＜退院意思ありだが実行できない＞は相互に影響を与え合いながら、"独自の精神症状と体験"（概念番号 14）によっても影響を

受けつつ、≪全部ダメって言われる≫を構成している。また、＜退院意思あり　だが実行できない＞は"主治医による退院判断"（概念番号13）の影響を受けている。

　≪全部ダメって言われる≫のプロセスは、"専門職による退院意思の確認"（概念番号16）が＜社会性が収奪される＞と＜退院意思ありだが実行できない＞に影響を及ぼし、それぞれが＜退院が現実味を帯びる＞へと変化することによって起こる。

3-1　サブカテゴリー＜社会性が収奪される＞
3-1-1　サブカテゴリー＜社会性が収奪される＞の説明と解説

　＜社会性が収奪される＞を形成している概念は、"退院や将来を諦めていた"（概念番号5）、"自主性を奪われる"（概念番号6）、"怖さと治療への不信（概念番号7）"やることのない日々"（概念番号8）であり相互に影響を与える関係にある。また、医療スタッフを含めての"病棟内での乏しい関係性"（概念番号9）が、この4つの概念に影響を及ぼしていた。＜社会性が収奪される＞の構図は図5-2のとおりである。ここでは各概念の説明をしながら関係性について説明していく。

[概念5　"退院や将来を諦めていた"]

　"退院や将来を諦めていた"とは、長期の入院によって気力が乏しくなり希望を持てない状態にあり、退院や将来を諦めていたということである。実質的には、ケースワーカーや主治医からも退院支援がなかったということも含まれている。入院が長期になるにしたがって受動的で消極的になり、かつ目的の乏しい入院生活を送ることになる。その結果としてついに"退院や将来を諦めていた"となってしまうのである。次のような語りがあった。

　B　もうだから、退院できるのかなとか不安になっちゃって。別に、なんつうんですか。私、意外と1人で思い込む方で、思い込むっていうか、もう、そういうもんなんだっていう退院や将来を諦めていたっていうんですか。で、そのように努力してきたんですけど、退院できなかったらどうしようかなとか。でも。ケースワーカーさんが来ていただいたので、そのたびに安心するように

第 5 章　密室の中のディスエンパワメント

■ 図 5-2　＜社会性が収奪される＞

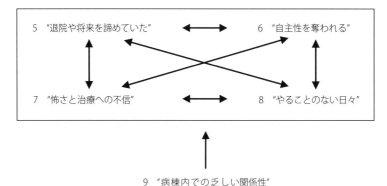

出所：筆者作成。

おっしゃってくださったんで。だから、なるだけ「はい」って言って聞いてたんですけど。

　C　将来はもう何も考えられなかったです。なんか何かをやりたいってことも全部ダメだって言われるし、ただ毎日起きて、ご飯を食べて、病棟にいるのが嫌だから散歩に行ったりして、友達としゃべって、寝てって。そんな毎日です。

　E　もうここで一生終えてもいいと思ってました。病院で最期まで、一生もう、いてもいいんじゃない。オーバーな言い方だけども、そういうふうに思ってました。

　E　（退院は）実現が無理なような気がして消極的でした。（主治医の）先生もいい先生に当たったんで、男の先生で。退院のことはおっしゃんなかったですね。だから、入院生活である程度満足してた面もあります。

　F　（私は退院すると）一回も（言わなかった）。

　L　それ（将来への不安）はありました。

　L　全然、もうそんなこと（将来や地域での生活など）思っていませんでした。

　M　○○病院での生活は、もう、何もできなかったですね。頭の回転も鈍いし、体型も太って、お金の計算もできないし。やっぱりまだこっち、○○病院でも、やっぱり個室みたいなところにまたいましたよ。どうして個室にしたの

かもわからない。ひとりぼっちだったです。
　M　自分から望んで（個室に）入りましたよ。
　N　無気力。希望も何もない。これがもう、4年近く続いたんですよ。

　インタビューの対象者は20代から70代までの年齢に分散しているが、いずれの年代の人たちも"退院や将来を諦めていた"という思いを抱いていた。精神科病院では3食が提供されるし、体調不良になっても医師が診察してくれる。さらに冷暖房完備であることから、Eさんのように「もうここで一生終えてもいいと思ってました。病院で最期まで、一生もう、いてもいいんじゃない」といった語りも生じてくる。これらは、残念ながら、長期の入院によって病院の生活に慣らされてしまったといわなければならない。"退院や将来を諦めていた"ということで、"自主性を奪われる"、"怖さと治療への不信"、"やることのない日々"という近接の概念に影響を与えることになった。その反面として、近接の概念から影響を受け"退院や将来を諦めていた"を維持していくのである。
　この概念において1つ注目したいことは、彼らの退院に対してケースワーカーや医師からの積極的な退院の働きかけがうかがえないことである。Bさんの語りでは、ケースワーカーが登場するが、安心するように話すだけで具体的な働きかけは何だったのか不明である。また、Eさんの2番目の語りでは、恐らく診察場面においてであろうが、医師は退院のことを話題にしていない。その結果、BさんもEさんも入院が長期化してしまったのである。
　そもそも病棟の専門職による退院への働きかけが薄いのである。この場面を振り返るとケースワーカーや医師にはそれなりの理由があったのかもしれないが、精神科病院側から地域へ長期入院患者を押し出そうとする意思であったり、具体的な働きかけなどが乏しかったといわざるを得ない。長期入院患者が体験したこの精神科病院のあり様を、如実に示している概念だといえる。

［概念6　"自主性を奪われる"］
　この概念は、入院中に自分のしたいようにできない、否定的になる、できないことが多く我慢する状況にあったということである。この概念に該当する語

りは次のとおりである。

　B　ただ、なんつうんですか。もう入院しちゃってるし、別にあがいてもしょうがないし、だから、それなりに、もう仕方がないんだと思って。なんせ、早く退院できない、10年間、入退院繰り返してきても、(地域での生活が)短かったんです。3か月とか4か月で。
　B　いや、もう我慢していましたよ。ああ、(入院生活に合わせたり)します。しました、合わせたりは。対処して合わせたりはしました。だってそれ仕方ないと思ったんで。
　L　開放(病棟)に移った時に、1人で抜け出してきたのです。その時に、こう言ったらいけないですけれど、車にぶつかって死んでやろうかなとか思った。でも、なんかできないなとか思って、やっぱり病院に帰ってきたのです。
　L　やっぱり自分が生きてはいけない人間だとか思っていて。窓ガラスを割ってここから飛び降りてやろうとかしたのですけれど。そんなことしても、この窓割れないよと言われたりして。それとか、そうですね。なんぼか生きてはいけない人間だとか、そういうことばかり思っていました。
　L　そうです。気力とかもどうやっていいかもわからなくて。人には話しかけるのも、ぼくが話しかけたらおかしいかなとか思って、何も言わないでいたりとかあります。
　O　何もできずに、みんなが、誰と比べてたりとか、他のことやってるような人たちが、気つかってしまって。何をどうしたらいいのだろうという感じが大きかった、強かったですね。初めの方は思う気持ちも、言えなくなってしまって。もう最悪でした。

　Bさんは約10年間の入院であり、長期入院によって「あがいてもしょうがない」とか「もう仕方がないんだと思って」、我慢したり入院生活に合わせたりするようになってしまった。10年間も入院しなければ、地域で自分なりの生活を考えたこともあったと語っておられた。つまり、長期入院になるにしたがってやりたいこと、退院、将来などを諦めてしまい、結果として自主性が乏しくなってしまったのである。

また、Lさんは30歳代の男性であり、約3年間の入院があった。Lさんは、「自分が生きていてはいけない人間だと思う」ことがよくあった。病気がLさんをそのように感じさせてしまっているのか、はたまた、精神科病院がそのような人に仕立ててしまったのか不明だが、自主性が乏しくなってしまったのである。"自主性を奪われる"があるゆえにここでも"退院や将来を諦めていた"、"怖さと治療への不信"、"やることのない日々"という近接の概念に影響を及ぼし、それが長期にわたって維持されることで長期入院患者からさまざまな力を奪ってしまったのである。BさんやLさんの、自分の存在感や現実感が乏しくなってしまっていることが気になるところである。BさんやLさんという個人にその責任を帰すわけにはいかない、長期入院が成したといわなければならない結果である。
　Lさんについて1つ追加すると、Lさんは、インタビューした当時は退院していてある会社で働いていた。社長からは頼りにされていると受け止めていて自分でも懸命に働いていた。また、入院している時も、早く働きたいという希望を強く持っていたと話していた。Lさんの事例は、精神科病院への長期入院によって長期入院患者は自主性や自己肯定感が乏しくされてしまうものの、自分は働けるという強い芯を持っている長期入院患者もいることを示しているのである。

［概念7　"怖さと治療への不信"］
　この概念は、入院期間中における、長期入院患者同士の関わりや病院職員の長期入院患者への対応から受けた感覚のことである。自分が受けたとか感じたというのみならず、自分が他の患者を蹴るという行為に至ったことも語られていた。次に示す内容であり、重複を避けて典型例を示すにとどめる。

　B　怖さはありましたよ。もう怖いっていう、その、一時的にその怖さが襲ってきて、で、病院内にいることも怖いと思ったこともありますし。
　D　自由とプライバシーがなくて、ものすごいストレスで、よく暴れていました。暴れると、薬飲まされて、寝ていました。それ、○○病院で、△△病院の場合は保護室に入れられていました。

第5章　密室の中のディスエンパワメント

　D　直接、強制転院になったのは、真夜中にたまたま目が覚めた時に、ちょうど私のロッカーを荒らしている人を見つけて。で、「何やってんだ」って蹴っ飛ばしたら、なんか大怪我しちゃって。それで（私が）強制転院になったんです。その時に、泥棒より、怪我させた方が悪いんだなってことがわかって。それは、まあ、勉強にはなりましたね。

　F　しかも最初、ぼく、警察に捕まえられて刑務所に入れられてるんやと思って、それで「診察や」って言って、なんか怖そうなめがねかけたおっちゃんが、じーっと睨んでるんですよ。で、何かなって。ほんなら精神分裂って書かれて「はあ？　何それ」とか思いながら。で、また翌週、診察やって言われて、まだなんか、なんも言わんとムーっと睨んでるんですよ。ほんなら今度は躁うつって書かれて、何それとか思って。

　で、なんか、毎週、毎週、病名が躁とかうつとか変わっていって、俺、何なんだろう、これはとか思いながら、薬飲まされて。まあ、飯は3食出るからええねんけど、別に、何やろう。

　F　なんせ薬がめちゃめちゃ多かったから、副作用がひどくて、よだれが止まらなかったりとか、右手、右足、同時に動くみたいな、そういう、ほんまなんか、薬漬け。

　F　どの病院でもそうなんですけど、やっぱり男子閉鎖っていうのはすごい病棟で、普通の人が考えられないようなことが起こってるんですよね。

　F　おやつが食べれなかった。周りの人は定期的に出ていって、おやつとかカップヌードルとか買ってくんねんけど、俺は、とりあえず外にも出られへんかったから。

　J　（退院できないかもしれないという思いは）ありましたね。入院していたら、完全に割り切ったら、全く活動しなくても3食あるしという気持ちもあったんだけど、やっぱり入院していると怖いのですよ。いつ死ぬかわからないと精神病院の中、怖くって、いつ死ぬかもしれないという感覚はやっぱりあったから。ぼく、医療ミスで点滴の後遺症とかで、誤診とかで薬の副作用でだいぶ苦しんだから、薬がすごく敏感なって副作用が気になって、お医者さんが信用できないような感覚になっていたわけです。

　J　だから入院中なんかやっぱし命の危険、すごく感じるのです。密室の中

だから外からもわからなくて、中で何されているのかなと。だから同僚で亡くなっていった人が結構いるし、長期30年入院していると高齢で亡くなった人とか、十分呼吸とかしなくて亡くなった人とか、そういう人も結構いました。その人たちの死をみとっていたのですけれど。明日は我が身かなと思うようなところが、ちょっとありました。

　J　結構凶暴な人は病院の方からは好意的に受け入れられなくて、案外転院とか、早く退院させてしまったりして、本当に入院が必要な人が入院してなくって、入院の必要がない、大人しくて社会的にできる人が入院していることが多いなと思ったりもしましたね。病院にしてみると、そういう人の方が扱いやすいんだと思うんですけれど。だから社会的に一見、「この人精神病なのかな？」とわからないような人が、結構長い間いました。

　N　今、ぼくが思うには、入院されている方見ても、ぼくみたいには苦しんでないと思いますよ、多分。多分よ。表情見てもよ。小学校から入院している人もいるんですよ。ぼくが入院、ちょうど16、7年前。その頃入院している時にいたメンバーが、まだいるんですよ。そのメンバー見ても、表情から見て、ぼくみたいに苦しんでるとは思わないんですよ。

　強調して語られているのは、概念に示したとおり精神科病院入院中における"怖さと治療への不信"であり、入院期間が長期化するにつれてそれが強化される側面がある。長期化され強化されることで長期入院患者は、先の"退院や将来を諦めていた"や"自主性を奪われる"と影響し合う関係を体験するのである。

　これは、自分の判断で発言したり行動できない悩ましさ、先行き不明からくるイライラ、怖さ、不自由などだといえる。また、一週間経過するごとに診断名が変化していくことは、長期入院患者の立場からすれば、精神科医療と医師への不信となるであろう。精神科の場合は診断が難しかったり二重診断があったりするのだが、診断が困難であった経過や結果が長期入院患者に丁寧に伝えられているかどうかが問われるのである。長期入院患者の尊厳を尊重する姿勢が示されなければならない。長期入院患者に"怖さと治療への不信"を与えてしまったのは、その点で、治療における長期入院患者への尊重の姿勢と情報提

第5章　密室の中のディスエンパワメント

供が不十分だったからである。

　また、Dさんの語りにあったが、自分の持ち物を確保するために盗ろうとした相手に怪我を負わせてしまったことで、Dさんは転院させられてしまった。病院内で長期入院患者同士による傷害事象は発生することがあるが、処理の1つとして転院させるということが精神科病院においてあったことは、懲罰的な扱いではなかったか。インタビューではその発生時期を聞き逃したが、患者をこのように扱った時期と病院があったことが語られた。精神科病院に対して恐怖と不信を抱いた出来事として心に刻まれてしまったのである。

　長期入院患者に向けられたこのような姿勢は、髙木（2012）が指摘するように精神科病院の構造的問題であろう。髙木は、自分が勤務したことのある大学病院の精神科、呼吸器科、皮膚科は敷地の端にあり、汚れを流す川の近くに建てられていたことを示しつつ、大学病院全体からみると精神科が尊重されていない現状を暗示したのだった。インタビュー結果からは、精神科病院が長期入院患者を尊重しない構造的問題を持っていたと指摘せざるを得ない。つまり、筆者がインタビューした方たちは、精神科病院のこういった構造的問題に直面していたのである。

［概念8　"やることのない日々"］
　この概念は、入院中に目的なく日々を過ごさなければならなかった、自分らしさが奪われていったなど、その時の様子について述べたことである。まずは、それらの語りをみていく。

　F　なんか、毎日、毎日代わり映えせえへん面子がおって、で、やることもなくて、漫画読んだり、テレビ見たりする人とかもおるんやけど、ぼくの場合、おしゃべりやから、しゃべり、なんか、いろいろな話聞いたりとかすんの好きやから、いろんな人に接して、で、何ていうんかな。いろんな人の体験談とかを聞いて「ああ、俺もそんな薬飲んでた」とか「こんなんか」とかお互いにわかるようなこととかは、話のネタになったりして。

　N　食べて、タバコ吸って、あんまりお金もないから、みなさんがコーヒーとか飲んでるのに、自分は水飲んでから。風呂も、1週間に1回入るかくらいで。

O　タバコも結構スパスパ吸ってたのですよ。タバコのせいとは言いませんけれど、自分に感情がないような気がしたのですよ。喜怒哀楽がないというか、ずっとテレビばっかり見て、相手が言われるままにやってっていうか。周りは、らしくないね、○○さんらしくないねって言うのですよ。先生に言おうかとも思ったのですけれど。

O　もういいやって思って。諦めではないのですけど、あまり考えませんでしたね。先はこういうふうにできるかもしれないとか、こうなるかもしれないとかって考えて。それよりも、悪い事ばかり考えて、タバコ吸って、悪い事ばっかり考えてはタバコ吸ってみたいな感じで。

　長期入院患者の語りを再び繰り返すことになるが、おしゃべりするが代わり映えしない、何もすることがない、無気力、その人らしさが奪われる、悪いことを考える、などという言葉で示される内容である。この概念についても近接の概念の"退院や将来を諦めていた"、"自主性を奪われる"、"怖さと治療への不信"と影響し合って、"やることのない日々"を送らざるを得なくなってしまったという結果である。つまり、"やることのない日々"が、他の概念と影響し合いながら＜社会性が収奪される＞をより強化し維持する一面を持っているのである。

　長期入院患者が"やることのない日々"を感じるのは、彼らに対する働きかけがなかったか、あるいは少なかったことを裏付けるものである。この概念について、たとえば、病棟内でのリハビリテーションがあったけど○○だったとか、病院の専門職からこんな語りかけがあったけど○○だったとか、という語りがなかった。その意味では、病棟内でのリハビリテーション活動があったり専門職からの語りかけがあったりしたら、"やることのない日々"という概念は異なった表現になっていたかもしれない。

［概念9　"病棟内での乏しい関係性"］
　この概念は、入院中に体験した病院職員や他の長期入院患者との関わりについて、横柄な態度だったり自分が理解されなかったりしたから、情緒的で良い関係性がなかったということである。このような状況が基本にあることから、

先の"退院や将来を諦めていた"、"自主性を奪われる"、"怖さと治療への不信"、"やることのない日々"に影響を与えている概念となるのである。

　なぜならば、入院中に病院職員や他の長期入院患者と豊かな関係性が築ければ、先の4つの概念は生じにくい。医師やケースワーカーをはじめ病院の職員が長期入院患者の病状や意思を確認し、信頼関係を築くようにしていないので、先の4つの概念を形成してしまったと考えられる。

　この概念の語りは次のとおりである。重複する語りは省略している。

　D　うん……。(30秒ほど考えて)お風呂が真夏でも週2回だったのが、ちょっとしんどかった。○○○病院は、職員の都合で、祝日があるとお風呂がなくなったりして。で、晩ご飯が4時15分で、消灯前にお腹すいて。食べ物は、カップラーメンを週2個買えるんですけど、それがなくなると、どうしようもなくて。よく盗まれたりして。ロッカーが鍵かからないんで、タバコと食べ物をよく盗まれて。

　D　精神病院ってそんなもんかなと思っていました。(激しく咳き込む)いや、スタッフに言っても、どうにもなりませんでした。

　H　気分がしんどかった。人間関係がね。あんまりええようで、ええようでないような、ええのか何かちょっとあんまり感心できやしませんね。

　H　お風呂入るのに(職員が)「はよ入りなさい、はよ入りなさい」。もう上がってんのにね、時によってはもう出なさいって言わはる。

　O　自分っていうのがないのですよって言ってるのですけど、先生は何も答えてくれないのですよ、それに対して。自分がないんですって言っているのに、先生はそれを素通りするのですよ。薬でも出してくださいって言いたかったのですけど。はいはい、わかったって、聞いてくれなくて、そして、自分はポーカーフェイスで、テレビ見てて、すごい怒りたかったのですよ。物投げたりとか。ふざけんなって言って。そういうのも我慢してて、ひたすら笑って。

　O　看護師さんとかも、横柄な態度というか、自分に向かって、ありゃりゃみたいな、またやるよみたいな感じで。そんな感じの対応だったから、ああ、なんでこんな対応するのかなとか。避けられてるし、なんでこんな感情、こんなことするのかなとかって。

O　看護師さんたちが、自分に嫌がらせをしてるみたいな感じがして、それが嫌で。でも、それを親に言ったらダメかなと思って、それで黙ってたのですよ。（親は、看護師がそんなことを）言うわけないでしょって言うじゃないですか。だから、自分の幻聴というか被害妄想なのかなとも思うのですけど。人間恐怖症じゃないけど、いい人でも悪い人に見えてしまうというか。

P　いったいどんなして生活していくか、月5000円で。そしてこの病院の中に貧しい人たちがいっぱいいるんですよ。とても貧しい。1日100円しか使ってないとかでね。そしてこう見てたら「ジュースをくれ」「タバコをくれ」。パンでも食べてると「パンをくれ」って。こんなんですよ（笑）。こんな人たちなんですよ。ひどかったですよ。

P　（被害念慮や妄想気分を伝えると）また職員からバカにされるわけですよ。なんか私が何か訴えると絶対聞き入れなかったんですよ。私も辛い気持ちになってくわけですよね。

P　何かたとえばちょっと便秘になって、苦しんでも絶対聞いてくれないとかね。やっぱり何ていうんですかね、男らしい態度ってのをやらないと相手もいいように見てくれない。

　共通した要素は、我慢や辛抱させられる、希望やニーズが通じない、周囲と薄い関係性にある、職員に期待しない、職員から相手にされない、職員と信頼関係が築けないなどである。また、自分の持ち物が盗まれたり食べものなどをねだられたりするという語りもあった。長期入院患者としての自分が大切に扱われないことや、職員を含め殺伐とした人間関係があったということである。特に食べものをねだられることについては、大熊一雄が『ルポ・精神病棟』で描き出した食事場面を彷彿とさせる。大熊が食事を食べないことがわかると、周囲の入院患者で大熊分の食事を取り合いになったことが記されている。

　治療者であるはずの病院職員を含めて、院内ではこのような"病棟内での乏しい関係性"にあった。そうであるにもかかわらず、院内で長期にわたって過ごさなければならないという環境によって、長期入院患者は"退院や将来を諦めていた"、"自主性を奪われる"、"怖さと治療への不信"、"やることのない日々"の状態になっていくのである。

最後に、＜社会性が収奪される＞について考察を深めるための観点を書き留めておきたい。インタビュー対象者が語った病棟内の、「医療と保護」を目的にした管理構造や人間関係性の実態では、患者は、限定された範囲でしか発言や行動の自由がない。患者としての意見表明やそれを妥当だと受け止める素地も非常に乏しい。とはいえ、生きていくことをやめることまでは考えない。このような環境では、患者は自分を抑制しなければ生きていけないことを学ぶことになる。

　そこで、＜社会性が収奪される＞に含まれる5つの概念に共通する実態は、長期入院患者が精神科病院の中で「生き延びていく」ために取らざるを得なかった「適応」ではないかと考えた。これは、ディスエンパワメント状態における緊急避難としての「適応」なのであり、エンパワメントそのものをなくしてしまったわけではない。むしろこの状況におかれたからこそ、長期入院患者が人として尊重される状況への渇望を生じさせているのではないかと考える。

　つまり、＜社会性が収奪される＞状況にあってさえも退院することができたというのは、その人の中に力強い何かが継続して存在していないとできないと考えるからである。この観点を確認しておきたい。第7章において考察していく。

3-2　サブカテゴリー＜退院意思ありだが実行できない＞

3-2-1　サブカテゴリー＜退院意思ありだが実行できない＞の説明と解説

　このカテゴリーは、長期入院患者は病院の専門職や他の長期入院患者と関わりながら入院しているが、入院中の退院意思を含めての本意は何だったか、他者に対してどのように対応していたかを語った内容が基になっている。

　この概念を形成しているのは、"入院に妥協せざるを得ない"（概念番号10）、"働く希望と不安"（概念番号11）、"退院意思があった"（概念番号12）、"主治医による退院判断"（概念番号13）の4つである。先の3つの概念については、その中に長期入院患者の意思を見て取ることができるが、最後の"主治医の退院判断"があることによってその意思を決定し実行することができないでいた。概念の関係性は図5-3のとおりであり、説明と解説を加える。

■ 図 5-3 ＜退院意思ありだが実行できない＞

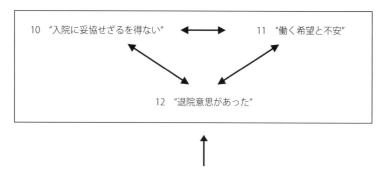

出所：筆者作成。

［概念 10 "入院に妥協せざるを得ない"］
　この概念の意味することは、今後の見通しが不明な入院生活だったが、入院中にできていたこともあったので、正面からの入院否定ではなく妥協を働かせていたということである。自分の希望や今後の可能性などを持っているにもかかわらず、それを試行したり結果を得ることができない入院状況にあったが、他方で、テレビを見たり 3 食を得ることに苦労することはなかった。また、インターネットの使用方法を知ることができたり、院内で取り組む作業もあったりしたことから、長期入院なのだが妥協を働かさなければいけなかったのである。
　入院は精神症状の治療が目的なので、症状が治まり治療目的が達成されれば退院できるはずだが、退院できていないから長期入院患者を発生させていた。このような状況におかれたら、人は妥協を働かさなければ長期の入院に耐えられないのだろう。この概念については次のような語りがあった。内容が重複している語りは割愛しながら掲載していく。

　A　牛乳はあるし、最近はバナナやらオレンジやらミカンも付いてるし、いろんなもの付いてるし、ジャムもおいしいし、給食でも全部おいしいし、いろんなことをみんながようして全部してくれるからいいですよ、我々の生活は。

134

J　天安門事件とか湾岸戦争とかだったら、入院中だからより働いている人よりテレビ観てニュース見られるわけだから。病院内のテレビがついているから。

　J　パソコンなんてぼくら入院する前はほとんど使ってなかったし、入院中に作業療法士さんの人に頼んで、ネットカフェ連れてってもらって、パソコンをかろうじてインターネットできるようにしてもらったりして、マニュアルも作ってくださいましたし。一緒に作業療法士さんの方とか。

　K　どうにかなるやろと思ってね。だらだらと病院生活を送ってたんですけど。苦しい時もあったし、悲しい時もあったし。情けない話やけど、セックスのこともあったし。精神科のジンクスにあった、しまいに殺されるから死んでしまうという、それを乗り越えてきました。

　K　なんとなく入院してるんだなと思ってね。遊びみたい。遊びっていうと言い過ぎやけど。ぼくも病人ですけどね。精神障害者ですけど。なんかお話したりカラオケ歌ったり、軽喫茶のアルバイトしたり。すずらんっちゅうね、OTっちゅうところがあって、そこで喫茶のウェーターを2年か3年させてもらって。外勤もしましたし。求職作業っちゅうのがあって、この頃はそんな話しませんけど、求職、パートと常勤と、それで働かせてもろうたり、内職したり、作業療法したりして、土方をしたり、そんなんしてました。

　L　入院して親が（ピアサポーターを）探してくれたのですよね。だから入院は絶対ではないのですけれど、入院したおかげでそれがわかったから、入院しない方がいいのですけれど、それもありかなとは思います。

　O　いろんな人とバカやったりとか。いろんな患者さんの名前全部覚えて、紙に夜中書いて。あの人は何々、あの人は何々って、ノートつけるんですよ。ノートつけて書いて。日記を書いて。

　この中でKさんは外勤を経験している。つまり、外勤できるほどに精神症状は治まっており、作業も可能だったと思われる。実際に求職してパートや常勤として働いた経験が語られている。働けるほどに回復しているのであれば、Kさんは早い時期に退院できたのではないかと推測できる。だが、実際にはKさんを含めて語った人たちは入院が継続していたのである。働けるのに退院す

ることなく入院を継続しなければならないのであれば、そこには"入院に妥協せざるを得ない"と考えざるを得ないのである。

　また、入院しているからできること、あるいはできたことに視点を合わせて、良かったことにしようという気持ちになったと考えられる。Jさんが言うようにインターネットを利用できるようになったとか、Kさんのように働くことができたとか、Lさんのようにピアサポーターとの関わりができたなどと、良い評価をしているのである。

　これらの語りから推測できることは、彼らは精神症状が落ち着いており自分の意思を明確に示すことができていたということである。それにもかかわらず、退院できずに入院が継続されてしまっていることから、"入院に妥協せざるを得ない"状況になることを示している。長期入院になっている結果から考えると、この状況は長期入院患者の人生の可能性を奪っているのではないかという疑問が生じてくる。

［概念11　"働く希望と不安"］
　この概念の意味は、入院中にも働く希望を持っていたが、退院後に働くことができるかどうか不安だったということである。インタビューの対象者としてLさんのみが語っていたが、20代から40代くらいまでの長期入院患者でこのような希望を示す人は多い。Lさんはその声を代表していると考えられるので1つの概念として示した。

　　L　やっぱり人間というのは、絶対生活していくうえで働かないといけないと思うのです。そのことが一番頭にありました。自分でも働けるのだろうかと、いつも思っていました。働きたい気持ちはあったのですけれど、ぼくを雇ってくれる会社あるかなと、そういうことをよく考えていました。
　　L　その（姉の）子どもに、ぶらぶらとかしていたら、カッコ悪いおじさんかなと思われるような、そういうことを考えたのです。だから、やっぱり自分でも働いたことがあるから、働くことが一番クスリというか活力になると思うのです、人間って多分。
　　L　そういうこと（院内リハビリ）をしないよりはした方が、働くとか、最終

目標が、働くことでも、そういうことをしていたら何らかのプラスにはなると思ったのです。
　L　普通の会社で働いてお金を儲けるっていう、そういう気持ちがいつもあったからでしょうね。
　L　やっぱり何もせずに退院して家にいるよりは、そういう仕事をするとか、そういうことをした方がいいと思ったのです。

　Lさんは、自分の生活信条として働くことが良いこと、それが自立につながると考えている。入院中もその信条は変わらず、インタビューに答えた際にもそのように語った。働くことがLさんの身に染みついているのであろう。また、甥や姪との関わりにおいて、カッコ悪いおじさんと見られたくないという関心や希望も語られていた。
　Lさんが既に身につけているところの働くことは良いことという生活信条や、甥や姪との関わりにおける「関心や希望」は、Lさんにとってのストレングスだといえる。C.ラップらは、人のストレングスには4種類あるとして、①性質・個人の性格、②技能・才能、③環境ストレングス、④関心・願望を示した。ここでは、Lさんは性質・個人の性格および関心・願望の2つのストレングスについて語ったのである。
　Lさんは30代男性であり入院期間は約3年間だった。ここに示したようなストレングスを持っていたし、「入院して親が（ピアサポーターを）探してくれたのですよね」というような、親によって退院を促すという環境ストレングスもあった。そして、インタビューした当時は衣類関連のあるチェーン店に勤務しており、配送の仕事があり荷物の上げ下ろしがきついと話していた。
　週5日の勤務で疲れるが一定の収入があり、「自分が生活していて必要最低限のものは揃えたいという気持ちがいつもあるのです。そういうものをこつこつ買っていっているのです。それもやっぱり楽しいことです」と言っていた。また、甥や姪との関わりについては、入院中にLさんが「おもちゃとかお菓子とか買ってあげたりしているんです。いいおじさんみたいなのでいたかったとかいうのもあります」と語っていた。自分の生活を変えたかった理由は、「普通の会社で働いてお金を儲けるっていう、そういう気持ちがいつもあったから

でしょうね」と語っていた。

　入院中のLさんを支えていたのは働く希望だったのであり、Lさんにはストレングスがあった。だが、同時に、入院中は洗濯機の使い方を知らなかったり、人よりも能力がないのではないかという不安があった。入院中はこのような不安を持ちながらも働く意思を示していたのである。

［概念12　"退院意思があった"］
　この概念は、入院していたが、実は退院したかったという意思を持っていたということである。入院中は＜社会性が収奪される＞に示したように"退院や将来を諦めていた"や"自主性を奪われる"などがあったが、長期入院患者の本心は退院したかったという語りである。次のような内容を語っていた。

　B　悲観してたわけじゃないですね。大いに頑張って退院して、生活しようっていう意欲はあったみたい。
　D　いや、そんなこと（将来や暮らし）は考えられなくて、とにかく退院したいってこと。
　E　（退院が）できんのかなと思った。半信半疑っていうか、そんな気持ちでした。
　E　自分でも退院したいと思ったのは、やっぱり自分の空間が欲しかったんです。病院だと夜は消灯時間が決められてるし、自分が自由にならないっていうか、時間とか空間とか。ぼくは書くのが好きなもんで、書いてるとみんな見に来るからね。他の患者さんも見に来て。どうしてるかと、何やってるんだとか、ちょっとうるさいから。
　F　眠れるようになったから、ほんまは退院したかったんやけど。で、ワーカーさんに「ちゃんと言わなあかん」って言われて、（主治医に）言うたんですけど。それで退院できたんですよ。
　G　早く帰りたいと思いました。退院したかったのです。1年間退院できなかったんです。
　I　私その病院に対して言った、もう退院、通院にしてほしかったんです本当は。つい、なくしてしまって。そうしたら寮に入ってね、願望ですよ。○○寮に入ってみんなと一緒にいられたらいいなとか思っていたんですよ。

I　まあ友達みたいなのもできたし。友達は先に退院できたし。私も退院頑張ろうと言ってね。
　I　（早く退院したいと）思いました。
　J　退院したいのやまやまだけど、1人暮らしはちょっと不安だなと思う気持ちもあったけれど、退院はしたいなって気持ちはありましたから。
　O　本心では退院したいと思ったのですけれど、退院したって、またタバコは吸ってるし、家族が歓迎しないし、みたいな。退院したいって気持ちは大きかったのです。

　ここでは8名からの語りがあった。退院して1人で暮らしたり家族と同居するとなると不安があったが、何よりも退院したいという気持ちが先行しているのがわかる。また、Eさんは書き物をするために自分の時間と空間を得たいという、明確に目的を持った退院の意思を示していた。長期入院の理由は、病気の治療のためばかりというわけでは決してなかった。むしろ、退院の意思を持ちながらも、入院を継続させられている時期の方が長いことがうかがえる。

［概念13　"主治医による退院判断"］
　この概念は、退院は主治医の判断によって可能になると思っていたということである。精神症状の治療を主治医（医師）が行うのは当然のことなのだが、主治医が持つ治療に関する裁量が、長期入院患者にはとてつもなく大きな裁量と受け止められていることが理解できる。長期入院患者が自分の精神症状や思いを伝える相手というよりも、身を任せざるを得ない相手になるのである。次のような語りがあった。

　D　（退院希望を言うと）主治医は「退院してどうするんだ」とか、「仕事できんのか」とか言って（入院の継続になった）。
　F　医者のさじ加減じゃないですか。そういうの（退院できる）って。
　F　ちょっとショックやって「え、退院って自分から言えるの？」と思って。退院なんか、医者が判断するんじゃないのかなと。そういう先入観があったもので、ぼく、いつも今まで、ほんまに10回くらい入院してるんですけど、自

分の口から「退院したい」とは言ったことないんですよ。
　G　○○先生が許可を下ろしてくれなかったのです。
　G　それで次の○○という先生が、退院できへんって言ったのです。
　G　（退院は）まだ無理ですって言わはったんです。女の先生やったんですよ。
　J　前の主治医の先生は、爆弾抱えて家庭に帰すわけいきませんとか言ってはったのですけれど。

　長期入院患者と医師との関係を考えると、長期入院患者はやはり弱い立場にある。治療する側とされる側という立場になり、治療する側の論理が優位に立つからである。退院の判断にあたり、精神症状の治療の結果が純粋に前面に出ているというよりも、社会的理由の要素を含んでいたり長期入院患者の意思が尊重されない一面を見ることができる。それは、Dさんが言われた「退院してどうするんだ」、「仕事できんのか」とか、Fさんが語ったような「医者のさじ加減じゃないですか」とか、Jさんの言う「爆弾抱えて家庭に帰すわけいきません」などである。
　つまり、長期入院患者の方が我慢させられていて、主治医による退院判断が優位に立つのである。長期入院患者は、医師の権威や権限に従わざるを得なかったという状況が考えられる。
　今回は主治医に対してアンケートを取ったわけではないが、ここで語られた場面において主治医はどのような判断をすべきだったのだろうか。長期入院患者の意思が大切にされない一面があると思うが、主治医はどのような条件があれば退院許可を出すことができたのだろうか。それを考えることで長期入院患者も主治医も救われるところがあるだろうし、精神保健福祉の改善にもつながるものになると考えられる。

　［概念14　"独自の精神症状と体験"］
　インタビューの対象者は病者なので精神症状があるが、個人に生じる精神症状はそれぞれ異なる。"独自の精神症状と体験"とは、長期入院患者には発症時、再発時、入院中、退院後などに独自の精神症状が生じており、それが自分の言動や生活に影響を与えた体験があるということである。インタビューの対象者

は、発症時や再発時はもとより、入院中も退院後もさまざまな精神症状が出現していた。それがどのような症状であったのかとか、それによってどのような行動を取ったかについてまとめたものである。精神症状としては、幻覚や幻聴、躁状態、うつ状態、気分高揚、テレパシー体験、被害念慮、誇大妄想、希死念慮、心気症状などであった。また、行動としては、自殺未遂、リストカット、浪費、徘徊、大量服薬などであった。

その具体的記述は次のとおりである。精神症状に関する語りと、行動に関する語りの2つに分けて主だったものを示すことにする。

3-2-2　精神症状に関する語り

A　幻聴の内容はね、会社の事務所の1時35分頃にしゃべったことが聞こえてきて、相手が話してきたら別なことが聞こえてくるんですよ。

A　寝る前なんかほとんど眠れないんですよ。3日間一睡もしないですよ、3日間。不眠みたいな感じありましたね。

B　お風呂に入った時でも、何かこう、ワサワサ、ワサワサ人の声が聞こえるような、もうそういう幻覚、じゃなくて幻聴が続いたんで、少しもう入院、おかしいっていうんで、入院した方がよいっていうことになりましたんで。

D　幻覚と幻聴です。幻聴は、知り合いの人の声で、「電話はやめなさい」とか、「覚えていろよコノヤロー」っていうの、聞こえました。

D　初めての幻聴の時は、声に操られて。それで、○○の南の方まで歩いていったんですけど、夜中に。で、朝方、いつの間にか夜が明けていて。△△線の線路内に入り込んでいて、電車が通って、電車に飛び込めって言われたんですけど、それは拒否して。それで、歩いているうちにだんだん幻聴が治まってきて、なんとか家に帰れたんですけど。

D　幻聴と、幻覚が、やっぱ、いない人の姿が見えたり。はい。あと、突然雨が降って、急な雨が降って、すぐ降り止むってのは、始まった年で。(略)なんかガードレールがすごい伸びて見えたりして。

F　無銭飲食とか、あと、ビリヤードするんですけど、賭けビリヤードで、お金も持たんと行って、勝負に行って、ちょっともう、その時はもう、俺は世界一だと思ってるもんやから。

G　私、勝手にね、○○（事業所名）と交流していたんです。テレパシー。

G　（退院する前のテレパシーの数）減っていました。

H　私をね、結婚、自分は他の人と何か結婚しようと思った時に、私が邪魔やから死なそうとしはったんよ。

N　自分が相当位の高い。位。天皇とか、そういった、位。位の高い人間に生まれたとか。

○○のお殿様になる生まれとか。誇大妄想。（2回目の入院時は）もう、うつがひどかったですね。うつ。うん。うつ病、ほんともう。人には言わなかったんですけど、どうやったら楽に死ねるかなとか。楽に死ねるかなとか。

N　胸が、何ていうか、表現しにくい苦しさがあって。これがね、朝起きてから夜眠るまで続くんですよ。何やっても。ご飯食べていても、テレビ見ててても。何やってても。起きてる時、苦しさが何年も続いたんですよ。だからもう、苦しくて。生きていても、こんな苦しい思いするんだったら、死んだ方がいいんじゃないかなとか。

P　眠れない前に被害妄想に入ってしまったんですね。たとえばですね、目の前に100名200名の人がいて、全部自分を狙ってると。こんなふうなこと。実際これがまた不思議なことに見えるわけですよね。

P　私は最初はですね、病院に入院した頃は窓からずっと外見てたんです。「来てないかな、奴らは」って。しょっちゅう車を見るわけですね。「あれは俺を追いかけてきてる奴だ」とかこんな感じで見るわけですよ。

P　見えるんです。今はもちろん見えません。10年前の話ですけどね。見えるんですよ。そして道を歩くじゃないですか。必ず4、5名が私を追いかけてくるんですよね。これずっと私は逃げまわるわけですよ。

3-2-3　行動に関する語り

C　実際働いている間は、全然大丈夫で、でもその前後がどうしても働く前もひどい自傷行為が続いていたりとかしていて、で、働き出してしばらく落ち着いたと思ったんですけど、2年ぐらい経った時に爆発しちゃって、自殺未遂してしまったっていう。

C　一番初めに手首切った時は、これで死ねるんだって思ったんですけど、そんなんで死ねるわけないみたいな答えが返って来て、やってみたら。それで、でもそれで気持ちが落ち着くってことがわかっちゃったんで、すると癖になっ

第5章　密室の中のディスエンパワメント

てしまうわけなんですよ。
　C　一番初めにはもう全然、集団で食べるところでは（自分が出す音が気になって）食べられなかったです。部屋で食べてみたり、先生に話してみたりとかして、薬を調節してもらったりとかして、でも一番効いたのは誰も気にしてないって言葉。で、食堂で食べてみたりとか、怖い思いするんですけど、自分の中では。でも、それを繰り返すことで、誰もこっちを見てないし、気にも留めてないっていうのをわかってくるんです。するともうどんどん気にならなくなる。数を重ねると大丈夫。
　F　一晩で20万くらい使ってしまうとか、そういう浪費みたいな。なんか奢って「行くぞ、行くぞ」って酒飲んで。
　M　目が覚めるんですよね。消灯してから。夜中に目が覚めると、また眠れないんですよ。それでもう、困りましたね。現在もそうですよ。
　N　通った道も覚えてないし。夢遊病みたいな、町を結構な距離進んでましたね。で、ハッと目が覚めたら、え？　なんでこんなとこいるんだろうと思って。
　O　大量に服薬したりとか。前もってしたりとか。これが怖かったから、前の入院とつながるのですけれど、逃げたみたいな形で病院に入ったのですよ。

　インタビューの対象者は、幻覚、妄想、被害念慮、テレパシー体験などが生じていて、判断能力に影響を与えてしまうほどの症状だったことが理解できる。そのために、精神科病院への入院に至ったのである。何度か入退院を繰り返した人や、数十年にわたって入院が継続してしまった人もあった。人ごとに独自の精神症状や体験があって入院になり、治療を受けつつも精神症状に悩まされていたのである。いわゆる、病気の重さとでもいうのか、主なる精神症状の治療が優先され、症状の軽減が図られてから退院するというスタンスだったと想像できる。
　だが、精神症状について自分で受け止めて、どうしたらよいかと対処することもなされていた。自分が出す音が気になって病棟の食堂で長期入院患者と一緒に食事ができなかったCさんは、誰も気にしていないという言葉を自分で繰り返し、周囲を観察して誰も自分を見ていないことを理解していた。それを繰り返すことで大丈夫であると確信できるようになった。

このように、長期入院患者に精神症状やそれに伴ったさまざまな行動が生じており、多くが精神症状に悩んでいたが、中には対処する方法を見出した人もあった。

注

1) 社会的入院という表現が文献で最初に出てきたのは 1991 年と考えられる。大島巌ら（1991）は日本精神神経学会社会復帰問題委員会として、全国の精神科医療施設 172 施設（対象病床 41,866 床）に 2 年以上入院している精神障害者を対象に調査した。その論題は、「長期入院精神障害者の退院可能性と、退院に必要な社会資源およびその数の推計」である。この中で主治医による「主として社会的理由による入院」を社会的入院とした。「主として社会的理由による」とは、社会資源が整備されれば 1 年以内には退院が可能になると思われるもののことである（大島巌ら 1991:584）。つまり、社会的入院とは、入院治療は必要なく社会資源が整備されることで退院が可能になる入院の総称をいう。

第6章

暮らす力を得ていく

　本章では、コアカテゴリーの1つである【暮らす力を得ていく】についてその概要を述べる。このコアカテゴリーの中には、≪回復のために取り組む≫と≪地域の生活者として暮らす≫の2つのカテゴリーがある。長期入院患者が、院内外における退院支援を活用しながら地域で暮らす力をつけていき、退院し、地域で暮らすに至る変化とプロセスについて述べる。
　≪回復のために取り組む≫というのは、入院中だが＜退院が現実味を帯びる＞と＜生活力を育成する＞の取り組みについて説明したカテゴリーである。第1節では、≪回復のために取り組む≫に関するストーリーラインを示し、その後に、サブカテゴリーごとに説明と解説を加える。
　また、第2節では、≪地域の生活者として暮らす≫に関するストーリーラインを示し、その後に第1節と同様にサブカテゴリーごとに説明と解説を加える。

第1節　回復のために取り組む

　第1節では、≪回復のために取り組む≫というカテゴリーについて説明していく。これは、精神科病院内外の専門職が長期入院患者の退院について働きかけ、対象者が地域で暮らす力を養っていく時期に関する記述である。その中のサブカテゴリー＜退院が現実味を帯びる＞というのは、退院を半ば諦めていた人たちが病院内外の専門職から働きかけられているものの、まだ退院できるかどうか半信半疑の状況である。その意味から、【密室の中のディスエンパワメント】と【暮らす力を得ていく】の接続点に存在するのである。この接続点における働きかけの強化や、その後の退院意思を継続させるために専門職と協同

していくプロセスによって、地域における生活が可能になっていったのである。
　はじめに、≪回復のために取り組む≫におけるストーリーラインを示し、その後に説明と解説を述べていく。

［カテゴリー≪回復のために取り組む≫のストーリーライン（結果図参照）］
　≪回復のために取り組む≫のプロセスは、"専門職による退院意思の確認"（概念番号16）によって影響を受けた＜退院が現実味を帯びる＞が＜生活力を育成する＞に変化していくことによって起こる。そのことで、≪回復のために取り組む≫は≪地域の生活者として暮らす≫に変化し、＜生活力を育成する＞からも≪地域の生活者として暮らす≫に強い変化が生じていくことによって構成されている。

1-1　サブカテゴリー＜退院が現実味を帯びる＞
1-1-1　構　成
　＜退院が現実味を帯びる＞の構成は図6-1のとおりである。
1-1-2　サブカテゴリー＜退院が現実味を帯びる＞の説明と解説
　長期入院患者は長期間にわたり地域生活から離れてしまっているため、退院の意思を示したり地域での具体的な生活のイメージを持ったりしにくいと思われている。そういう一面もあるのだが、人は働きかけによって変化していく側面を持っている。実は、ここではそのような変化がうかがえるので説明と解説を加えていく。

［概念番号15　"病状安定と住居の確保"］
　この概念の意味することは、長期入院患者が考える退院できる条件として、病状の安定と住居の確保が必要だったということである。退院したいという気持ちがあったとしても、具体的に地域で生活を送るために"病状安定と住居の確保"は欠かせない。インタビュー対象者はこの状況を次のように語っていた。

　H　退院のきっかけって病気がもう治って、ほんでもう1人でやっていけるっていうような状態やったさかいね。ほんで退院の許可が出たんですよ。

■ 図6-1 ＜退院が現実味を帯びる＞

15 "病状安定と住居の確保"
17 "地域生活への期待と不安"
18 "院内作業で慣らす"

16 "専門職による退院意思の確認"

出所：筆者作成。

　J　（病状が安定し退院可能）だから○○先生（医師）が退院してもいいよっていう方針立ててくださって。
　M　（病状が落ち着き）退院できるような状態になりましたね。
　M　やっぱ、落ち着きましたね。一番落ち着いたというのが、退院の条件ですよ。
　M　（病状が落ち着くと）なんか自信みたいなのがありましたね。自信というんですかね、これだったらできるというような感じでしたね。
　M　やっぱりアパート借りて、自分で生活できるというのも半分はあって。全部じゃないですけど。そういうのもあってから、退院も考えましたけど。（笑）
　O　病棟戻ってきて、仕事の訓練したかどうか覚えてないのですけど、良くなって。それで退院できたと思うのですけど。

　病状が落ち着くということは長期入院患者にとって気持ちが安定する。「治療と保護」のための入院継続ではなく、次のステップとしての退院を考えられるようになる。これらの語りの内容は自然の成り行きであり、その気持ちを素直に表現したものである。退院を考えると次の具体的な条件として、どこで生活するかということが頭をよぎってくる。つまり住居の確保のことである。
　ところで、住居の確保という気持ちはどのような状況の時に生じてくるのだろうか。サブカテゴリー＜社会性が収奪される＞でみてきたように、長期入院

患者は"退院や将来を諦めていた"（概念番号5）ことを思い返すと、何かきっかけがないと住居確保に関する思いは生じてこない。自分が病状安定したことに気づいていても、それがすぐに住居の確保につながるわけではない。

それは、次に示す"専門職による退院意思の確認"（概念番号16）の際に、退院を支援してくれる人たちからの働きかけによって徐々に現実感を伴ってくると考えられる。病棟には常に看護師がいて長期入院患者と関わりを持っている。病院の精神保健福祉士も病棟内に出入りしながら長期入院患者と関わりを持つ。作業療法士も各種の目的を持った作業やクラフトにかかることから、長期入院患者と関わりその様子をうかがうことができる。

これらの専門職が病棟内で長期入院患者に関わっている際に、その患者の希望を聞いたり語りかけがあったりする。当然のことながら、専門職が気づいて長期入院患者に意向を尋ねたり働きかけたりすることもある。このような関係性があるから、住居への関心も生じてくるのである。退院意思を協同しながら形成していく第一歩なのである。

[概念番号16 "専門職による退院意思の確認"]

この概念の意味することは、退院支援の初期においてワーカー、主治医などから退院意思を尋ねられたり退院のための面接や会議が開催されたりなどの、退院意思の確認があったということである。長期入院患者は病状が安定し、退院後の住居をどうするかなどと漠然と考えるが、その気持ちは初めから確固たるものではない。病状は安定していても退院できるだろかと気を揉むこともあり、また、住居の確保についてはほとんどの長期入院患者にとって当てがないことが実際である。このために退院の意思が弱められてしまうことも考えられる。

それを防ぐために"専門職による退院意思の確認"は必要なのである。この概念について次のような語りがあった。多くの語りがあったので重複を避けて典型的な語りを示す。

A （地域生活の方法が）わからなかったですね。でも、一応ここの先生というケースワーカーさんおって。ここの先生のケースワーカー付かれて、かなり退

第6章　暮らす力を得ていく

院ができるようなことになって。まず心理テスト受けて、精神保健福祉手帳の3級を合格して、そこから始まって。

　B　お医者さん、先生とか、あとは今、○○○会で理事をやってる方の○○さん（精神保健福祉士）だとか、みんながこう、いらして、そこで面接して、カンファレンスをしまして、それで「どうしますか」って。「あなたの気持ちはどうなんですか」っていうことを聞かれて、で「早く退院したいです」って言って、そういうカンファもありました。

　B　その入院した時に、7年前に「どういうふうにしたいですか」って自分の希望を聞かれたんで「1人暮らしがしたいです」ってここで言ったら、不動産屋さんとか紹介していただいたんですけども、なかなか良い物件がなくて、で「それじゃあグループホームみたいなのあるんですけど」って。

　B　ケースワーカーさんから、なんつうんですか。「再来週に精神障害者手帳を作ることになるんですけども、どうしますか」っていう、そういうことから始まったんで。で「持ってたほうがいいんですか」とか聞いたら「ええ。それはもちろん、証明にもなりますし、自分の意思なんですけど、持ちたいですか」とか「持ちたくないですか」とか聞かれて「じゃあ持ちます」って言って。

　C　1人暮らしが不可能ということ、先生がすごく心配して、家族も。それで、（略）どっか支援してくれるところを使って、退院目指そうみたいな話になった。○○さんと、○○○工房の以前の所長さんが、あなたに会いたいという話がありますというのをケースワーカーから聞いて。

　D　○○さん（地域移行推進員）と直接面接して、○○○のお世話になることに決めて。で、その後に、3人ぐらい？　面接に来て。

　E　その人（地域移行推進員）が来て、退院のお世話をしましょうってことになって。女の方が来て、（略）先生と看護師さんとか、看護人さんとか、ヘルパーさんとか、ぼくの姉とか退院促進事業の人と会議があったんじゃないかと思うんだけどね。

　F　今回の任意入院[1)]の1か月間、自分入院してて、で、ケースワーカーさん、担当ワーカーさんに「ちゃんと退院したいって言ってるか？」って言われて、「いや、（主治医に）言うてない」、「言わなあかんで」って言われて、で、言ったら、なんか開放病棟に行かされて。

149

K　ぼくは最初どっちつかずで拒みましたけど、やっぱり先生とかスタッフのみなさんが応援してくださって、ケースワーカーの○○先生という方も特に主治医の○○先生がね、してくださいましたけど。
　L　○○○○福祉会のピアサポーターに来てもらったこととか、先生の判断とか、そんな感じ。
　L　（退院前の話し合い）それが何回も。○○○○（法人名）の人が来てくれたり。○○さんとか△△さん。話した覚えがあります。
　L　（退院前の会議）それはしてくれた方がよかったと思います。やっぱり何もせずに退院して家にいるよりは、（会議で提案された）そういう仕事をするとか、そういうことをした方がいいと思ったのです。
　L　（心強い気持ち）それはありますね。前は入院していた頃は1人だったのです。親ぐらいしか会う人がいなくて、（退院支援にあたり）今度は味方がいっぱいできたというか。だから心強かったです。

　ここにはいくつかの重要事項がある。それは、長期入院患者に退院したい気持ちがあるかの確認があった、その気持ちは強いかどうかの確認があった、住む場がなければグループホーム利用の提案があった、病院の精神保健福祉士が精神保健福祉手帳の活用を提案した、退院支援の実施者による病院への訪問支援が実施された、ピアサポーターが関わった、などであった。つまり、精神保健福祉士や退院の専門スタッフが、長期入院患者に退院を働きかけることで長期入院患者が退院意思を明確にできた、そして退院が実現できる方法を具体的に提案し強めていく作業が行われていたのである。
　長期入院患者が地域生活のための情報、知識、手段などを自ら持つことは少ないので、これらを提供することが専門職の重要な支援の1つである。このような支援によって長期入院患者は退院意思が強化され、持続し、地域生活のための諸情報や諸技能を獲得していくのである。これは、長期入院患者と専門職による協同作業なのであり、退院し地域生活が可能になるための手段でありプロセスである。
　この要素があるから、《全部ダメって言われる》状況にあった長期入院患者の退院に向けての変化を作り出し、それを継続させていけるのである。したがっ

て、"専門職による退院意思の確認"は、【密室の中のディスエンパワメント】からの転換点になるのである。

[概念番号17 "地域生活への期待と不安"]
　この概念の意味することは、退院できることになった時の気持ちは、地域で生活できるという期待と、やっていけるだろうかという不安が入り混じっていたということである。長期入院患者は地域で生活できることに期待を持つが、同時に、長期にわたっていわゆる地域で生活していないことから、どのように生活したらよいのかという不安も入り混じっているのである。両方の気持ちが交錯する状況にあった。重複を避けるとこの概念に関する特徴的な語りは次のとおりである。

　C　すごく病院から出たくてしょうがないっていう気持ちもあったんですけど、病院で長い間いて、社会に出ることがちょっと怖かったりとか、1人暮らしっていうもの、グループホームでも1人暮らしっていうものが初めてだったので。

　C　(地域での生活について) わからないことの方が多くて、それは結構不安だったんですけど。

　C　私は○○○工房に入った時に、同時期に退院促進に入った方もいらっしゃって、先にグループホームに退院した方とかもいて。次は自分だって思ったりとか。グループホームの紹介が来た時もすごく嬉しかったし。前に進めることが私にとってはすごく嬉しかったです。2年間ぐらいどこに行くのか、自分がどうなるのかっていうのがわからない状態で毎日を過ごしていて。

　E　外に出たらまたすぐ (病気に) なってしまうかもわかんないし、自分自身が不安でしたよね。これから退院して、いろんな刺激受けたりなんかしてどうなるかわかんないと思って。自分もずっと押し殺してるっていうか。退院して、具体的にいえば、アパートっていうか住むところを借りて、生活費をどうするのかとか、そういうのを考えると、やっぱし病院にいた方が安上がりっていうか。そうなってしまいますね。

　I　(退院の話は) 嬉しかったです。

I （退院支援者の関わりに）ほっとしましたね。

J そりゃやっぱり30年間も外に出てなくて、1人暮らしするにあたって、50何歳で、歳もだいぶ食ってきてってもしょうがなくって。社会に適応できるかどうか不安はあった。

K 社会に出るのがおっくうになってしまって。その辺のところは、なんちゅうかな、社会でどうしたらいいか、不安っちゅうか。

K やっぱり不安ですかね。社会でやってく不安ですね。先生やみなさんが、スタッフの人がバックアップしてくれはって、やっとそういう（退院する）気持ちになりましたね。

　まず、退院して地域で生活できることに対する期待が語られている。同時に、長期入院患者は地域生活にかかる情報や技能が乏しくイメージしにくいことから、自分ができるかどうか不安な思いがあることが語られている。理由の1つに、長期入院によって地域で生活する機会を剥奪されていたことがあげられる。Cさんは、長期入院のために地域生活について「わからないことの方が多く」て不安に感じている。Eさんは、「病院にいた方が安上がり」と言って、地域生活で病気が再発するかもしれない不安や生活費の工面について不安に感じている。退院して地域生活を営むことを考えた際に、長期入院患者に期待と不安があることは当然であろう。

　それでは、不安があっても退院できた理由は何か、退院できたことを彼らはどのように受け止めているのだろうか。インタビューの対象者は地域生活について不安を感じているが、Kさんが語ったように、スタッフのバックアップ（支援）によって不安は軽減されていき、地域生活への期待を継続させて退院していったのである。退院あるいは地域移行を支援する専門職は、長期入院患者を見捨てることはない。地域へ退院できるまで、また、その後の地域での生活が可能になるまで、長期入院患者とともに退院意思を大切にしながら協同していくのである。

　今回の対象者は彼らの最終退院から数年が経過しており、インタビュー時にはB型事業所に通所、デイケア通所、会社勤務などの経過をたどっていた。地域における彼らの日々の生活は自分なりのペースがあり、必要に応じて障害

第 6 章　暮らす力を得ていく

福祉サービス事業所、および受診する精神科医療機関の精神保健福祉士によって支援されていた。そして、今回のインタビューに応えて自分の入院時の様子や、生活していくための工夫などについて語ってくれたのである。

　つまり、次のことがいえるのではないか。必要な社会資源を使いながら生活できている、病気の体験を振り返りつつ現在の生活に活かしていることは、彼らにとってリカバリーではないか。"地域生活への期待と不安"を感じつつ退院したが、地域生活に馴染めるように変化できたのは、支援する専門職との協同作業があったことが要因として考えられる。協同作業が重要であったことと、長期入院患者のリカバリーがあったと筆者は考えた。

　ただし、リカバリーであるかどうかは当事者だから判断できることだと筆者は考えている。インタビューにおいて彼らがリカバリーしたかどうかを尋ねていないので、事の真意は不明であるが、"地域生活への期待と不安"はリカバリーにも関わる重要な概念だといえる。

［概念番号18　"院内作業で慣らす"］
　この概念の意味することは、退院のために院内で実施されていたプログラムの紹介と、自分にとっての有効性があったということである。退院するという意思を示してスタッフ等から退院支援を受けていた長期入院患者は、院内における作業に取り組むことで、退院への意識や地域生活への技能を高めようとしていた。特徴的な語りは次のとおりである。

　F　入院中にはね、OTがあって、暇つぶしというか、お金かかるんやろうけど、OTが結構毎日、毎日やったんかな。覚えてないけど、楽しかったから。外来OTとかじゃなくて、病院内のOT。
　L　（作業室で）作業みたいなことをしたのです。箸入れみたいなこと。そういうことを、朝早く、8時ぐらいなんですけれど。8時までに作業室に、割り箸、みんな一斉に入れる作業みたいなことをした。そういうことをしないよりはした方が、働くとか、最終目標が働くことでも、そういうことをしていたら何らかのプラスにはなると思ったのです。決められた時間に行くっていうことができたらいいと思います。

N　ただ、もう、(希望していたことは) 就労訓練。

　N　就労訓練しながら、(略) 少しは小遣い稼ぐことできて。そこがちょっと、就労訓練したお金が (まとめて) 入ってくる。5,000円6,000円がとても大きい。莫大なお金に見えたんですよ。当時のぼくにとっては。これでまたコーヒー飲めるわけですから。今まで飲めなかったコーヒーが飲めるわけですから。

　N　逆療法っていうんですか。苦しいのに、鞭を打ってもっと苦しい思いをして、それを乗り越えたっていうか。それが終わってから、終わってからっていうか、それをしながら、工賃をもらって。肉体的にも苦しいですよ。精神的にも。

　退院へ向かう取り組みの1つとして院内作業を実施している精神科病院がある。退院希望者が必ずこの院内作業に取り組まなければならないというわけではないが、作業に集中したり継続できたりするためのトレーニングや、他者と関わることなどを目的に実施されていた。箸入れのような目的を持たせた院内作業や、工賃が得られるような作業がプログラムとして実施されていた。

　彼らはこの作業に参加しそれが印象に残っているからであろうが、語りからうかがえることは、彼らは"院内作業で慣らす"について肯定的な評価をしている。Lさんは働くという目標のために院内作業が何らかのプラスになると考えて、決められた時間に実施しようと心がけていた。また、Nさんは、就労訓練として院内作業を位置づけ、苦しい思いをしながらも達成しようとしていた。

　これらの考え方や体験は、地域におけるさまざまな生活場面に対応していくための基礎能力になることが考えられる。院内における作業であっても、退院し地域で生活するための心構えや実行する力を意識するという点で、退院に向けた第一歩の取り組みと考えてよい。病院から地域に押し出す力とまではいわないものの、退院して地域で生活することを明確化させる作業である。このように、目的を持たせた院内の作業プログラムによって退院の明確化が図られたのである。

1-2　サブカテゴリー＜生活力を育成する＞

　退院に向けての具体的な取り組みを始めるものの、長期入院患者は地域生活

への期待と不安がある。また、地域生活の仕方においても知識情報、イメージ、生活技能が乏しいことから、地域での生活を体験しつつそこで必要な支援を展開し、いわゆる生活する力を育成していく必要がある。

　＜生活力を育成する＞の全体で述べられていることだが、支援する専門職と長期入院患者によって退院意思が協同され強化されているプロセスが理解できる。ここではそれらについて述べる。

1-2-1　構　成

　＜生活力を育成する＞の構成は図6-2のとおりである。

1-2-2　サブカテゴリー＜生活力を育成する＞の説明と解説

［概念番号19　"頻回の外出や外泊を行う"］

　この概念の意味することは、退院してグループホームやアパートで暮らす生活に移るために、外出や外泊をして自分の生活ペースを作る1つの方法のことである。地域生活を始めるにあたり、地域という空間に慣れる方法として頻回の外出や外泊を行う取り組みがあった。外出して必要な用事を済ませる、グループホームやアパートでの外泊を通して1人で生活する感覚を体験する、それを繰り返すことで徐々に地域での自分らしい生活に慣れることを目指している。このようなプロセスを経なければ地域での生活ができないほどに、長期入院患者は病院での生活に慣らされ、地域で生活する力を奪われてしまったのである。この概念には次のような語りがあった。

　A　（退院の話が出て）そこから銀行に行くから言われて、銀行に行って暗証番号ができるのかダメなのかって（確認できた）。

　A　（宿泊体験は）2回ほどです。3回、1回2日、1回、2回…4回ですか。最初の退院の時に。もうだいぶ前ですから。

　A　4年前に退院して。宿泊体験は朝起きて体操して、病院と倍くらい体操して。（宿泊体験は）役に立ちました。

　B　外泊訓練というか、1人になるのに。それの、何ていうんですか。寝泊まりっておかしいですけど、外泊に行って、経験をしたりするために外泊に行かされるんですよ。

■ 図 6-2 ＜生活力を育成する＞

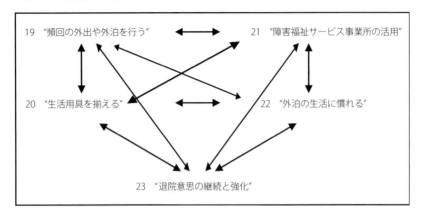

出所：筆者作成。

　B　外泊は、何回ありましたっけ。3回、3、4回あったと思いますけど。
　B　昼は（昼食を取りに）病院に戻りました。
　C　外泊を沢山させてもらえて、まず一泊二日、二泊三日、三泊四日、四泊五日ってどんどん長くしていって、最終的に一週間。そうするともう病院に戻ってきては、すぐまた外泊に出て、みたいな。
　C　その最初に感じていた不安よりは外泊を経験した後の方が、不安は少なかった。
　D　外泊を、グループホームに外泊を、4回くらいしました。
　D　グループホームって聞いた時は、高齢者のグループホームしか知らなかったんで、嫌だったんですけど、見学行ったら、アパートと同じなんで、オッケーしました。
　E　具体的に借りて、たとえば外泊とかやってるうちに、それで自信がつきましたね。やっていけるんじゃないかなと、そんな難しいもんじゃないと。
　J　退院する時も1人でこんなマンションとか不動産行って決められないから、（外出中に）一緒にワーカーさんとか〇〇さんとか一緒に不動産屋まわったりして、それで決めたりとか。
　J　他に〇〇先生（医師）が方針立ててくださってから、病院のワーカーさん

とかも地域定着支援事業を利用したらって言ってくださったり、病院の看護婦さんと一緒に措置解除になってから1か月に1回一緒に外出して、世間に出る訓練させてもらってます。
　J　いいワーカーさんで、(略)マニュアル作ってくださって、目的地区でこの地図持って行ってみてはどうですかってマニュアル作ってくださって、それに従って外出して、こなしていってっていうことを実に細やかにしてくださったワーカーさんがやったりしたのです。
　J　1人で外出、目的地地図渡してもらったりとかして。それは周りが作ってくださっていたらなんとか行けてたんですけれど。
　J　たとえば○○△△（地名）だったかな？　そこコンコース書いて2重、3重になっていて、わかりにくいんですけれど、マニュアル作ってくださって、それに従って進んでいって、なんとか行けたりしました。
　L　ここに昔、勤められていた○○さんていう人いらっしゃる、精神保健福祉士の。その人がときどき一緒に買い物とか行ってくれるのです、電話したら都合つけてくれて。その方ぐらいです。

　外出も外泊も何回も実施されていて、外泊は徐々に長期にわたる外泊になっていた。一気に進めるのではなく、できることを増やしていく段階的な退院のための外泊方法だったのである。外泊は取り組むほどに慣れてきて、CさんEさんが言うように外泊を繰り返すうちに退院への不安が減少し、地域生活に自信を得ていくプロセスをたどった。また、Jさんのように、退院先のマンションの部屋を決める目的を持った外出もあった。病院からの外出そのものが目的である場合もあれば、Jさんように、必要な用事を達成するために外出することもあった。
　支援スタッフの1人としてワーカーが、目的地に行くための地図を作製し、外出の目的が達成できるように取り計らってくれた。これも長期入院患者にしてみれば、地図を見れば目的を果たせる体験になり、困った時でも混乱せずに何かの手段があれば地域生活ができるという目安を得られたということができる。このような手段とプロセスを経ることが、＜生活力を育成する＞のために重要なのである。退院する本人とそれを支援する専門職による協同作業が重要

だと、彼らの語りからいうことができる。

［概念番号20　"生活用具を揃える"］
　この概念の意味することは、退院して地域で生活するために、書類の整備や生活用具の準備がワーカー、世話人、友人などによってなされ、このことによって、地域での生活を具体化できたということである。地域生活のためには冷蔵庫や洗濯機などの電化製品、布団や家具などのすぐに必要なものや、フライパンや卵焼き器などの調理用品などが必要になってくる。それらがある方が生活は便利になるし生活に困ることが少ないので、できるだけ揃えるようにするのだが、それは支援者や長期入院患者の友人知人などによって支援されていた。語りは次のとおりである。

　A　（社会福祉法人職員の）○○さんが全部してくれました。冷蔵庫から大物とか電子レンジとか、ベッドから布団からカーテン、全部してくれました。このテレビから。全部○○さんがしてくれました。
　B　はい。あとはもう、グループホームに入ってからは世話人さんが面倒みていただいたんで。いろいろ、世話人さんが手続き、退院した時も、荷物も運んでくださったし、いろいろ書類の、何ていうんですか。部屋の契約書とか。で、3年が、3年で。
　D　（不眠や不安は）いや、なかったです。退院決まってから、ベッドとかも、買い物、世話人さんが車持っているんで、一緒に行ってくれました。
　E　最初に行った家がやっぱり一番いいってことで、ともかく契約して。それから半年ぐらいの間に、しばらく病院から家に通って、いろんな食器とか本とか電気製品とか揃えて準備して。半年後ぐらいに退院したのかな。
　E　食器はぼくやったけど、洗濯機とかテレビとかありますよね、電化製品、あれとか。あと電話にセッティングとか、みんなやってくれて。いいことやってくれました。
　E　最初に退院した時、フライパンとかありますよね、そういう調理器具。ぼくの入院してた友達が来てくれて、その人は以前、料理作ってたこともあってよく知ってるんです。その人とイオンってスーパー行ってフライパンとか卵

の焼き器とか、いろんなものを一緒にやってくれて。

　J　退院する時も家具も○○さんが一緒に付き添ってくださって、サポートしてくださって、こういうベッドとか家具とか買ったりしました。それで電気製品も○○カメラで買いました。ぼくは30年間入院していたから就職もしてなくって、1人で大きな買い物もしたことがなくって、どうしたらいいか全然わからなかったのです。それをサポートしてくださったのが、○○○○サロン（地域移行支援の事業所）の○○さんとか○○さん。

　K　（地域移行推進員の）○○さんは洋服を何度か連れていってくださったんですわ。○○○電気とかね。そういうところで冷蔵庫から所帯道具ね。みんな。ベッドからね、テレビから。毛布とかね。それからあと衣装缶は病院で買ったんですね。

　当面の生活ができる生活用品を整えるところから始まるのだが、それはワーカーや友人からの支援によって揃えることができていた。長期入院患者は大きな買い物をした経験がない場合でも、自分がどうしたらよいかわからないという不安をワーカーたちが受け止め、相談しながら地域生活の準備を整えていくことができた。

　また、調理器具を揃える際に支援してくれる友人があるなど環境ストレングスが発揮されている。これは"働く希望と不安"（概念番号11）の説明の中で示したように、C.ラップがいうところの環境ストレングスの1つである。Eさんには、必要な生活用具を揃える支援をしてくれた友人があったのである。長期入院患者は病院で入院しているだけではなく、限られた世界にあっても、生活を支援してくれる友人を持つというストレングスがあったことが証明されたといえる。

　地域での生活を実現するためには、さまざまな用具を揃え日常生活に備える必要があり、それを支援する必要があった。自分を支援してくれるワーカーや友人があることで勇気づけられるのである。そして、電化製品や台所用品などの生活用具の準備をしていると、地域生活の実感が湧いてくるということも重要な要素なのである。

[概念番号21 "障害福祉サービス事業所の活用"]

　この概念の意味することは、退院後は事業所に通所することを前提に、退院前に通所して地域での昼間生活に備えたということである。精神科病院から退院することが重要な目的であることに変わりはないが、退院後の昼間の生活をどのように過ごすかという点も重要な視点である。昼間に何もすることがないために生活リズムが崩れ、再発してしまう事例はよくあることなので、その予防対応を取る必要があったのである。

　インタビューの対象者の多くは障害福祉サービス事業所を活用していた。その語りは次のとおりである。

　B　（体験通所は）ありましたよ。だからここ（B型事業所）に（通所している）。
　B　病院から体験通所してる方が多かったんですよ。だから、その時は（事業所利用後に）帰ったように思いますけど。病院へ。
　B　確かに（通所後は病棟に）戻ったような気がしますけど。病院の病棟へ。で、体験通所してる頃は、食事がまだ病院で食べるように。だから昼前には帰るようにして、病院でお昼を食べてやってましたけど。
　C　病院から体験通所してきていた時間があって、病院からだと歩いて来れますよね。でもこのグループホームに外泊して、自分で朝食を用意して、それからバスに乗って、作業所に通う、で仕事が終わったら、また作業所からバスに乗って、グループホームに戻る。っていうのを外泊中も何度も繰り返して、自分でできることを増やしてったっていう。
　D　昼間、〇〇〇の作業所に通って、住むところは〇〇〇の方で用意しますってことで、〇〇〇のグループホームを紹介してくれて。
　N　主治医と、家族。お姉さん。話し合って、〇〇工房に行きましょうってことで。（退院の）その前から就労訓練、入ったんですよ。体験で。〇〇工房っていう陶芸の。
　N　体験で(〇〇工房で)3か月くらいやって退所したら工賃、お金もらいましょうってことで、〇〇工房行ってから、しばらく。退院する3か月前から、体験で。

　昼間活動の1つとして、多くはB型事業所に通所していることが語られて

いた。病院から通所している時期は、昼食を病院で取るので半日単位での通所になっている。工賃の出る仕事もあり、金を稼げることは退院へのモチベーションにつながっていた。また、外泊中にグループホームから事業所に通所している例も語られていた。

このように、退院前から昼間活動の場として障害福祉サービス事業所が活用されていたのである。病院あるいはグループホームから事業所へ通所することで昼間生活の過ごし方をイメージできていた。病院からの通所は半日単位であり、通所することに無理のない時間範囲だと思われる。昼食もあることから、食事の不安が軽減されるので通所が可能になっている。工賃が支払われていた例もあり、その他の作業で収入があったりもした。

その結果、Bさんの語りから不安が軽減されて事業所に通所できたことが示された。Cさんの語りからは、「自分でできることを増やして」いくことで地域生活に慣れることができ、Nさんの語りからは、収入を得ることが生活していくモチベーションを高めたことがわかる。

つまり、事業所に通所することで不安の軽減が図られ、自分ができることが増えていくという実感があった。自分にとっての生活のモチベーションを高められるようにすることも、＜生活力を育成する＞においてなされたということである。

［概念番号22 "外泊の生活に慣れる"］
この概念の意味することは、外泊して最初はできなかったことや不安だったことが、何回も外泊する過程で次第に落ち着き、1人での生活に慣れて生活範囲が広がったりしたということである。また、外泊中は不安になることも多いので、1人での生活が定着するために支援者が行った具体的な支援方法も含まれている。退院して地域で生活するために外泊を繰り返すが、1人になるといろいろな心情が生じてくる。そのほとんどは不安なのだが、インタビューの対象者がどのような心情でいたのか、それについてどのように対応したかについて、彼らが語ったことは次のとおりである。

B　その時（外泊中）にもう、部屋の中に入ったら、（略）ドアを閉めたら一切

何も聞こえてこないじゃないですか。で、ラジオも何も持ってなかったんで、少し1人で過ごさなきゃならなかったんです。病棟ではほら、みんながワサワサいるから安心というか、落ち着いていられたんですけど、1人で急に1人の部屋に入って、もう震え上がっちゃって。

B　すぐ、世話人さんっていうのがいるんですよ。グループホームには。で、世話人の方にすぐ電話、電話っていうか、来ていただいて、で、もう泣きそうになって、手が私、こうやって震えてて、だから「大丈夫ですよ、大丈夫ですよ」って言われて。だから「ダメです。もう一緒に寝てください」とか言って。怖くてもう。すごくそういう思いしましたね。いやいや、もう「そういうことは一切できません」って言われて「頑張ってください」って言われて。「大丈夫ですから、大丈夫ですから」って慰めてもらって。

B　何か音がないとあれだと思って。で、ラジオを持っていって、ラジオをかけるようにして、で、朝の朝食は自分でとるようになってるんで、コンビニで。それも勇気がいったんですけど、1人で買い物も。だからやっぱし、病院でその中にいる安心感とは別に、怖い、恐ろしい目にあっているような感じ、錯覚を起こしちゃって……。怖かったんです。すごく。で、朝の食べるもの、コンビニで買って、ラジオも買ってきて、で、聞いたりして少し慣れてきた。

C　病院だったら先生とケースワーカーと、あと看護師さん、しかいないですよね。でも○○○会に入って、ここ（○○○工房）の職員だったり、グループホームの世話人さんだったり、そういう相談できる人が増え、幅が広がる。それには、安心しましたね。で実際、たとえば「次、三泊四日なんですけど」みたいになった時に、これはたとえば洗濯はこうした方がいいですかねとか。ご飯はこうした方がいいですかね、みたいな相談を病院の人よりも○○○会の人に聞いた方が早いじゃないですか。すると、じゃあこうしますかって提案が来たり、それでやりながら相談しながらっていうのは大きかったんじゃないですか。

E　たとえば、外泊して慣れて、自分で何かを作るってことで食事を作ったりとか。

K　（地域移行推進員が一緒に泊まることは）ありましたよ。ね、○○さん。泊まってくれはりましたな。確か。

L　（ピアサポーターが自宅に来て）だいたいは普通に話を聞くぐらいですけれど。

第6章　暮らす力を得ていく

　入院は集団での生活である。集団でいるとプライバシーが守られない一面があるが、その半面、集団でいると不安や寂しさなどを感じることは少なくて済む。それに慣れていると1人で外泊する際に不安で仕方ない状況が生じてくる。外泊した際にBさんは、近くにいる世話人に励まされたり慰めてもらっていた。また、ラジオをかけて人の声があるように自分で工夫して、コンビニで買い物したりしながら1人の時間と空間に慣れていった。Kさんは地域移行推進員が一緒に泊まることで地域での生活に慣れていった。
　外泊すること自体が、地域で生活できる力を得ていく方法でありプロセスである。その時に、1人の時間と空間に慣れるためには、頼りになる人が近くにいて励ましてくれたり一緒に宿泊してくれたりすることが重要である。一緒に宿泊するということは、長期入院患者の退院意思を専門職が協同して形成していく代表的な例である。このように、外泊の体験は長期入院患者にとって、退院し地域で生活できる力を得る1つの方法なのである。
　さらに、Cさんのように、事業所のワーカーや世話人などの相談できる人を得ることも安心できる要素になる。外泊に慣れてくるとEさんのように、自分で食事を作ることも可能になってくる。外泊中のさまざまな体験や支援により、長期入院患者が地域で暮らすために自分で力をつけながら変化していったといえる。

［概念番号23　"退院意思の継続と強化"］
　この概念の意味することは、退院意思に迷いが生じないように、早急に住居を決めたり地域生活の構えを示したり、必要な書類を作成するなどの支援を受けて、退院意思が強化されていたということである。長期入院患者が退院の意思を持つことは重要な要素であり、このことがないと退院は進まない。
　だが、同時に長期入院患者は"地域生活への期待と不安"（概念番号17）を感じており、当面の地域での生活がイメージできないことから退院の意思は揺れている。これは当然のことであり、支援者はそれを理解し、退院意思を強めたり揺れが大きくならないように取り計らっていくのである。このことについて次のような語りがあった。

B　でも（退院は）不安でしたよ。本当にそんなこと（退院）できるのかなとか言って、反面、不安もありましたけど。もう、どんどん話がそうなっていったんで。

B　障害者手帳、作っていただいて、いろいろ、いろんな方面で、不動産屋さん、今さっき言いましたけど、紹介していただいたり、いろいろなところ見に、グループホーム見に行ったりしたり。で、なんつうんですか。順調にバタバタっと決まったんですよね。だから、その手帳も作っていただいたし、部屋も紹介していただいて。

B　OT室の方がここ（グループホーム）を勧めてくれるのに、一緒についてきていただいて、お世話になったんです。

C　なんか知らない間にスケジュールが組まれていて。来ると、あ、次の外泊決まったからって言われて、その私の印象では、○○○会ってすごく話を進めるのが早いんだなっていうのがあって。

C　（段階的外泊の実施）その時にはもうなんか私は退院した人間なのか、病院の人間なのかっていうのですごく悩んだんです。それは多分あるだろうって言われていたんですけど、周りの人にも。でもそれは白黒つけなくていいから、思うがままに過ごしてくださいって言われて。

C　（掃除洗濯食事作りなど）でもそれはまずないですよって周りの人に何度も言われて、あなたがやるしかないんですよっていうのを何度も言われたのもあって。で実際やってみて、あ、できるってわかることが自分にとって大きかったんじゃないですか。

C　何ていうんでしょう、家族と連絡を取ってもらっていた時は、家族の予定がこうでとか病院の予定がこうでってすごく時間かかるんですよ。すごく待った覚えがあるんですけど、○○○会はどんどん進めてくれて、で、不安があればその都度言ってくださいみたいにやってくれるので、そこにはすごい驚いた。

J　他に○○先生（医師）が方針立ててくださってから、病院のワーカーさんとかも地域定着支援事業を利用したらって言ってくださったり、病院の看護婦さんと一緒に措置解除になってから1か月に1回一緒に外出して、世間に出る

訓練させてもらってます。

　J　この間も退院促進事業とか、国の雇用機関ですけれど、臨時福祉給付金の申請が、それコピーが必要だったのですけれど、書類の書き方がわからなくて、ワーカーさんが必要なぼくの通帳と健康保険証持って、鉛筆でなぞってくださって、それをボールペンで書いたりしてくださったり。足を剥離骨折したのですけれど、その時も区役所の方とヘルパーさん、事業者さん集まってくださって、対処してくださったりして。親には全然連絡はしてないのですけれども、公務員の方とか病院関係者の方のサポートでなんとかできてます。

　L　退院の計画を立てたのです。それで、〇〇〇〇福祉会に入ってもらって、ピアサポーターを利用したらいいってことになって大変でした。

　L　（入院中にピアサポーターとの関わりがあったか）はい。退院してからも来てもらっていたのです、3か月。

　L　（ピアサポーターが自宅に来て）だいたいは普通に話を聞くぐらいですけれど。

　L　（自分が入院中に）週に1回。病気のこととか、趣味の話とか、そういうことを（ピアサポーターに）聞いてもらっていました。だから趣味の話とか、最近のことだとか、そういうことをちょっと話したぐらいです。病気で困っていることとか。

　L　（ピアの関わりは）良かった。話し相手になってくれますから。ぼく、友達とかいないんですよ。だから、そういうのは貴重でした。

　長期入院患者の退院意思に基づき、外出の際に不動産屋をめぐり支援者が一緒にマンションを探す例は、"頻回の外出や外泊を行う"（概念番号19）で示した。地域生活のために必要なことを、頻回の外出や外泊の際についでに取り組んでしまうのである。"退院意思の継続と強化"では、長期入院患者の退院意思を強め不安や揺れが大きくならないようにする、精神保健福祉手帳を取得する、グループホーム利用にあたり見学する、退院促進事業、臨時福祉給付金、ピアサポーターの導入など、各種の制度を利用することで、退院の意思を強めたことが語られた。

　つまり、支援者によって長期入院患者の不安を受け止める、退院できるための方向性を提示する、社会資源や制度とサービスに関するさまざまな情報を提

供することにより長期入院患者の自己選択や自己決定を図っていく、その結果として退院という方向性をぶれないようにしていくのである。このようなプロセスを経ることで、長期入院患者は退院の意思を強めたり揺らぎを少なくでき、地域での生活を可能にしていったのである。ここにも、退院あるいは地域移行を成し遂げていくために、長期入院患者と専門職による退院意思の協同形成プロセスがあったということである。

　この時に重要な視点としては、退院をゆっくりと進めるのではなくて、"頻回の外出や外泊を行う"を繰り返しながら、その延長線上にいつの間にか地域での生活があったというテンポで進めていくことである。いみじくもＣさんが語っているように、悩みがあっても「白黒つけなくていいから、思うがままに過ごしてください」と言われたことに示されるように、地域での生活に慣れていくことが重要なのであろう。"退院意思の継続と強化"とは、社会資源、制度、サービスを利用しつつテンポよく進めていくことが重要だということである。

［概念番号24　"退院支援への疑問"］
　これまでは、具体的な退院支援を実施しながら退院していく人の＜生活力を育成する＞が図られたことについて述べてきた。それは、"頻回の外出や外泊を行う"、"生活用具を揃える"、"障害福祉サービス事業所の活用"、"外泊の生活に慣れる"、"退院意思の継続と強化"であった。だが、退院した人の中には、"退院支援への疑問"を感じる人たちもあった。

　この概念の意味することは、退院支援の担当者が不明だったり、病院スタッフの誰からも退院の働きかけがなかったという、長期入院患者の印象や記憶を示したということである。まず、語りからみていくことにする。

Ａ　支援員さんがおったら、私専任の支援員さんがおったら、もっと早く退院できていたかもしれません。でもそこまで明らかに何もしてくれなかったし。前の前の病院、ケースワーカーさん一言も言ってくれないし。それよりも運動会とかパーティとか盆踊りとか行事ばっかしの。だから。年間のうちの行事ばっかりだったから。

F　退院をサポートしてくれる人なんていなかったんですよ。で、もともと、ピアサポーターっていうのもなかったというか、知らなかったのかしらないけど。で、ケースワーカーの存在も知らなかったし。

　AさんとFさんを紹介してくれた精神保健福祉士は、AさんもFさんも最終退院の際には精神保健福祉士からの退院の働きかけによって退院していると説明していた。だが、両者にはそのような印象と記憶がないためか、上記のような発言になっている。この語りは退院の当時のことを振り返って語ったものである。いずれにしても、退院の働きかけがなかった、制度とサービスの情報提供がなかったという印象と記憶から、このような語りになったのであろう。
　ちなみに、Aさんは退院に至ったものの、もっと早くに退院の働きかけをしてくれていたらよかったとインタビューに答えていた。また、Fさんは任意入院中[2]に病院の精神保健福祉士から退院したいかどうかを尋ねられて、退院を希望すると言ったら開放病棟に移動になり、そこから退院した経緯があった。
　にもかかわらず、Fさんは退院支援がなかったと振り返っている。精神保健福祉士はFさんの退院のために働きかけは実施していたので、その結果として退院になったのであるが、Fさんはそれを実感していなかったのであろう。これは、病院の精神保健福祉士とFさんとの関係性に由来すると考えられ、退院に関する諸情報を伝えられていなかったというFさんの退院支援に関する印象が影響しているのであろう。
　ここで気になる点は、精神保健福祉士が精神科病院に在籍し、必要な情報を長期入院患者に確実に届くように提供できているかということである。というのは、精神保健福祉士は精神保健福祉に関する制度とサービスをよく知っており、退院を促進する役割も期待されているから、退院支援の先頭に立つべきだと考えるからである。だが、精神科病院に精神保健福祉士が在籍していないのであれば、退院促進はさほど期待できず、過去のAさんやFさんが体験したような事例を生じさせてしまうだろう。
　これらから考えられることは、精神科病院に精神保健福祉士が在籍することが重要だということと、精神科病院に勤務する精神保健福祉士は長期入院患者を常に気にかけ、退院希望があるかどうかの打診や退院の働きかけをすること

が重要だということである。

第2節　地域の生活者として暮らす

　本節で扱う≪地域の生活者として暮らす≫は、退院後間もない＜手探りの地域生活＞と、徐々に地域に慣れてきて＜自分らしさを獲得する＞、さらに、地域に定着することによる＜自己効力感が発生する＞というカテゴリーで説明される。はじめに、≪地域の生活者として暮らす≫におけるストーリーラインを示す。その後に、サブカテゴリーごとに説明と解説を加える。

［カテゴリー≪地域の生活者として暮らす≫のストーリーライン（結果図参照）］
　≪地域の生活者として暮らす≫のプロセスは、"退院後の不安"（概念番号25）に対し"症状に独自の対処ができる"（概念番号26）が影響を及ぼす＜手探りの地域生活＞を送るうちに、"落ち着きを得た生活"（概念番号27）と"地域生活の充実感"（概念番号28）が相互に影響し合う＜自分らしさを獲得する＞状況へと変化していき、最後に"できる自分の自覚を得た"（概念番号29）、"働きたい"（概念番号30）、"役に立ちたい"（概念番号31）によって構成される＜自己効力感が発生する＞へと変化することで成り立っている。それと並行して＜手探りの地域生活＞は、直接的に＜自己効力感が発生する＞へも至る。

2-1　サブカテゴリー＜手探りの地域生活＞
2-1-1　構　成
　＜手探りの地域生活＞の構成は図6-3のとおりである。
2-1-2　サブカテゴリー＜手探りの地域生活＞の説明と解説
　＜手探りの地域生活＞を構成している概念は、"退院後の不安"（概念番号25）と"症状に独自の対処ができる"（概念番号26）である。この2つの概念番号について説明と解説を加える。

［概念番号25　"退院後の不安"］
　この概念の意味することは、退院後は、食事や通所がうまくできるかどうか

第6章　暮らす力を得ていく

■ 図6-3　＜手探りの地域生活＞

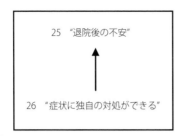

出所：筆者作成。

など、地域における日々の生活において不安が生じていたということである。多くの支援者により、＜退院が現実味を帯びる＞や＜生活力を育成する＞の過程を経て退院したことに喜びを感じつつ、他方で地域での生活に不安を感じていたのである。地域生活に慣れるまでは、このような不安定な要素を含んだ心情であることを示している。インタビューの対象者は次のように語っていた。

　C　不安定。いや、一定の時期じゃないんですよね、安定している時がそんなに長くないっていうか。何かしら落ち込んでみたり、すごくテンションが上がってしまったりとか。でもそれは、病状は、病状、統合失調症の病気としては、何か聞こえるとか、そういうことは全くなくて、気持ちがすごく不安定。
　C　グループホームにいた間は、調子悪いんです、今日は休みますとか言うと、いや、あなたは行った方がいいです、とか、辛くても工房に行って仕事してきた方が気が紛れますとか言われて。実際行ってみると、結構大丈夫だったなって帰ってきたりとか、でもやっぱダメだったから今日は帰りますとか。そういうのを繰り返しながら。
　K　だから（自分は）おじいさんやから、そんな強いというか偉いというか、気持ちにゆとりがないし、残り1、2年で死ぬかもわからないなと思ったり、こんなあんなことしたら生きてられん。殺されてしまう、何やったら。それも死刑になったりね、そういったことを思います。済んだことをいちいちなるべくこだわらんと。
　M　アパートはですね、最初は不安でしたね。1人で、1人というか、環境

が違うものですから、最初は落ち着かなかったですね。
　M　そわそわそわそわして、食事もどうしていいかわからない。こっち（入院の生活）だったら3食ありますから。向こうは自分で。今、作っては食べてないんですけど。いろいろ買ったりで食べてるんですけど。そういう面が一番、今のところは困ってますね。

　退院した後に彼らは、地域での生活を否定的にとらえているわけではなく、病状が悪化しているわけでもない。だが、退院して間もない時期であり、アパートでの生活など住環境が変化したり食事の取り方で困惑することがあったりして、地域での生活に慣れていないことから気持ちの不安定さが表出された内容だといえる。Cさんは、グループホームの世話人から事業所に通うことで気が紛れると励まされたりしているので、不安定な時期でも相談に応じるなど必要な支援があったことがわかる。これは、Cさんが地域生活を継続できるようにするための支援者による協同ということがいえる。協同の意味することは、退院のための意思を協同形成するのみならず、退院後の地域においても連続して必要な考え方であり実践である。
　入院中は退院に向けた取り組みをしてきて、退院後の生活に希望や喜びを求めていたが、地域生活は自分で判断することが求められるので、現実生活の厳しさに出くわすことになったといえる。そこに不安感が生じていたのである。これは、新しい環境に入る際には誰でも感じる不安感であり、生活に慣れるまでの1つの過程とみることもできるのだが、長期入院患者にとっては地域で暮らす力を得るための重要な一歩である。
　とはいえ、病気を抱えながらの地域生活であり、また、長期入院のためにさまざまな生活力が失われてきた過程を考えると、一般的な不安感だけで説明するわけにはいかない。必要な支援が求められるのである。
　概念番号としては生成していないものの、退院後の生活に喜びを持っている人があった。それはAさんであり、「退院できたっていう喜びがありましたね。不安より喜びがありました」と語っていた。Aさんは37年間の入院の後に退院し、インタビュー時にはワンルームマンションで生活していた。退院後の間もない時期に1人で夜を過ごすことができたら、昼間はB型事業所や地域活

動支援センターなどに行くことを考えていたという。不安な気持ちもありながら昼間活動への喜びの方が大きかったと考えられる。

　Aさん以外の人たちからは、退院について喜びとか嬉しいとかいう肯定的な表現はなされなかった。むしろ、地域生活に向かう不安とか不安定などという表現の方が多かった。これは、長期入院による影響と考える方が理解しやすいといえる。

［概念番号26　"症状に独自の対処ができる"］
　この概念の意味することは、退院後は何度も精神症状が出現するが、幻聴を聞き流したり頓服を服用するなど、その時々の症状に独自の対処ができているということである。さまざまな精神症状があったからその治療のために入院していたのだが、退院してからも精神症状は続いていた。ただし、地域生活を送っている状況では、精神症状に支配されるのではなく、自分なりの対処方法を見つけて対応していた。インタビューの対象者は次のように語っていた。

　B　幻聴はね、なんか、今でもそうなんですけど、部屋帰ると、知ってる人の声が聞こえたり、あと、いろんな、知らないなんか声だったりとか。だから、いろんな人の声が聞こえてくるんです。内容ね。「ふーん」とかなんとか。そういう……。何かしゃべるとかじゃなくて、相づちを打ってる。聞き流してますから。今はもう。もう7年間経ってるんで、だいぶ生活にも年季が入ってきましたので。だいぶ慣れてきました。

　B　いや、もうなるだけ気にしないようにしてたんですけど。今でもそうなんですけど、疲れてくるとやっぱり幻覚が出てくるので。（略）ここの○○○工房の帰りぐらいにはちょうど、（略）そういうの出てきてんのか、帰りに症状が出てくるんで。頓服をもらってるんで、お医者さんから、それ飲んで、治しながら帰るんですけど。どっか寄ったりとか、そういうことは一切できないんで、真っ直ぐ帰るっていうことで。その頓服を飲んで、帰ってもうドテッて横になってじっと、しばらくそれが治まるのを待つんです。

　頓服飲んでるから、家でもちょっと楽なりまして、1日過ごすんですけど。まあもう、あとは帰って寝てるだけで、やることはあまりやらないように。余

計なことしないようにして。だから部屋の中は、(略) 片づけたりするのがなかなか大変で、順調にはいかないんです。

　C　最初の1年は、私、グループホーム2年で卒業しているんですけど、(略) それ卒業するまでの間は、なんか毎日がすごく忙しく感じたりとか、気持ちも上がったり下がったりが忙しくて、疲れたら入院してっていうのを繰り返していたんで。一言で言うと本当に不安定なんですけど。

　F　やばいなとは、自分で、ちょっと上がってきたなと思ったら、先生に「ちょっと上がってるから薬、調節して」とか。

　K　一時（服薬を）止めたこともあったけど、全然聞こえないようになった時もあるけど、また聞こえたり。死んだのと同じことですわな、幻聴がなくなったらね。(略) ぼくも精神病患者だから、統合失調症やから、基本的には○○○○○○とかそういったお薬は出していただいてます。

　O　ああ、言ってるなと思ったりしてるかもしれないですけど、我慢してます。見ないようにとか。平気なフリしてるみたいな。きついですけどね。

　P　（追われているという気持ち）ありましたよ。外、出ていきませんでしたよ。こっちからパン工場に通っていくだけ。ほんの数キロですよね。

　P　（精神症状があるので）CD買いに行く時もタクシーで行ってパーッと帰ってくる。

　インタビューから明らかになった精神症状は幻聴や幻覚、気分の高低、妄想気分（追われている気持ち）などであった。そのために不安定になるから、Cさんのように治療のために再び入院してしまうということもあった。だが、すべての人がそのような状況ではなく、幻聴や幻覚、妄想気分などがあるが症状の程度やそれへの対処方法がわかっていて、自分なりの方法で対処している状況が明らかになった。

　たとえば、Bさんは幻聴に対して相づちを打って聞き流したりと、気にしないようにしていた。Oさんは、幻聴に対して我慢したり平気なフリをしたりしてやり過ごしている。また、Kさんは、これまでの幻聴との関わりから、幻聴がなくなることを求めるのではなく、幻聴と共存していく対処方法を選んでいた。さらにPさんは、追われているという気持ちがあるが、自分の行動目的

第6章　暮らす力を得ていく

を明確にしてその達成のために集中する方法で精神症状に対応していた。

　また、薬に頼るという方法もあった。Bさんは、幻聴が強い時には頓服を服用してその場をやり過ごすという方法を取っていた。同様に、Fさんは主治医に自分の症状を伝え、処方薬を調節してもらいながら自分の病状とつき合っていた。

　語りから考えられることは、彼らは地域生活を送りつつ、生じてくる諸々の精神症状への対処方法を獲得していったということである。重要な要素は、精神症状があってもその症状に支配されることなく自分なりの対処方法を実行し、精神症状に振り回されない体験が必要だということである。このような過程を経ながら、彼らは徐々に精神症状に対処する力をつけていき、＜手探りの地域生活＞を送っているのである。

　サブカテゴリー＜手探りの地域生活＞について検討している際に疑問に思ったことがあった。それは次のことである。彼らの入院中は精神症状の治療に主眼がおかれ、精神症状があっても退院して地域での生活を継続させながら治療を継続するという考え方は生じてこなかった。その結果として長期間の入院になったのである。

　そうすると、インタビュー対象者の入院期間や治療方法ははたして適切だったのだろうかと疑問が生じてくる。精神症状が完全に消失してからでないと退院はできないのであろうか。もっと具体的にいえば、Kさんの44年間以上、Aさんの37年間、Jさんの30年間以上の入院などは、治療のために本当にこの入院期間が必要だったのかと考えさせられる。つまり、退院した後にこのような精神症状に対処できる方法を身につける、という考え方が必要だったのではないかという疑問である。

　ちなみに、精神科病院に入院した人の入院後1年間の月別累計退院率をみてみると図6-4のとおりである。平成24年を基準に考えると、入院後1か月後に退院する人の割合は43％、3か月後は70％、6か月後は81％、1年後は87％である。つまり、3か月後には約7割の入院患者は退院し、1年後では約9割の入院者が退院している現状である。

　このように、精神症状を発症し入院が必要になったとしても、精神科病院での入院期間は短縮化してきている。これは、精神症状があっても短期間の入院

173

■ 図 6-4　精神病床における退院曲線の年次推移

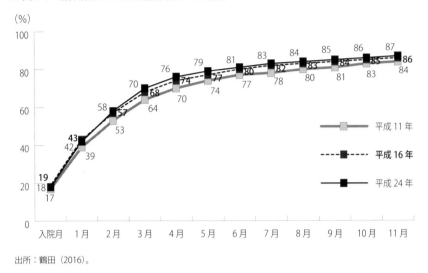

出所：鶴田（2016）。

で治療が可能であることの証左である。やはり、Kさん、Aさん、Jさんなどの長期入院患者は、治療以外の理由による入院であったといえる。

2-2　サブカテゴリー＜自分らしさを獲得する＞

2-2-1　構　成

＜自分らしさを獲得する＞の構成は図 6-5 のとおりである。

2-2-2　サブカテゴリー＜自分らしさを獲得する＞の説明と解説

＜自分らしさを獲得する＞を構成する概念は、"落ち着きを得た生活"（概念番号 27）と"地域生活の充実感"（概念番号 28）である。この概念について説明し解説する。

［概念番号 27　"落ち着きを得た生活"］

これの意味することは、退院後しばらくの経過を経てたどり着いた生活状況のことであり、自分なりの生活ができ落ち着いている状況のことである。退院後間もない時期は＜手探りの地域生活＞を送ることになるが、その時期を経

第6章　暮らす力を得ていく

■ 図6-5　〈自分らしさを獲得する〉

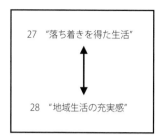

出所：筆者作成。

て地域での生活に慣れてくると、徐々に"落ち着きを得た生活"に移っていく。インタビューの対象者から次のような語りがあった。

　C　グループホームにいた時って、（略）何かこう調子が悪い時に、下に行けば世話人さんがいるっていうのが当たり前だったので、何かあれば世話人さんに相談していたんですよ。でもそのグループホームを卒業してからは、下に行っても誰もいないし、じゃあその時に、このことなら誰に相談するのかっていうのを自分で考えて、症状のことだったら病院の先生にとか、そういう選択肢を考えて、相談できるようになったのかなって。

　C　何か退院した後でもそうなんですけど、1年に1回ぐらいカンファレンスをするんですね。両親と、ドクターとワーカーと、○○○会の職員と。すると、入院していた時って、その周りの人がさっきも言ったように、何を言っているのかわからない状況が、特に座っていられなかったりとかもしていて（あったのです）。その1年に1回の話し合いの時に、本当に座っていられるようになったし、みんなの話についていけるようになったって。それが一番驚いているっていうのは、周りが言うことなんです。

　C　今でも全部ができるとは思わないですけど。でも（できることもあるので）ちょっとでもやってみようかなとか。（略）（地域での生活について）わかんなかったら聞けばいいし、困ったら相談すればいいし。結構楽観的だったんですよ。

　F　地域生活っていうか、たとえば、まあ、救急、百均、ローソンとか、スー

パーとか、松屋とか、なか卯とか、そういう食事を買うんが割と近くにぎょうさんあったから、そこで、それが地域生活かな。で、あと、地域には、これも横に、家の横にゲオができて、で、ちょっと離れたところに古本市場があったりして、漫画の立ち読みとかできるから、そこで暇、たとえば土日で暇な時とかは、まあ、土曜日ここやってるから来るんやけど、日曜日とかで暇過ぎたら、漫画読みに行こうかとか、映画借りようかなとか。それも地域生活になるんかな。

J　退院してからは（幻聴が）だいぶ減りましたけれども、退院して他にテレビ観たり、ここに将棋さしに来る友達がいたりとか。同じ病気の人や肩書きの人が昼食後ぐらいに来てくださったりとか、一緒に夕食食べたりして、ここで将棋さしたりとか夕食一緒に食べたりとか。また焼肉の食べ放題連れて行ってくださったりとか、退院祝いに連れてってくださった友達もいたし。そういうのぼく1人では全然そういうとこ行けないから、初めての経験。そういう楽しいこともあるから、幻覚があっても気にならなくなっていくうちに、その幻覚だんだん治まってきましたね。

J　退院してから自分で好きなテレビ見放題だし、好きなチャンネル見れるし、自由時間が増えたし、入院中なんかあんまり気にならない個室の中で自由にできるし。動きたかったら自由に出られるし。入院時代より今の方がよっぽど幸せかなと思いますけれど。

　彼らの発言から特徴的なことは、自分でできることが多くなったということである。できることの1点目は、地域生活を送るための技能を得たということである。Cさんのように、目的に合わせて選択肢を考えて相談できるようになったということや、カンファレンスの内容が理解できるようになった、そして日々の生活においても、誰かに相談したらよいのだからと楽観的になれたということがある。これは、自分でできることの自覚なのであり、社会生活を送る技能につながることである。これを通して"落ち着きを得た生活"に至っているといえる。
　2点目は、FさんやJさんのように、入院という制約がある時はできなかったことができるようになったという意味である。たとえば、買い物や食べることが好きにできる、漫画や映画のDVDを借りることができる、友人と一緒に

食事に行ける、見たいテレビチャンネルを選択できるなどである。

　このようにできることが増えると自由が広がるので、そこには"落ち着きを得た生活"が生まれてくるのである。自分の時間と空間があること、病院と違って自由に生活できること、日々の交友があることなどによって、幻覚や精神症状も気にならなくなってくるということが重要な要素である。

　これまで専門職を主にした支援者による協同形成の重要性を指摘してきたが、"落ち着きを得た生活"においては、友人と一緒に楽しめる時間や空間があることや、自分で選択できたり自由に行動できたりすることに比重が移ってきている。つまり、長期入院から退院するにあたっては専門職による退院のための協同が必要だが、地域生活を送るにしたがって協同から自分が主になる生活、つまり自分らしさを持って生活できるように変化してきているのである。これは、人は社会資源や制度とサービスを活用することで変化していくという、ソーシャルワークの価値にもつながる重要な変化を示しているといえる。

　長期入院患者と精神保健福祉の専門職との協同の意味を考える際に、退院後に専門職はどのように関わっていくかがキーワードになるであろう。Cさんは退院後もカンファレンスが開催されそこにドクター、ワーカー、○○○会の職員が出席していることを話してくれた。相談支援事業所である○○○会の職員というのは精神保健福祉士であった。このように、退院後に地域生活を送っている時期にも専門職が関わりを持っている事例もあるが、そこでは退院を目指していた時期ほど具体的な関わりについて語られていない。

　つまり、専門職は関わらないわけではないが、より具体的な関わりというよりも必要な場面において会ったり面談したりしていることが語られていると考えられる。専門職の1つである精神保健福祉士からみるとこのような時期は、地域生活を送っている人たちを見守りながら、必要な支援を展開できるように控えておく、といったスタンスを保つことになるといえる。

［概念番号28　"地域生活の充実感"］
　この概念の意味することは、地域での生活を継続させたり仕事をすることによって生じてくる、地域生活の充実感のことである。日々の生活において自分でできることを自覚したり、働くことを通して実感したりしている。次のよう

な語りがあった。

　C　自分でも、たとえば今回は、じゃあ卒業に関してとか、こうしていきましょうとかいう話し合いの時に、〇〇さんはどうですか、って言われると、答えられるんですね、今では。でも昔は、何の話なのかもう全然わからなかったし、聞かれたことの意味がわからなくて、混乱してしまって、部屋から出てしまったりとかしていたので。
　L　やっぱり仕事っていうのはしんどいのですけれど、帰ってきたら充実感があります。それがあるからやっていられるのだと思います。
　L　そうですね。汗をかいてから飲むジュースとか、そういうものはすごくおいしく感じます。それと自分が生活していて必要最低限のものは揃えたいという気持ちがいつもあるのです。そういうものがこつこつ買っていっているのです。それもやっぱり楽しいことです。
　P　とても幸せですよね。(B型事業所の仕事)それを続けてやっと中に入れてもらえたんですね、半年後に。それからパン工場の仕事に慣れていって、どんどんどんどんやってるうちに、できないですけどがむしゃらに働いたんですね。ただ負けたくないという悔しさから。それが功を奏したかどうかわかりませんけど工賃が上がっていったんですね。それで私の小遣いが少ないって問題が解消されていったんですよね。

　Cさんは、話し合いの内容が理解でき、今後の自分の成り行きについても理解でき答えられるようになったと感じている。つまり、納得できるのである。Cさんは自分に関する変化として、これまではできなかったことができるようになったということを何度も話していた。《無力化させていく入院》や《全部ダメって言われる》という時期にはこのような語りはなかったので、Cさん自身が感じる変化として印象深かったと思われる。
　また、LさんとPさんは、汗をかいて働くことに充実感を覚える、がむしゃらに働ける、工賃が上がったなどの、労働したことから得られる充実感という変化も語られた。もっともこの変化は、彼らが得たというよりも、彼らが既に持っていた特性が地域生活を送ることによって顕在化したものだと考えられる。

第6章　暮らす力を得ていく

　これらは、他ならない自分の発言や行動によって裏打ちされ実感していることである。それが"地域生活の充実感"になっているのである。

2-3　サブカテゴリー＜自己効力感が発生する＞
2-3-1　構　成
　＜自己効力感の発生＞の構成は図6-6のとおりである。
2-3-2　サブカテゴリー＜自己効力感が発生する＞の説明と解説
　＜自己効力感が発生する＞を構成している3つの概念について説明と解説を加える。

［概念番号29　"できる自分の自覚を得た"］
　この概念の意味することは、自分に何かをする力があると感じ、不安や戸惑いについての解決方法がわかるなど、それらの経験から得た自分の自覚ということである。これは、退院に向けての取り組みを実施していた、＜生活力を育成する＞の時期に体験したことがベースになっていると考えられる。そして、その後の地域生活において、＜手探りの地域生活＞や＜自分らしさを獲得する＞などの過程を経た後の時期における状況のことである。インタビュー対象者からは次のような語りがあった。

　C　○○○会に入って、しばらくして、自分に物事を決めるように促されたことがあって、それは自分で決めてとかって言われるのが当たり前になった時期があって、その時にすごく戸惑ったんです。誰がこう言ったからこうするとか、それが私にとって普通で、病院にいた時もそれは先生がこういったからこうするっていうのが普通だったんですけど、そういうことなくして、自分で選択して生活していく、ってことを最近やっと少しずつですけどできるようになってきたなっていうのがあって。
　C　たとえばこの先、工房を卒業していくにあたって、今できることは何だろうっていうのを探していて。（略）○○○会の別の仕事をやってみたりとか、自分の意思から言えるようになって。（以前は）結構気持ち抑えちゃう部分とかあるんですけど、今はそれがないなとは感じていました。

179

■ 図6-6 ＜自己効力感が発生する＞

```
29 "できる自分の自覚を得た"
30 "働きたい"
31 "役に立ちたい"
```

出所：筆者作成。

　C　昔に比べれば冷静に考える力はあると思います。何だろう。やる気？やる気だったり、前向きに思うところ。相談する力。自分を振り返る力。あと、自分の気持ちを人に伝えること。
　C　外泊が多かったおかげで、なんかこれはこうすればいいんだとか、世話人さんに聞いてみたりとか、そういうことで対処していくことができて。
　C　やってる時は、ひたすら必死で、外泊が終わる最終日に必ず世話人さんだったり、工房の職員と振り返りをするんです。今回はどうでしたかみたいな。これをしてこうなりましたみたいに全部報告すると、じゃあこれはできたねって言って、じゃあ次回ここをできるようにしようかみたいないろんな提案をもらって、その時にやっと、あ、できることが増えていくんだなっていうのは感じられた。
　L　ぼくは1人暮らしをしたのですけれど、アパートで。それは正解だったと思うのです。やっぱり実家とか帰ってもすることないし、大声を出したりとかしたと思うのです。自分の力で生活をするっていうことで自立できると思ったし、できたと思ったし。だから、1人暮らしをして一番正解だったと思います。
　M　落ち着いたというんですかね。自分自身に自信を持ったというんですかね。これしか答えきれんですよ。
　N　困るというか、全部自分でしないといけないですよね。洗濯もそうだし食べるのも。今日の夕飯はまたサンドイッチを買おうと思ってるんですけど。夕飯の心配とか。朝も、自分で起きてこないと、誰も起こしに来ちょくれんし。

　Cさんは、＜生活力を育成する＞の時期に体験したことと、そこから何を得

たのかについて発言している。特に自分の心情の説明や取り組みを通して、自分ができるようになったことについて語っている。

　Cさんは中学校の頃から学校に通えなくなり、高校生の早い時期に精神科を受診した。その後は症状が悪化し、自傷行為があり高校を中途退学した。しばらくはアルバイトをしていたがやはり自傷行為が発生し、気持ちをコントロールできずに爆発したり自殺未遂をしたりという経緯があった。そして、20代の前半は精神科病院に入院していた。

　このような経緯から判断すると、Cさんは病気に翻弄されたことや長期入院のために社会での生活を体験する期間が短かったことがうかがえる。それらの経緯から、Cさんは自分でできることや生活する力を感じることができなかったのである。

　そこに、＜生活力を育成する＞という具体的な方法や地域生活の過程における退院支援を経ることで、"できる自分の自覚を得た"のである。Lさん、Mさん、Nさんにもそれぞれ自分の意思を表明し自己選択する機会があった。この変化は、彼らが地域で生活するためにとても大きな変化だといえる。

　もう1つの注目点として、彼らを退院させ地域で生活する力を得させていったという専門職側の観点である。Cさんを例にとれば、単に外泊の体験だけではなくて、その体験からCさんが何を得たかを確認している。Cさんが、自分が実施したことを振り返り、それを自分で評価できるような関わりをしていったということである。これは、支援者とCさんとの協同の取り組みがあったから効果を発揮したいえる。加えて、専門職側の協同の姿勢は保持しながらも、徐々にCさんの自立を促す観点が含まれていた取り組みであったともいえる。

［概念番号30　"働きたい"］
　この概念の意味することは、働きたいという意思の表明であり、働くことに自分なりの意味を見出している状態のことである。この思いは入院中にもあり退院後も継続していた。退院後は"働きたい"という思いがさらに強化され、また、それに対する意味づけもなされていた。インタビューの対象者は次のように語っていた。

C　卒業というよりも、働きたいんですよ。まず去年は入院しちゃったんで、1年は入院しないようにみたいにで、やっと1年入院しないで過ごせたんですね。私は働きたいし、と思っているんですけど、でもそれは目標であって、それも伝えてあるんですけど、でもそれに至るまでに仕事をしながら生活をするリズムを作ってく必要があるって言われて。

　C　働きたいっていう気持ちに対して。それに対して、私の気持ちもついていくように、やってけること一緒に、アドバイスはもらっています。でも焦っちゃうんですよね。

　L　（入院中でも）ぼくの最終目的は働くことだったのです。

　L　（自分を変えられたのは）普通の会社で働いてお金を儲けるっていう、そういう気持ちがいつもあったからでしょうね。

　L　仕事もしていて辛い時もあるのですけれど、（略）でも、仕事をしないと、人間はダメになるとぼくはそう思うのですね。仕事をせずに、そんなにすること人間あるかっていったら、それはないと思う。絶対時間をつぶせないと思うのです。

　L　仕事をするってことで、自分が病気から離れられたり、自分というものを考えてなくて済むとか、そういうことあったと思うのです。

　N　最初の工賃が6,000円あったんですよ。この6,000円がすごい大金で（それを求めた）。こっちにコンビニがあって、工賃もらったら、コンビニでビールを飲んでから。

　P　一番良かったのは就労したことですね。就労したことによって回復していったっていうことで。

　P　（パン工場に通所していた）その時に私が無口で、（略）無口で挨拶されても逃げるようなタイプだったんですよ。それでも仕事だけはがむしゃらにしたい。そういう気持ちでいたんです。なんとかがむしゃらにしてれば、ちょっとできる人たちと肩を並べることができるだろうと。

　P　（がむしゃらに働く理由は）だって悔しい思いしたくないじゃないですか。やっぱ男のプライドをね、大事にしたいという気持ちですよ。

　P　やっぱりこの就労ってのはとても大事なんですね。

人にとって働くことは重要な生活の要素である。Cさんは働くことを目標にして生活リズムを作っていこうとしていた。Lさんは入院中でも働くことを最終目的として考えており、退院後には働くことで病気から離れられる自分があると感じている。また、お金を儲けたいという気持ちが自分を前向きにさせることを知っている。

他方、Pさんは通所していたパン工場において、仕事ができる人たちと肩を並べたい、また、悔しい思いをしたくないからがむしゃらに働くと語っていた。自分のプライドを大事にしたいという思いからだと言う。

"働きたい"という気持ちは、入院中には退院へのインセンティブとして働くし、退院後は生活リズムを作るためとか稼ぐため、肩を並べて働きつつ自分のプライドを大事にするなどの、目的意識を強める効果がある。いずれにしても働きたいという意思があり、働く意味を見出しており、働く力と目的意識を持っている状態にあることを示している。専門職側はこのような"働きたい"という気持ちを大切にしており、それがCさん、Lさん、Pさんたちの自立につながっていくことを意識していると考えられる。

[概念番号31 "役に立ちたい"]
"役に立ちたい"の意味することは、病気の経験を活かしピア活動、人の役に立つ仕事、社会貢献になることを行いたいという思いのことである。インタビューの対象者は次のように語っていた。

F　やっぱり、病気やから、病気の人に対して理解ができるとか思うし。やっぱりもう、普通に働かれへんみたいやから。でも、何かやっぱり人の役に立ちたいなっていう心があるから。

F　仕事を探したりとか、そういう準備とかしてると、どんどんテンションが上がって入院とかいうのがあるんで。で、もうそういうのは、仕事はもう諦めて、ピア活動とかに専念しとこっていうのでやっていってるんで。まあ、たまに大学に呼ばれたら〇〇円くらいもらえたりするし、ちょっとしたお小遣いができたりするから、そういう活動ですね。精神医学に携わるような。そうい

う活動でちょっとでも役に立てればええかな、みたいな。

　L　ぼくが○○呉服で働くことで、○○呉服の商品とか服とか、そういうものを買ってる人がいるということだけでも、社会に貢献できるんではないかなと思います。

　O　自分もこういう、精神状態が悪いじゃないですか。幻聴幻覚があったりとかしてたじゃないですか。だから自分も勉強して、看護師、お家に、(訪問する)看護師。そういう病気を持った子たちのお家へ行って、そういうような話をして、みたいな感じの仕事とかっていいなとかって思ったのですよ。

　精神症状の体験や病者としての経験から、彼らはピア活動や何かの役に立つ仕事に関心が向いている。ピア活動は病者としての経験がある人でないとできないから、自分と同様の病気の人への支援に思いが向いている。それとともに、福祉の専門職養成に携わりたいとか、全般的な社会貢献にも関心が向いている。病者としての経験から、何かの"役に立ちたい"という思いが生じたといえる。

　専門職側には、Fさん、Lさん、Oさんたちの"役に立ちたい"という思いは尊重しながら、"働きたい"の項で示したように、協同の姿勢を保持しながら彼らの自立に向かう力や思いを発揮できるような見守る観点が必要だと考えられる。

注
1) Fさんは、心身が不調になった際に短期入院を繰り返す方法によって治療するタイプであると言っており、今回の入院時には任意入院であると自分で説明していた。他方で、Fさんは一旦入院すると院内での粗暴な言動により入院形体が医療保護入院に切り替わり、その後に長期入院になっていったという。
2) 注1で説明したFさんの任意入院のことである。今回は、任意入院中に入院形体が医療保護入院に変更されてその後に長期入院にならないように、精神保健福祉士が任意入院の期間中に退院を働きかけたのであった。

第7章

働きかけの強化と構造的変革の必要性

　本章は、第2章および第3章における先行研究と、第5章および第6章の説明と解説を踏まえたうえでの考察である。退院支援について研究されたさまざまな論文や論考の検討結果と、インタビューを通して語られた長期入院患者をめぐる現状と退院のための各種の実践の検討が基礎にある。それを基に、日本の精神科医療および精神保健福祉に関する今後のあり方について考察していく。

　はじめに、インタビューに関するM-GTAによる分析結果から指摘できることについて示し、それを現実化するための精神科医療や精神保健福祉としてのあるべき姿や、関わる専門職が実践する際の観点について示していく。なお、表記方法として、厚生労働省が示す地域移行支援やそれに関連することについては「地域移行支援」と表現する。障害者総合支援法による給付事業を念頭におく際にも「地域移行支援」と表現する。「退院支援」は、地域移行支援を含めた広い意味で使用している。

［結論］
　M-GTAによる分析で明らかになったことは次のことである。
【密室の中のディスエンパワメント】状況にあった長期入院患者は、【暮らす力を得ていく】プロセスを経ることによって、≪地域の生活者として暮らす≫人になっていった。転換点は、長期入院患者が＜退院が現実味を帯びる＞を体験することであり、その中でも"専門職による退院意思の確認"（概念番号16）の影響が大きく、これが＜社会性が収奪される＞と＜退院意思ありだが実行できない＞におかれた長期入院者に影響し変化を生じさせた。
　そして、＜退院が現実味を帯びる＞は＜生活力を育成する＞に変化し、この

中で≪地域の生活者として暮らす≫ための力を育成していく。このようなプロセスをより充実したものにするために、長期入院患者と精神保健福祉の専門職による退院意思の協同形成、およびそれを基にした退院のための実践が必要である。

次からこの結論に基づき考察していく。

第1節　退院意思の協同形成による退院の促進

本節では、先の結論として示した内容について、【密室の中のディスエンパワメント】と【暮らす力を得ていく】の2つのコアカテゴリーについて考察を加える。

1-1　長期入院患者が作られた構造　【密室の中のディスエンパワメント】

精神症状のある人が精神科病院に入院するのであれば、それは精神症状の治療のために「（精神障害者の）医療及び保護」（精神保健福祉法第1条）が目的になる。この入院は＜意思に添わない入院＞だったり"自分で理解していた入院"（概念番号4）だったりしたが、"家の都合による入院継続"（概念番号3）のために退院が叶わない経過があった。退院していくところは家族／家であることが当然視されていた、日本の精神科医療の背景がインタビュー対象者から語られたといえる。これは、家族／家以外の社会資源を作ってこられなかった精神保健福祉施策の遅れであり、長期入院を規制できなかった日本の法制度の課題であったことが理解できる。その結果の1つとして、長期入院患者は"退院や将来を諦めていた"（概念番号5）状況にあったのである。

入院が継続されると病棟において過ごす時間が長くなってくるが、病棟では＜社会性が収奪される＞や＜退院意思ありだが実行できない＞状況があり、これが長期間にわたることによって【密室の中のディスエンパワメント】になってしまった経緯が、インタビューの分析から明らかになった。インタビュー対象者からは、外勤作業に出かけていたとか退院時にグループホームに退院したという体験が語られたものの、その他の社会資源にかかる話題を聞くことは少

なかった。

　これは、インタビュー対象者がさほど意識していなかったことなのかもしれないが、社会資源の不活用やその数が少なかったために支援として有効に働かなかったためだと考えられる。これらのことを振り返ると、第2章でもみてきたように、社会的入院者を作り出してきた歴史や原因をここでも確認することができる。

　とはいえ、ただ1つ異なって見えたことは、多くのインタビュー対象者から入院中に"退院意思があった"(概念番号12)ことを聞いたことである。それは"主治医による退院判断"(概念番号13)が影響したために、＜退院意思ありだが実行できない＞状況におかれたままになってしまっていた。したがって、彼らの近くにいた精神保健福祉の専門職は、もっと彼らに近づき、ニーズや希望を聞き出し、彼らの退院意思を確認する必要があった。長期入院患者は「医療及び保護」の対象者であるために、彼らの心の中にあった退院意思が、精神科医療の前では小さくて心細い状態のままにおかれてしまっていたのである。

　このような状況があることは、病院側からの見えない圧力を長期入院患者は感じていたからではないかとさえ考えられる。精神科病院の閉鎖病棟という密室（限定空間）の中にあって、また、自分の意見や意思が反映されない／されにくい状況に長期間にわたっておかれてしまうと、人はディスエンパワメントされてしまう。入院中に退院意思があったとしても、それに基づき発言したり行動したりすることは、このような状況では考えられないであろう。1人の患者としての力や発言だけでは、退院し地域で生活することが困難だったのである。

　第5章第3節でも少し触れたが、密室において抑圧された状態におかれると、人は生きていくために自己抑制せざるを得なくなる。＜社会性が収奪される＞状況におかれている場合に、この自己抑制とは、患者が密室において「生き延びていく」ために「適応」している状況と考えた。つまり、適応能力の発揮として、受け身の状態で長期入院期間を過ごしているのではないかと考えるのである。ただし、自己抑制なのだから、条件が整えば自己によって抑制を解き放つこともできる、と考えられる。

　そうでなければ、【密室の中のディスエンパワメント】におかれていた長期

入院患者が、"専門職による退院意思の確認"（概念番号16）という働きかけによって変化していくことは考えにくいからである。働きかけに反応する何かがないと、変化は生じてこないはずである。つまり、彼らは受け身の状態になって、「生き延びていく」ために「適応」していたという、肯定的で健康的な側面を持っていたから、"専門職による退院意思の確認"（概念番号16）に応えることができたのである。

　それでは、肯定的で健康的な側面とは何か。それは、人として尊重されることへの渇望、エンパワメント、幸福を求める気持ち、豊かな人間関係を求める気持ち、ストレングスの発揮、ニーズを実現させたい気持ちなどとして表現できよう。"専門職による退院意思の確認"（概念番号16）によって長期入院患者の自己が抑制を解き放ち、肯定的で健康的な側面が前面に出てくるのである。そして、＜退院が現実味を帯びる＞へと変化していくのである。

　これらを踏まえると、第2章において長期入院患者は退院意思が乏しい、あるいは地域で生活する自信がないなどの理由で退院できないと指摘する側面があったが、本当は精神保健福祉の専門職が長期入院患者の心情やさまざまなニーズに敏感に反応できていなかった面もあったからではないかと考えられる。このことを考えると、【密室の中のディスエンパワメント】は、精神科病院以外の世界との間にとても大きな壁になり、長期入院患者を作り出していたといえるのである。

1-2　退院意思を協同形成する実践の重要性　【暮らす力を得ていく】

　インタビュー結果をM-GTAによって分析した結果、明確な転換点は"専門職による退院意思の確認"であると考えている。退院のきっかけ作りとその強化については次のとおりである。長期入院患者に退院したい気持ちがあるかの確認があった、その気持ちは強いかどうかの確認があり、住む場がなければグループホーム利用の提案があり、病院の精神保健福祉士が精神保健福祉手帳の活用を提案したり、退院支援の実施者による病院への訪問支援が実施され、ピアサポーターが関わった、などであった。

　つまり、精神保健福祉士や退院の専門スタッフが、長期入院患者に退院を働きかけることで長期入院患者が退院意思を明確にできた、そして退院が実現で

きる方法を具体的に提案し、強めていく作業が行われていたのである。長期入院患者が地域生活のための情報、知識、手段などを自らが持つことは少ないので、これらを提供することが専門職の重要な支援の1つである。【密室の中のディスエンパワメント】からの転換点になるのである。

"専門職による退院意思の確認"（概念番号16）は、＜社会性が収奪される＞状況の長期入院患者であっても、＜退院意思ありだが実行できない＞状況の長期入院患者であっても影響を与えて、＜退院が現実味を帯びる＞へと変化していった。長期入院患者の中には、"病状安定と住居の確保"（概念番号15）、"地域生活への期待と不安"（概念番号17）、"院内作業で慣らす"（概念番号18）の状況にいてもなお不安や心細さを示す人たちもあったと思われるが、"専門職による退院意思の確認"（概念番号16）はこのような人たちにも向けられ影響を与えていた。長期入院患者の退院意思が不安定になることを予防し、専門職の関わりによって退院意思が協同形成されていたのである。

＜退院が現実味を帯びる＞時期を経験した長期入院患者は、＜生活力を育成する＞へと変化していく。ここでは、"頻回の外出や外泊を行う"（概念番号19）、"生活用具を揃える"（概念番号20）、"障害福祉サービス事業所の活用"（概念番号21）、"外泊の生活に慣れる"（概念番号22）などが実施され、地域生活により近づきながら自分自身で実施できるための実践がなされた。外泊中のさまざまな体験やそれに対する専門職の支援を見聞きすることにより、長期入院患者が地域で暮らすために自分で力をつけながら変化していったといえる。たとえば、1人でいられる、食事を作れるようになる、必要な相談をすることができるようになるなどであり、この自覚が自信へとつながっていったのである。

この時に重要な視点として、退院をゆっくりと進めるのではなく、"頻回の外出や外泊を行う"（概念番号19）を繰り返しながら、その延長線上にいつの間にか地域での生活があったというテンポで進めていくことであった。"退院意思の継続と強化"（概念番号23）として強調すべきことは、社会資源、精神保健福祉に関する制度とサービスなどを利用しつつテンポよく進めていくことが重要だということである。

長期入院患者は、幻聴、幻覚、妄想気分などがあるが症状の程度やそれへの対処方法がわかっていて、自分なりの方法で対処している状況が明らかになっ

た。彼らの発言から特徴的なことは、自分でできることが多くなったということである。

　できることの1点目は、地域生活を送るための技能を得たということである。2点目は、FさんやJさんのように、入院という制約がある時はできなかったことができるようになったという意味である。たとえば、買い物や食べることが好きにできる、漫画や映画のDVDを借りることができる、友人と一緒に食事に行ける、見たいテレビチャンネルを選択できるなどである。

　このようにできることが増えると自由が広がるので、そこには"落ち着きを得た生活"（概念番号27）が生まれてくる。自分の時間と空間があること、病院と違って自由に生活できること、日々の交友があることなどによって、幻覚をはじめ各種の精神症状への対処が可能になってくるということが重要な要素である。

　これまで専門職を主にした支援者による協同形成の重要性を指摘してきたが、"落ち着きを得た生活"（概念番号27）においては、友人と一緒に楽しめる時間や空間があることや、自分で選択できたり自由に行動できたりすることに比重が移ってきている。つまり、まず、長期入院から退院するにあたっては専門職による退院意思の協同形成が必要だが、地域生活を送るにしたがって協同から自分が主になる生活、つまり自分らしさを持って生活できるように変化してきているのである。これが【暮らす力を得ていく】のプロセスである。

　ここで確認しておきたいことがある。協同の意味することは、退院のための意思を協同形成する場合のみならず、退院後の地域においても連続して必要な考え方であり実践である。ただし、退院した人たちにとって重要なことは、≪地域の生活者として暮らす≫ことである。自分なりの時間と空間を保ち、関わる友人を持ち、自分の選択で行動できることなのである。そのような生活を送りつつ彼らが困難を感じるのであれば、相談支援事業所の利用を促せばよいのであり、彼らなりの生活を尊重しながら、距離を保った見守りにとどめる必要があるということである。専門職側から考える協同とは、この範囲を指すのである。

1-3　指摘されている実践論と未だ乏しい理念

　インタビュー対象者は、このインタビューを実施した時期には地域で生活をしていたが、その前までは精神科病院において長期間にわたって入院していた人たちであった。精神科病院で【密室の中のディスエンパワメント】を経験しており、彼らなりに訴えたいことを筆者は聞きインタビュー内容を分析した。

　分析に関する考察項目を考えていた際に気づいたことがある。1点目は厚生労働省（精神・障害保健課）が2014年7月にまとめた、「長期入院精神障害者の地域移行に向けた具体的方策の今後の方向性」が示す内容が、本インタビューと分析によっても生成されたことである。それは図7-1の資料にあるように、精神科病院側が実施すべきことと、地域側が実施すべきことの主な方策が示されている内容であった。

　具体的には、精神科病院側には長期入院患者への「退院に向けた支援」が指摘され、それは「退院に向けた意欲の喚起」や「本人の意向に沿った移行支援」である。地域側には「地域生活の支援」が指摘されている。この方策に記されたどの項目についても重要であると筆者も考えている。これらについて、長期入院患者へのインタビューから得られた情報に基づき本章で考察していく。

　2点目は、厚生労働省が指摘する方策の内容に全くなかった観点である。それは、いわゆる精神科病院側が長期入院患者に対する人としての尊厳を尊重した関わりを実施すべきだということと、病棟内における良質のコミュニケーションを実施していくべきだという観点である。これは単なる退院支援に関する方法論ではなく、日本の精神科病院のあり方にかかる根本的な理念に関する観点である。この観点の重要性は、長期入院患者の語りから生成されたものであり、1点目の内容と併せて指摘したいと考えている。

　ただし、本章はインタビューを通して明らかになったことを主に論じながら考察を深めていこうとするものであり、現代における長期入院患者にかかる現状と課題のすべてにわたって論じようとするものではない。基本的には、インタビュー対象者から得られた情報に基づき検討したという限定的な側面を持った考察にとどまる。

　なお、本章において病棟の専門職とは、特に断りのない限り医師、看護師、精神保健福祉士、作業療法士などの専門職のことを集団として指しており、特

■ 図7-1 長期入院精神障害者の地域移行の流れと主な方策

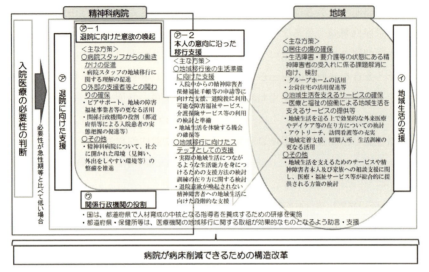

出所：厚生労働省（2014）。

定の専門職について論じていないことを断っておく。インタビュー内容からはワーカーという表現をよく聞いたが、それ以外については職種が特定できないことがあったからである。また、実際には専門職という集団による支援が、退院支援に効果を発揮したと考えているからである。

第2節　退院支援のための実践論

本節では、退院支援を進めていくための実践として重視しなければならない具体的な観点について述べていく。

2-1　病棟内における良質のコミュニケーションの必要性

はじめに、"病棟内での乏しい関係性"（概念番号9）のインタビューデータの一部をもう一度みてみる。

D　うん……。(30秒ほど考えて)お風呂が真夏でも週2回だったのが、ちょっとしんどかった。○○○病院は、職員の都合で、祝日があるとお風呂がなくなったりして。で、晩ご飯が4時15分で、消灯前にお腹すいて。食べ物は、カップラーメンを週2個買えるんですけど、それがなくなると、どうしようもなくて。よく盗まれたりして。ロッカーが鍵かからないんで、タバコと食べ物をよく盗まれて。

D　精神病院ってそんなもんかなと思っていました。(激しく咳き込む)いや、スタッフに言っても、どうにもなりませんでした。

H　お風呂入るのに(職員が)「はよ入りなさい、はよ入りなさい」。もう上がってんのにね、時によってはもう出なさいって言わはる。

O　自分っていうのがないのですよって言ってるのですけど、先生は何も答えてくれないのですよ、それに対して。自分がないんですって言っているのに、先生はそれを素通りするのですよ。薬でも出してくださいって言いたかったのですけど。はいはい、わかったって、聞いてくれなくて、そして、自分はポーカーフェイスで、テレビ見てて、すごい怒りたかったのですよ。物投げたりとか。ふざけんなって言って。そういうのも我慢してて、ひたすら笑って。

O　看護師さんとかも、横柄な態度というか、自分に向かって、ありゃりゃみたいな、またやるよみたいな感じで。そんな感じの対応だったから、ああ、なんでこんな対応するのかなとか。避けられてるし、なんでこんな感情、こんなことするのかなとかいって。

P　(被害念慮や妄想気分を伝えると)また職員からバカにされるわけですよ。なんか私が何か訴えると絶対聞き入れなかったんですよ。私も辛い気持ちになってくわけですよね。

概念番号9の説明と解説の際に、この概念の特徴として、同じサブカテゴリー内にある"退院や将来を諦めていた"(概念番号5)、"自主性を奪われる"(概念番号6)、"怖さと治療への不信"(概念番号7)、"やることのない日々"(概念番号8)という4つの概念に影響を与えていることを指摘した。なぜならば、"病棟内での乏しい関係性"(概念番号9)の存在が、先の4つの概念に影響を及ぼしていたからである。

そもそも長期入院患者は、自分と病棟の専門職との間に力関係があることを感じており、専門職の言うことを聞かなければならないと考えている。病院という治療機関において、病棟の専門職は長期入院患者に治療を施す役割を持つので、長期入院患者は専門職の診断や指示は受け入れるのが普通である。
　しかし、他の診療科の長期入院患者は、自分の入院に自覚を持ち不当な扱いがあれば権利の主体者としてその不当性を訴えることができる。そこで、精神科病院の長期入院患者はどうか。彼らは、長期にわたり入院させられているために不当な扱いに気づきにくくなっている。さらに、病棟の専門職との間に力関係があるとすれば、権利の主体者であるという自覚は著しく乏しくなってしまう。自分のニーズや希望を抑えて病棟の専門職の言うことを聞こうとしてしまう。このことによって長期入院患者は、ディスエンパワメントの状態におかれてしまうのである。この悪循環について、病棟の専門職は自覚しなければならない。
　ゴッフマンは『アサイラム』において、精神科病院は全制的（完全に制御する）施設であると指摘した。1950年代半ばの首都ワシントンにあった聖エリザベス病院における現状を社会学的解釈によって展開した著作である。その中の「精神障害者の精神的閲歴」の第2章「院内患者期」において、病棟の専門職と長期入院患者との関わりの特徴をいくつも指摘している。
　たとえば、「病院の保護管理的仕事をしている者が、患者の生活日課を患者から文句を言われたり面倒を起こされたりすることなしにうまく取り仕切ろうとすると、その場合、患者が自分の要求を正当化する根拠にしている彼の自己自身に関する言い分には根拠がないこと、患者は自分で申し立てているような存在ではないこと、事実彼は一個の人間としては落後者であることを患者に指摘できれば、これが有効であることは明らかである」、という記述がある。これは、病棟の専門職が長期入院患者と良質のコミュニケーションを取ろうとしないばかりか、長期入院患者の要求を聞くことなく卑め無力化してしまっている例の1つである。
　筆者はインタビューを分析検討している際にこの一文を思い出した。背景となる時代も国も異なるものの、精神科病院の病棟の専門職が長期入院患者と良質のコミュニケーションを取ろうとしていないことに、大きな変化はないと受

け止めたのである。精神科病院というのは精神症状の治療とともに、長期入院患者が人としての回復を図ることができるような、良質のコミュニケーションが必要なのではないか。

したがって、今一度、病棟の専門職は長期入院患者の訴えに耳を傾ける必要がある。長期入院患者が何を感じ、何を訴えているのか、病棟の専門職にどのようにしてほしいと考えているのかなどについて、彼らの主張を聞かなければならない。そして、病棟の専門職はそれをどのように受け止め、何ができるかを長期入院患者に返す必要がある。そのようなコミュニケーションが必要なのである。

病棟の専門職は長期入院患者の訴えに対してすぐに答えを出せないかもしれないが、コミュニケーションを取り、意思疎通を図ろうとすることが必要なのである。治療において長期入院患者の信頼を得られることは何か、自分たちに何ができるかを考えてコミュニケーションを取ることが求められる。

2-2 長期入院患者への働きかけの強化

2-2-1 日々の放置しない働きかけの必要性

＜社会性が収奪される＞と＜退院意思ありだが実行できない＞における語りをみていると、病棟の専門職による退院の働きかけの乏しさを感じざるを得ない。病状が安定してきたら退院に向けての意識的な働きかけをしていく必要があり、長期入院患者に退院や将来を諦めさせてしまうほどに長期にわたって放置しないことが大切である。

また、ケースワーカーや主治医からも実質的な退院支援がなかったということもある。入院が長期になるにしたがって受動的で消極的になり、かつ目的の乏しい入院生活を送ることになる。その結果としてついに"退院や将来を諦めていた"(概念番号5)となってしまうのである。

＜社会性が収奪される＞と＜退院意思ありだが実行できない＞における語りの中から、働きかけの不足を感じさせる場面をピックアップしてみると、次のようになった。下線部がそうである。

["退院や将来を諦めていた"（概念番号5）]
　B　もうだから、退院できるのかなとか不安になっちゃって。（略）退院や将来を諦めていたっていうんですか。（略）ケースワーカーさんが来ていただいたので、そのたびに安心するようにおっしゃってくださったんで。だから、なるだけ「はい」って言って聞いてたんですけど。
　C　将来はもう何も考えられなかったです。なんか何かをやりたいってことも全部ダメだって言われるし、ただ毎日起きて、ご飯を食べて、病棟にいるのが嫌だから散歩に行ったりして、友達としゃべって、寝てって。そんな毎日です。
　E　（退院は）実現が無理なような気がして消極的でした。（主治医の）先生もいい先生に当たったんで、男の先生で。退院のことはおっしゃんなかったですね。だから、入院生活である程度満足してた面もあります。
　M　○○病院での生活は、もう、何もできなかったですね。頭の回転も鈍いし、体型も太って、お金の計算もできないし。やっぱりまだこっち、○○病院でも、やっぱり個室みたいなところにまたいましたよ。どうして個室にしたのかもわからない。ひとりぼっちだったです。
　N　無気力。希望も何もない。これがもう、4年近く続いたんですよ。

["自主性を奪われる"（概念番号6）]
　B　いや、もう我慢していましたよ。ああ、（入院生活に合わせたり）します。しました、合わせたりは。対処して合わせたりはしました。だってそれ仕方ないと思ったんで。

["やることのない日々"（概念番号8）]
　F　なんか、毎日、毎日代わり映えせえへん面子がおって、で、やることもなくて、漫画読んだり、テレビ見たりする人とかもおるんやけど、ぼくの場合、おしゃべりやから、しゃべり、なんか、いろいろな話聞いたりとかすんの好きやから、いろんな人に接して、で、何ていうんかな。いろんな人の体験談とかを聞いて「ああ、俺もそんな薬飲んでた」とか「こんなんか」とかお互いにわかるようなこととかは、話のネタになったりして。
　O　タバコも結構スパスパ吸ってたのですよ。タバコのせいとは言いませ

第 7 章　働きかけの強化と構造的変革の必要性

けれど、自分に感情がないような気がしたのですよ。喜怒哀楽がないというか、ずっとテレビばっかり見て、相手が言われるままにやってっていうか。

["病棟内での乏しい関係性"（概念番号 9）]
　D　精神病院ってそんなもんかなと思っていました。（激しく咳き込む）いや、スタッフに言っても、どうにもなりませんでした。

["主治医による退院判断"（概念番号 13）]
　D　（退院希望を言うと）主治医は「退院してどうするんだ」とか、「仕事できんのか」とか言って（入院の継続になった）。
　F　医者のさじ加減じゃないですか。そういうの（退院できる）って。
　G　○○先生が許可を下ろしてくれなかったのです。
　G　それで次の○○という先生が、退院できへんって言ったのです。
　J　前の主治医の先生は、爆弾抱えて家庭に帰すわけいきませんとか言ってはったのですけれど。

　ケースワーカーや医師による働きかけは、退院を促すことになったのだろうか。"退院や将来を諦めていた"（概念番号 5）のBさんは、ケースワーカーが来てくれたが安心するように言うだけで、その後にどのような働きかけがあったか語っていない。また、Eさんは主治医から退院の話題がなかったことを語っていた。
　その他に"主治医による退院判断"（概念番号 13）においては、自分の希望を聞いてもらえたというよりも、主治医による入院継続の宣告を聞かされているようでもある。長期入院患者にはこのように記憶されているのであろう。この時に、長期入院患者の病状として入院治療の継続が必要だったのかもしれないが、長期入院患者には退院に向けた働きかけが乏しかったと受け止められているのである。
　また、"退院や将来を諦めていた"（概念番号 5）のCさんは、やりたいことがあっても全部ダメだと言われ、しゃべって寝てという毎日だったという。"病棟内での乏しい関係性"（概念番号 9）のDさんは、スタッフに何か言ってもどうに

197

もならなかったことを語っている。これらからは、長期入院患者には何かの意思があり、やりたいこともあることがわかる。それを病棟の専門職がどのように受け止めるかが、退院支援のカギになるのではないか。これが見逃されてしまっているといえる。

その他には、"退院や将来を諦めていた"（概念番号5）のMさんのように、何もできずにひとりぼっちだったとか、Nさんのように無気力で希望がない4年間が続いた、があった。さらに、"自主性を奪われる"（概念番号6）のBさんは我慢していたし、"やることのない日々"（概念番号8）のOさんは喜怒哀楽がなく相手に言われるままになるという状況だった。

このような状況を長期間にわたって放置しない取り組みが必要である。働きかけがあまりにも乏しかったために長期入院を生じさせてしまったのではないか。長期入院患者を尊重し話す内容に耳を傾け要望を聞くというような、これまでの働きかけの乏しさとは異なった一工夫が必要だといえる。

2-2-2　精神症状の安定時期に退院可能性を探る必要性

概念番号10の"入院に妥協せざるを得ない"においてKさんが、「OTっちゅうところがあって、そこで喫茶のウェーターを2年か3年させてもらって。外勤もしましたし。求職作業っちゅうのがあって、この頃はそんな話しませんけど、求職、パートと常勤と、それで働かせてもろうたり、内職したり、作業療法したりして、土方をしたり、そんなんしてました」と述べている。

これについて概念番号10に関する説明と考察の項でも指摘したが、外勤に出ていた人があるにもかかわらず、退院や就職につながらないで入院が継続されてしまっている。とはいうものの、グループホームとかアパートとか住むための社会資源が見つからなかったという側面もあるかもしれないと思う。そうかもしれないが、退院までもう一歩の地点にいるのだから、目的を明確にして、集中した働きかけが必要だったといえる。

"退院意思があった"（概念番号12）において、長期入院患者は精神症状が安定してくると退院したいという気持ちになってきている。だが、長期入院患者であるという理由から、入院中は主治医の判断を待つことが当然だと考えている。そのために、退院意思があるにもかかわらず主治医の退院判断が出るまで入院を継続させてしまうので、このような語りが出現してしまうのである。し

第 7 章　働きかけの強化と構造的変革の必要性

たがって、退院を引き延ばさないように、精神症状が安定した時期に退院の可能性を探ることが必要である。

　長期入院患者が退院したいという意思を持つことが第一なのだが、重要なことは、その意思を強める働きかけがあるということ、具体的に住む場を確保するというような具体的な実践が重要である。この要素があるから、長期入院患者の退院に向けての変化を作り出し継続させていけるのである。他ならない、退院意思の協同形成である。

　長期入院患者が退院したいと考えている時に、病状が不安定になってきたらどうしようかとか、住む場所をどのように探したらよいかとか、彼らが悩み不安になることはしばしばあることである。この時に病棟の専門職が機敏に動いて、長期入院患者の不安を解消したり、退院意思が鈍らないように働きかけたりすることが必要である。長期入院患者の不安の解消は、退院が具体的に進む中でしか解消されていかないからである。長期入院患者が不安になることは当然のこととして受け止めるが、"地域生活への期待と不安"（概念番号 17）の説明と考察でも述べたように、専門職による退院意思の協同形成が効果的に作用しているのである。

　不安時における専門職の退院意思の協同形成があることで、長期入院患者は地域生活における情報や技能を徐々に身につけたりイメージを膨らませたりすることが可能になる。それと同時に、情報や技能を身につける 1 つの手段として"院内作業で慣らす"（概念番号 18）のような、目的を持った取り組みが病院内で実施されることが効果的である。このような働きかけの強化が必要なのである。

2-3　入院中の退院支援プログラムの強化

　インタビューの対象者は、長期入院患者だったために"やることのない日々"（概念番号 8）を送らざるを得なくなったのである。本来なら、"やることのない日々"になるほどの長期入院にさせない取り組みが必要である。その点については、長期入院患者への働きかけの強化や退院のタイミングを見逃さないことが重要だと、本章で既に述べた。

　とはいえ、実際は長期入院患者の精神症状の変化によって、予定していた入

199

院期間よりも入院が延長されてしまうこともある。これは病院側と長期入院患者本人の両方の予想を裏切ることになるが、精神症状の治療を進めていくプロセスにおいて時に出現してくることである。

　そこでまず重要なことは、"やることのない日々"（概念番号8）といわなくても済むような病棟内プログラムの工夫ができないものかということである。病院によって表現は異なるものの、リハビリ教室とかOT教室などと称して長期入院患者のリハビリテーションを促す、あるいは退院意思の維持や強化のために病棟内で展開するプログラムのことである。

　まず、前者のリハビリテーションの促しについてである。入院後間もない人は、日常生活能力を維持したり人との交流を図る目的からプログラムに参加することになろう。妄想や幻覚などの精神症状に悩まされるという病状世界にあるよりも、リハビリテーションプログラムに参加し作業に集中したりして、専門職をはじめとする人々と関わる現実世界にいる方が治療効果は高くなる。その意味では、入院後の早い時期から退院を意識して実施するプログラムが必要である。

　ちなみに、厚生労働省は2016年1月に「平成27年度全国保健所長会研修会」を開催し、「精神病床における退院曲線の年次推移」を示した。資料によると退院曲線は年々高くなっており、本章で示すような退院支援プログラムが入院当初から実施されれば、退院曲線はさらに高まることが期待できる。早期にリハビリテーションを促すためには、このプログラムが必要になってくる。そして、それを現実に移す工夫が必要である。

　次に、退院を意識した各種プログラムの工夫という点からは、＜退院が現実味を帯びる＞にある"院内作業で慣らす"（概念番号18）における工夫も必要である。長期入院患者について考えると、退院を促すためにこのプログラムが重要になる。長期入院患者が退院することを決めて退院のための諸準備を進めているプロセスであり、地域での生活場面に対応する基礎能力を養うプログラムである。"院内作業で慣らす"（概念番号18）の説明と考察でも触れているが、長期入院患者は地域での生活のイメージと実行できる力を意識すること、病院側は退院希望者を地域に押し出すという役割が考えられる。両者の目的を一致させて退院を進めていくこのようなプログラムが存在し、長期入院患者に提供

されることが必要である。

　ただ、院内における退院支援プログラムを具体化し強化することは重要だが、院外にある相談支援事業所（退院を支援する事業所のこと）側からの病院への訪問や、社会資源の提供などの働きかけがなければ有効に機能しない。その意味では、退院支援プログラムは病棟内の専門職によって計画されるものの、院外の相談支援事業所との連携について当初から計画の中に組み込んでおく必要がある。

2-4　退院支援のマニュアル化の必要性

　長期入院患者を対象にした退院支援は、彼らに対する＜退院が現実味を帯びる＞から始まっていた。そして、退院を希望する人を対象に＜生活力を育成する＞を実施することにより、徐々に生活力をつけて地域生活が可能になっていった。＜生活力を育成する＞は、地域で生活できる諸能力を育成する方法であり、諸能力を育成していくプロセスであり、退院支援にとって非常に重要な位置にある。

　そのことから、精神科病院から退院し地域での生活を成り立たせるためには、＜生活力を育成する＞を実行に移すマニュアルが必要である。＜生活力を育成する＞は、退院し地域で生活するための生活感覚や生活能力を身につけていくトレーニングの場であるから、効果的に実施し確実に生活力をつけていかなければならない。

　＜生活力を育成する＞における５つの概念は、インタビューの分析から生成した概念であり、長期入院患者が地域で生活できるようになるために必要な支援であり取り組み方法である。この５つの概念に示された内容を方法化し、実行に移すことで退院支援が進んでいく。

　実は、退院支援のマニュアル化は既に、社会福祉法人巣立ち会が『やればできる退院支援―巣立ち会 地域移行支援マニュアル―』として作成している。これは、巣立ち会が自分たちの実践に基づき、地域移行支援の考え方や方法をマニュアルとしてまとめた冊子である。本書においては＜生活力を育成する＞にあたる実践などが、巣立ち会のマニュアルにまとめられていると考えている。

　地域移行支援を実施している事業所は、巣立ち会の他にいくつもあるので、

自分たちの実践を振り返り要点をピックアップしてまとめる作業が求められる。それを通して、独自の地域移行支援マニュアルを作成していくことが重要である。

第3節　構造的変革のための理念

　本節では、【密室の中のディスエンパワメント】状態を生じさせないために必要な理念について考察する。日本の精神科医療について語るべきことは多くあるが、理念として2点について述べていく。

3-1　通院治療の可能性の追求

　自分に生じた精神症状に気づき、治療のための入院という同意があった場合には、精神症状が落ち着いてきたら退院という経過を取ることはとても理解できることであり、当然でもある。精神症状の治療の当たり前のプロセスである。だが、インタビューの対象者はそうではなかった。精神症状が安定しているにもかかわらず、精神科病院での入院が継続してしまったのである。しかも、その入院期間は2年間以上の長期にわたるという結果であった。なぜ、そのようなことが生じてしまうのかと疑問に思う。

　"自分で理解していた入院"（概念番号4）の語りをはじめに再掲し考察を加えることにする。

　L　なんか被害妄想とかひどくて、それで親に入院した方がいいって言われて、学校の先生とかからも入院した方がいいって言われて、それで○○の○○病院に入院したのです。

　L　高校2年生の時の2月から3月の終わりまで入院していたのです。退院したのですけれど、それで、また高3になって（学校に）行ったのです、1年間は。また春休み、高3の。卒業した頃、またおかしくなって入院したのです。

　L　今度はまた入院したのです。入院が20歳の時の12月から22歳の12月ぐらいまで入院したのです。退院して○○クリニックというところに代わったのです。そこでデイケアとか行って、ソフトボール大会とか、そんなのに出た

M　体調面もありましたね。体調を考えて。体調というか、体の面もまだ、また再入院するんじゃないかなという、そういう気持ちもありましたね。だから、落ち着いてから、落ち着いてというか、再入院しないように、というあれで（再入院しないようによく治療してから退院する）。

　O　なんで生きてるの？　とか、薬全部飲んでいいか？　とか。なんでうちに聞くの？　なんでそんなことするの？　とか。なんで苦しいのに生きてるの？　って。だからって薬飲むの？　って。毎日のようにかかってきて、おかしくなってきて、自分も。自分も飲もうかなと思って、軽い気持ちで飲んだのですよ。そしたら、ラリってる状態になって、入院するってなって。その時はしなかったのですけど。でも、弟の誕生日の時に、どうしようってなって。同じこと繰り返して入院するってなって。するって決めて。それがすごい後悔ですね。

　P　病棟、辛いんですよ。病棟も自由がなく辛いもんですから出てしまおうかと思いましたけど、でも長い年月のこと考えたら「いやいや、もう少しいよう」って考え直そうってなったわけです。

　Lさんは高校2年生の2月から3月にかけて入院し、さらに1年後に高校を卒業した頃に再び入院している。高校3年生の1年間は入院せずに通院していたという。この1年間は病状が安定していたのか、あるいは悪化していたが通院によって乗り切れていたのかは語られていないため不明である。不明であるが入院していなかったことを考えると、その前の高校2年生の約2か月間の入院について、通院治療によって切り抜けることができなかったものかと考えてしまう。

　また、Mさんは再入院しないようによく治療して、落ち着いてからなら退院できるだろうと考えていた。徹底的に治療して、再入院しなくてよいようになるまで入院治療をするつもりだったのである。一方向だけの治療観ではなく、通院治療の有効性や可能性について、情報や体験がないためにこのように考えていたのであろう。

　同様に、Oさんは多量服薬してしまいラリっている状態でも入院しなかった

が、家族の一員である弟との関係によって入院してしまい、それを後悔している。ここでも、通院治療によって入院の回避ができなかったかと考える要素がある。Pさんに至っては、入院は自由がないので辛いとわかっていても、それに代わる手段が考えられなかった（専門職による提案がなかった？）ために、その後も入院が継続してしまった。

　これらの語りから、ここで検討したいことは、病状悪化した時における通院治療の可能性についてである。精神疾患は病状悪化を繰り返すことが多いが、だからといってそのたびに入院するというわけではない。必要に応じた通院、デイケア利用、訪問看護、場合によっては医師による往診などによって、病状の悪化時期を切り抜けることは可能である。

　たとえば、ACT（Assertive Community Treatment：包括的地域生活支援）[1]によるアプローチや、あるいはアウトリーチを実践している医療機関からの集中した関わりにより、病状悪化の時期を入院せずに乗り切るという方法である。「ACT全国ネットワーク」のホームページによれば、日本にあるACTチームは20か所（2016年8月現在）くらいであり、調査年によってその数は変動している。だが、ACTのような地域における包括的生活支援によって、入院せずに通院医療が可能になっている実践は注目に値する。

　ちなみに、京都市内で展開しているACT-Kでは、未治療や医療中断者へのアプローチ、病状悪化時における危機介入、生活支援、独立支援（1人で暮らす）、家族への支援等、包括的な支援が日常的に実践されている。対象となる利用者の状況は、多くの人が危機的であり不安定な状況であるが、入院せずに地域生活を送り自分らしい生活を築くための実践が行われているのである[2]。まだ全国津々浦々にACTチームがあるわけではないが、往診や訪問看護などの医療を含めた多面的な生活支援によって、入院そのものを阻止することは可能である。

　先に入院した例にあげていたLさん、Mさん、Oさん、Pさんなどは、いずれも危機状態にあったために入院したと思われるが、その時にACTチームのような観点と関わりがあれば、入院せずに通院医療が可能になっていたかもしれない。また、訪問看護という方法も考えられる。インタビュー対象者も悪化時に週に複数回の訪問を実施して危機を乗り越える試みが必要だったのでは

ないか。そのことで、長期入院を免れる可能性が生じてくるからである。

　また、通院外来、デイケア、訪問看護などの機能を併せ持つ多機能型クリニック（診療所）では、精神症状がかなり重症になっても通院で対応できるようになってきている。まず、通院外来において投薬処方が患者のその時の精神症状に合わせて、適切でかつ患者の負担が少ない必要最小限度に調整できる。必要ならば、頻回の受診によって精神療法を実施したり投薬の処方を調整したりできるので、結果としてその時の精神症状に適切に対応することができる。

　さらに、精神症状が悪化した患者がデイケアやナイトケアを利用していれば、そこでの様子を担当スタッフに確認して投薬の処方を考慮することも可能になる。つまり、その時の患者の精神症状に適した種類や量の投薬を処方できるのである。加えて、訪問看護においては、訪問による看護のみならず、生活の状況を把握できたり生活するうえでの困りごとについて確認と対応が可能になる。そのことで、家庭における療養の質が高まり、精神症状が悪化していても入院でなく通院によって乗り越えられる環境を作ることができる。このように通院治療の可能性を追求していく必要があるのである。

　ところで、精神科医療を受けながら生活している人が、体調不良になったり精神症状が悪化したり、また、人間関係や生活におけるさまざまなストレスなどによる生活の危機状態に陥ることは普段に考えられることである。薬の処方を調整したり頻回に外来を受診しても精神症状が悪化したままの場合には、一体どのような手段によって対応したらよいのだろうか。

　このような場合に、いわゆる休憩入院と称して短期間だけ入院し精神症状に対応し改善を図るという方法がある。休憩入院は有効な一面を持っていると筆者も考えるので全面的に否定するものではなく、有効に活用するという方法も考えられる。だが実際には、休憩入院によって日々のストレスや不安から一時的に救われて安定した状態になるので、その後に安心し過ぎてしまい、ややもすれば長期入院に移行してしまうことも少なくない。

　そこで、アウトリーチや多機能型クリニックの展開とともに、入院に頼らずに生活の危機状況を乗り切る方法は何かないだろうか。たとえば、クライシスハウスのような危機状況において一時的に使用する施設や、グループホームを利用したショートステイのような方法がイメージできるのではないだろうか。

生活の危機状況に対応する方法は、現在の日本の精神保健福祉に関する制度とサービスの中には存在しない。そこで、精神科医療を受けているが対人関係による混乱や各種のストレスが強まったなどの生活の危機状況にある人を対象にして、入院ではなく危機状況を回避できる対応施策の新設を真剣に考えていく必要がある。

インタビューの対象者について考えると、LさんやOさんなどは生活の危機状況を乗り切る方法があれば入院しなくても済んだ時期があると考えられる。Lさんは高校2年生と3年生の時期に一時的に危機状況に陥ったが、頻回の通院という手段とともに危機状況に対応する制度とサービスがあれば、入院しなくてもよかったことがうかがえる。同様に、Oさんは弟との関係において困難な状況が生じていた時期に、このような制度とサービスを活用すれば入院を免れたのではないかと考えられる。

そういう意味では、アウトリーチや多機能型クリニックの重要性とともに、精神保健福祉に関する制度とサービスについて新たな開発が求められている。

3-2　尊厳を尊重する基本姿勢の確立

インタビュー対象者は、自分が精神科病院に入院していた期間に体験したことや見聞したことなどについて多くを語ってくれた。入院時の扱われ方もさることながら、病棟における＜社会性が収奪される＞や＜退院意思ありだが実行できない＞の状況下で彼らが体験したことは、尊厳ある人への対応の観点からみるとはなはだ疑問といわざるを得ない状況であった。本来なら、長期入院患者を人として尊重する基本姿勢がなければならないのだが、彼らの体験はそうとは思えないからである。その意味では、長期入院患者を尊厳ある1人の人として尊重するという姿勢や態度が必要だということを確認しなければならない。

尊厳ある1人の人として尊重するということを、あえて言わなければならない理由はどこにあるのだろうか。1点目には、ゴッフマンが指摘したように全制的施設の1つとしての精神科病院の性格や位置づけが未だに残っているから、人の尊厳の重要性を言わなければならないのである。それは、精神科病院は、人を精神障害者に仕立ててしまう側面を持ち、人を精神病とラベリングしてしまい、いつまでも精神科治療の対象者に仕立てようとするということであった。

第 7 章　働きかけの強化と構造的変革の必要性

　ここではゴッフマンとは別の指摘として、アメリカの心理学者であったデビッド・ローゼンハン（David L. Rosenhan）の、ローゼンハン実験（Rosenhan experiment）を参考に考えてみる。

　ローゼンハン実験とは、1973 年にローゼンハンが発表した精神科病院における精神医学の診断の有効性に関する実験であり、On Being Sane In Insane Places としてまとめられた。1 回目は「8 名の見せかけの患者」の実験である。精神障害の履歴を持たない 8 名（20 歳代の心理学専攻大学院生 1 名、心理学者 3 名、小児科医 1 名、精神科医 1 名、画家 1 名、主婦 1 名。女性 3 名、男性 5 名）が共同研究者となり、明瞭でないが声が聞こえてくるとか、自己存在の危機を表明するなどの精神症状を訴え、アメリカ各州にある精神科病院を受診したところ全員が入院に至った。入院後は、幻聴も聞こえなくなったことを伝えて正常に振舞うように指示を受けていたのでそのようにした。入院期間は 7 日間から 52 日間、平均 19 日間であり、全員が統合失調症だが「寛解に至った」ことを理由に退院を許可された。加えて、退院の条件として抗精神病薬を服用することに同意させられたのであった。これは、精神科病院職員は「見せかけの患者」を本物の患者と間違えるということを明らかにしたのだった。

　2 回目は「見せかけの患者」の実験である。著名な研究教育型病院の職員に 1 回目の実験結果について知らせた後に、3 か月の間に 1 名ないしそれ以上の「見せかけの患者」が入院を求めてくるので、「見せかけの患者」かどうかを評価するよう協力を依頼した。結果は、期間中に 193 名の患者が対象になり、41 名が見せかけであると、さらに 42 名[3]が疑わしいと思われていた、ということであった。しかし、ローゼンハンは「見せかけの患者」を一切送り込んでおらず、受診した全員が精神科受診を求めた本来の患者であった。この実験では、精神科病院職員は本来の患者を「見せかけの患者」と間違えるということが明らかになったのである。

　このように、精神科病院という医療機関は、人をラベリングして見てしまう構造的な傾向があり、患者に仕立てようとする意識が強いとやはりいわざるを得ない。精神科病院の職員は、このような傾向がある職場で仕事をしていることを自覚し、人の尊厳を尊重する姿勢を常に意識しながら患者に関わる必要がある。今回のインタビュー調査の分析を通して、そのことについて強調する必

207

要があるからここで触れておく。

　尊厳の尊重の確認が必要だという2点目には、精神障害者としての権利性が乏しい状況を主張する必要があるからである。ここでは、障害者権利条約[4]について触れないわけにはいかない。本章では障害者権利条約について述べることを目的としないが、尊厳の尊重にかかる主なる該当条文として次にあげる。これらは特に重要であり、精神科病院入院にあたり確認し強調されるべきであると考えており章末に条文を示す。

　　第1条「目的」
　　第14条「身体の自由及び安全」
　　第15条「拷問又は残虐な、非人道的な若しくは品位を傷つける取扱い若しくは刑罰からの自由」
　　第16条「搾取、暴力及び虐待からの自由」
　　第19条「自立した生活及び地域社会への包容」
　　第22条「プライバシーの尊重」

　インタビュー対象者の語りに戻り、たとえば"怖さと治療への不信"（概念番号7）に示された一部の語りを基にして、プライバシーの尊重、説明することの重要性について考察してみる。

　　D　自由とプライバシーがなくて、ものすごいストレスで、よく暴れていました。暴れると、薬飲まされて、寝ていました。それ、○○病院で、○○病院の場合は保護室に入れられていました。
　　D　直接、強制転院になったのは、真夜中にたまたま目が覚めた時に、ちょうど私のロッカーを荒らしている人を見つけて。で、「何やってんだ」って蹴っ飛ばしたら、なんか大怪我しちゃって。それで（私が）強制転院になったんです。その時に、泥棒より、怪我させた方が悪いんだなってことがわかって。それは、まあ、勉強にはなりましたね。
　　F　しかも最初、ぼく、警察に捕まえられて刑務所に入れられてるんやと思って、で「診察や」って言って、なんか怖そうなめがねかけたおっちゃんが、じーっ

と睨んでるんですよ。で、何かなって。ほんなら精神分裂って書かれて「はあ？何それ」とか思いながら。で、また翌週、診察やって言われて、まだなんか、なんも言わんとムーっと睨んでるんですよ。ほんなら今度は躁うつって書かれて、何それとか思って。

で、なんか、毎週、毎週、病名が躁とかうつとか変わっていって、俺、何なんだろう、これはとか思いながら、薬飲まされて。まあ、飯は3食出るからええねんけど、別に、何やろう。

F　なんせ薬がめちゃめちゃ多かったから、副作用がひどくて、よだれが止まらなかったりとか、右手、右足、同時に動くみたいな、そういう、ほんまなんか、薬漬け。

J　(退院できないかもしれないという思いは)ありましたね。入院していたら、完全に割り切ったら、全く活動しなくても3食あるしという気持ちもあったんだけど、やっぱり入院していると怖いのですよ。いつ死ぬかわからないと精神病院の中、怖くって、いつ死ぬかもしれないという感覚はやっぱりあったから。ぼく、医療ミスで点滴の後遺症とかで、誤診とかで薬の副作用でだいぶ苦しんだから、薬がすごく敏感なって副作用が気になって、お医者さんが信用できないような感覚になっていたわけです。

J　だから入院中なんかやっぱし命の危険、すごく感じるのです。密室の中だから外からもわからなくて、中で何されているのかなと。だから同僚で亡くなっていった人が結構いるし、長期30年入院していると高齢で亡くなった人とか、十分呼吸とかしなくて亡くなった人とか、そういう人も結構いました。その人たちの死をみとっていたのですけれど。明日は我が身かなと思うようなところが、ちょっとありました。

3-2-1　プライバシー保護の重要性

Dさんは自分の持ち物が外から見える状態にあり、他者がいつでもそれに手を出すことが可能な状態にあった。また、ここでは示していないが、"退院意思があった"(概念番号12)でEさんが語ったように、「自分の空間が欲しかったんです。病院だと夜は消灯時間が決められてるし、自分が自由にならないっていうか、時間とか空間とか」においても同様のプライバシーがないことが課

題になっている。

　病棟構造についていえば、1つの病棟内あるいは病室内における長期入院患者を現在の定員よりも少なくし、また、個人がくつろげるようなスペースをデイルーム以外に創出していくというような、病棟における建築構造の改善が必要である。個人の物品を鍵のかかるロッカーに保管するなどは、基本要件として確保される必要がある。

　ベッドの周囲をカーテンやパーテーションによって囲い周囲から見えなくするということも、視覚面からのプライバシーへの配慮になる。基本コンセプトは、入院していても個人のプライバシーを尊重しそれを保護する、というものになる。

　ここで、カーテンやパーテーションを使用すると、それが自傷行為の元になるという声が聞こえそうである。だが、長期入院患者の意見として、カーテンがある方が個人のプライバシーが守られるという肯定的な意見が実際には多い。このことから、カーテンやパーテーションによって個人のスペースを作り、まずプライバシーを保護する取り組みが必要である。また、カーテンレールにひもをぶら下げて首をつるなどの自傷行為が心配であれば、強い力がかかると落下するような構造にすれば済む話である。

　このようにしていくことで、Dさんは自分の持ち物を秘匿できるし、Eさんはベッドの上だけながら個室状態を作ることができるのである。プライバシーがないことは基本的人権の侵害になる。まずは、どのようにしたらプライバシーを保護できるかについて、病棟の専門職が検討を始めることが重要である。

　しかし、病棟の専門職からみると、個々の長期入院患者について観察したり働きかけたりすることは、他ならない長期入院患者への「医療及び保護」として必要なことである。また、病棟内ではいわゆる死角になるような場所を作らない方が患者は安全に過ごせるし、できるだけ良質な「医療及び保護」がなされなければならないと思われている。したがって、プライバシーの保護、安全の確保、治療するという境界を分ける線引きは困難であり、病棟ではそれぞれの価値が存在しているといえるだろう。

　精神科病院に入院しているのであればその治療が優先されるが、長期入院患者のプライバシーも最大限保障していく必要がある。そのために専門職による

働きかけは、長期入院患者を1人の人として尊重するという基本的な認識が必ず必要なのである。専門職は長期入院患者を尊重しながら関わっていると考えているかもしれないが、入院期間が数年から数十年にわたる長期入院患者に対して関わりの慣れが生じることはないのか。そのことによって、長期入院患者が専門職から尊重されていないと思うことはないといえるのか。このような問い直しが必要である。

分析から生成された"怖さと治療への不信"（概念番号7）がなぜ生じてしまうのか。根本の原因は、長期間にわたる入院そのものである。日々の病棟内に長期入院患者のプライバシーがなく、それが長期間にわたって継続されてしまえば、長期入院患者は丸裸にされてしまっている状況なのである。自分を守るものが何もなければ病棟の専門職に従うしかなく、そのような過程や状況が"怖さと治療への不信"（概念番号7）につながってしまうのである。

とにかく、入院期間が長期間過ぎるのである。病棟の専門職は長期入院患者に対して1人の人として尊重した対応をしているつもりでも、現在の病棟構造においては長期入院にならざるを得ない「医療及び保護」をしていることが、長期入院患者にとって個人が尊重されていないと受け止める原因になる。

病棟内における長期入院患者のプライバシー保護が重要であることを指摘し、実現できるような取り組みが必要なことを示した。しかし、"怖さと治療への不信"（概念番号7）が訴えていることは、入院期間が長くなればなるほどこの概念が意味することが深刻になっていき、そしてプライバシーの保護は不可能になるということである。長期入院をさせながらプライバシー保護を図ろうとするなど成り立たない発想なのである。

3-2-2 説明することの重要性

Dさんは強制転院させられた。その理由は、自分の所持品が盗まれるのを防ごうとしたが、その結果として盗もうとした人を怪我させてしまったからであった。この時にDさんは、病棟の専門職からどのような説明を受けたのだろうかと疑問に思う。強制転院になったことしか語られていないが、Dさんはそれを理解できたのだろうか、不当な扱いだと抗議できなかったのだろうか。Dさんの受け止め方は、1つは「その時に、泥棒より、怪我させた方が悪いんだなってことがわかって」であり、2つ目に「それは、まあ、勉強にはなりま

したね」である。

　自分が転院させられたことについてＤさんは、「泥棒より、怪我させた方が悪い」と受け止めている。自分が誰かを怪我させたために転院になってしまったと思っているのだが、自分のロッカーが誰かに荒らされていることの不当性を訴えるのは当然のことではないか。Ｄさんは病棟の専門職に訴えることはできたのだろうか。それを受けて病棟の専門職は、Ｄさんが説明する機会を保証し思いをきちんと受け止めることができていたのだろうか。よもや、Ｄさんが誰かを怪我させたことが大きくとらえられて、ロッカーを荒らされたことが矮小化されてしまってはいないか。この件については、Ｄさんを納得させる正当な説明がなされていたのかどうか疑問である。そうでなければ、Ｄさんが自分を悪く評価することはないからである。

　結果として強制転院になったのだからＤさんは、自分の防衛行為が悪かったからだと理解している。もやもやした気持ちはあったかもしれないが、自分が悪いんだなと受け止めざるを得なかったのだろう。精神科病院では、自分のロッカーが荒らされてそれを防ごうとしたことを病棟の専門職に理解してもらえない、そのことについて、「それは、まあ、勉強にはなりましたね」と受け止めてしまっている。

　長期入院患者がこのように理解しなければならないことは、長期入院患者にとっても精神科病院にとっても不幸である。なぜならば、長期入院患者にとって、信頼どころか不信しか残らないからである。ここで重要なことは、病棟内で長期入院患者をめぐって諸事象が発生した際に、たとえばＤさんが納得できるようにきちんと説明していくという考え方であり、精神科病院でそれが常態化していくことである。処遇改善申請がもっと気軽になされる環境にしていく必要がある。

　次にＦさんの語りから考えてみる。Ｆさんは多重診断が必要な方だったかもしれない。医師が診断を迷っている状況が語られているからである。この状況を見てＦさんが医師や精神科医療に対する不信を感じていることがうかがえる。その後、処方された薬を服用すると副作用がひどかったことが語られている。

　ここで疑問に思うことは、Ｆさんは医師から自分の病気のことについて説明されていたのか、処方薬の効能や副作用に関する説明はなされていたのかなど

という点である。一般的に患者は自分の病気に関する諸情報を知る権利を持っている。精神科といえどもそのことは例外ではない。患者が自分の病気に関する現状や治療方針など諸情報を知り、回復のために自分から努めていくことが重要である。他方で医師は、専門的観点から治療方針を決めていき、それを患者に伝え、主治医として治療に専念していかなければならない。患者から質問や疑問があれば、当然のことながらそれに答えていく必要がある。

　Fさんの語りからは、このような患者と医師との関係性がうかがえない。Fさんの疑問に真摯に答えることができていたのか疑問である。このような状況に至ってしまったのにはいろいろと理由があるだろうが、医師からFさんに対する説明が根本的に不足しているのである。病棟の専門職は長期入院患者にかかる諸情報を伝えていく必要がある。

　次にJさんの語りの、密室化した精神科病院の中で生じていることについて考えてみる。Jさんは30年間以上にわたる入院期間がある50代の男性である。Jさんの場合は、点滴の後遺症、誤診、薬の副作用などで苦しんだ体験があり、その結果として医師を信用できなくなっている。30年間以上にわたる年月において形作られた医師への不信であり、医師と患者の関係という面では非常に残念な結果である。

　点滴や薬の処方は医師による指示がなければできないのであり、医師がこの処方をする際にJさんに対して十分な説明がなされていたかが論点になる。Jさんが医療ミスだと断定してしまうのも、医師を信用できなくなったと公言してしまうのも、主治医からの説明の有無やその質によるものである。

　ちなみにJさんには、退院する前に院内で主治医が交代した経緯があった。引き継いだ医師がJさんに言った言葉は、「私は必ずJさん退院できる人と思っていました」だったという。その後、医師が退院の方針を出し、病院のワーカーが地域定着支援事業を活用してはどうかと提案し、地域にある退院を支援する事業所の支援を受けて退院し地域定着が可能になったのである。

　主治医が交代するとこれほどにまで変化があるのかと考えさせられる経過である。以前の主治医とJさんとの関係性によって長期入院になってしまっていたのではないか、という思いを抱かせる。やはり、以前の主治医からの説明の有無や、医師と患者の関係性が問われるといわなければならない。Jさんの事

例からもわかるように、病棟の専門職が説明することは重要なのである。

［章末資料］
障害者の権利に関する条約
ここでは、該当条文のうち尊厳の尊重を示す条文の一部を記すにとどめる。

第1条「目的」
この条約は、すべての障害者によるあらゆる人権及び基本的自由の完全かつ平等な享有を促進し、保護し、及び確保すること並びに障害者の固有の尊厳の尊重を促進することを目的とする。

第14条「身体の自由及び安全」
1　締約国は、障害者に対し、他の者との平等を基礎として、次のことを確保する。
(a)　身体の自由及び安全についての権利を享有すること。
(b)　不法に又は恣意的に自由を奪われないこと、いかなる自由の剥奪も法律に従って行われること及びいかなる場合においても自由の剥奪が障害の存在によって正当化されないこと。

第15条「拷問又は残虐な、非人道的な若しくは品位を傷つける取扱い若しくは刑罰からの自由」
1　いかなる者も、拷問又は残虐な、非人道的な若しくは品位を傷つける取扱い若しくは刑罰を受けない。特に、いかなる者も、その自由な同意なしに医学的又は科学的の実験を受けない。
2　締約国は、障害者が、他の者との平等を基礎として、拷問又は残虐な、非人道的な若しくは品位を傷つける取扱い若しくは刑罰を受けることがないようにするため、すべての効果的な立法上、行政上、司法上その他の措置をとる。

第16条「搾取、暴力及び虐待からの自由」
1　締約国は、家庭の内外におけるあらゆる形態の搾取、暴力及び虐待（性別

に基づくものを含む。）から障害者を保護するためのすべての適当な立法上、行政上、社会上、教育上その他の措置をとる。

　2　また、締約国は、特に、障害者並びにその家族及び介護者に対する適当な形態の性別及び年齢に配慮した援助及び支援（搾取、暴力及び虐待の事案を防止し、認識し、及び報告する方法に関する情報及び教育を提供することによるものを含む。）を確保することにより、あらゆる形態の搾取、暴力及び虐待を防止するためのすべての適当な措置をとる。締約国は、保護事業が年齢、性別及び障害に配慮したものであることを確保する。

　第19条「自立した生活及び地域社会への包容」
　この条約の締約国は、すべての障害者が他の者と平等の選択の機会をもって地域社会で生活する平等の権利を有することを認めるものとし、障害者が、この権利を完全に享受し、並びに地域社会に完全に包容され、及び参加することを容易にするための効果的かつ適当な措置をとる。この措置には、次のことを確保することによるものを含む。
（a）　障害者が、他の者との平等を基礎として、居住地を選択し、及びどこで誰と生活するかを選択する機会を有すること並びに特定の生活施設で生活する義務を負わないこと。
（b）　地域社会における生活及び地域社会への包容を支援し、並びに地域社会からの孤立及び隔離を防止するために必要な在宅サービス、居住サービスその他の地域社会支援サービス（個別の支援を含む。）を障害者が利用する機会を有すること。
（c）　一般住民向けの地域社会サービス及び施設が、障害者にとって他の者との平等を基礎として利用可能であり、かつ、障害者のニーズに対応していること。

　第22条「プライバシーの尊重」
　1　いかなる障害者も、居住地又は生活施設のいかんを問わず、そのプライバシー、家族、住居又は通信その他の形態の意思疎通に対して恣意的に又は不法に干渉されず、また、名誉及び信用を不法に攻撃されない。障害者は、このような干渉又は攻撃に対する法律の保護を受ける権利を有する。

2　締約国は、他の者との平等を基礎として、障害者の個人、健康及びリハビリテーションに関する情報に係るプライバシーを保護する。

注
1)　重度の精神障害があるが、利用者が納得する地域での生活を作り継続するために、精神保健福祉士、看護師、作業療法士、精神科医師などの専門職によって、医療や各種の生活支援などの包括的なサービスを提供する他職種チームアプローチのことである。
2)　ACT-Kでは自分たちの実践についてまとめた本を出版し紹介している。たとえば、高木俊介『ACT-Kの挑戦—ACTがひらく精神医療・福祉の未来—』批評社、2008年、高木俊介監修『精神障がい者地域包括ケアのすすめ』批評社、2013年などである。
3)　42名の内訳は次のとおりである。23名は少なくとも1人の精神科医によって「見せかけ患者」と疑われ、19名は少なくとも1人の精神科医と他のスタッフによって「見せかけ患者」と疑われたのであった。
4)　障害者の権利に関する条約（Convention on the Rights of Persons with Disabilities）は、2006年12月13日、第61回国連総会で採択された。日本は2014年1月に批准し、同年1月20日付で国際連合事務局に承認された。

おわりに

　どの研究においても目的や対象という範囲があるのだから、研究で明らかになったとはいえ、やはり限定的にとらえる必要があると考えている。本書においては精神科病院に2年間以上の入院経験のある16名を対象にした。本心として退院したい意思がありながらいつ退院できるかもわからない状況にあった人たちである。

　長期入院患者は、≪無力化させていく入院≫と≪全部ダメって言われる≫で構成される【密室の中のディスエンパワメント】状態に長期間にわたっておかれていた。精神科病院入院中に彼らは、自分が生きていくために自己抑制せざるを得なくなったが、これは「生き延びていく」ために「適応」している状況であった。適応能力を発揮して、受け身の状態で長期にわたる入院期間を過ごしてきたのだが、根底には退院したいとか、人として尊重されたいという渇望があった。

　このように、肯定的で健康的な側面を継続して存在させていた時に、"専門職による退院意思の確認"（概念番号 16）があった。そのことにより長期入院患者は自己抑制を解き放ち、退院意思を膨らませ、準備された地域生活のためのプログラムを実施し、次第に地域生活に慣れてきて、ついに生活者として暮らせたのであった。【暮らす力を得ていく】ことにより≪地域の生活者として暮らす≫人々になったのである。これは、長期入院患者の退院意思は専門職によって支えられ、両者による退院意思の協同形成によって強化され、地域での生活へと変化していくプロセスを示していた。

　このようなプロセスが確認できることから、長期入院患者と呼ばれるままにしておいていいのかという、素朴ながら痛烈な批判を込めて振り返る必要があ

ると考えている。つまり、彼らを長期間にわたって入院患者にしてしまっている何かがある、そこを追求しなければならないのである。本書において精神科医療や精神保健福祉領域で働く専門職は、長期入院患者にしないために、入院患者が自己抑制しなくても済むようにするために、入院後の早い時期から入院患者の生活環境と意思およびニーズ確認のために働きかけていく必要があることが確認できたと考えている。

　他方、退院意思を協同形成しようとしたができなかったとか、地域生活にまで至らなかった人たちもあり、その人たちからも学ぶべきことがあるのだが、本書では触れることができなかった。その人たちにインタビューすれば新たな観点から退院支援のあり方を学ぶことができたであろう。また、2年間以上の長期入院者を対象にしたとはいえ、1969年から入院していた人もあれば、2000年代になってから入院したという人もあり、時代背景を揃えることができなかった。そのように、本書が示したことは限定的な側面があるが、自己抑制を解き放ち退院意思の協同形成によって退院し、地域生活を可能にしていったプロセスを示すことができた点に着目したいと思う。

　本書における着想は随分と以前からあり、いろいろと考えていた。インタビューを実施してからさえ5年を迎えるほどになり、分析（オープン化と収束化）を始めた頃には思ってもみなかったことに職場が変わることがあった。新たな環境に慣れることや業務の変化のために時間とエネルギーが必要となり、分析作業が遅れてしまった。インタビューを掘り起こしてそれを分析する際には、できるだけ一気に進める方がよいと筆者は思っていた。

　それというのも、分析している間はデータから非常に多くのことを学び取り、理論的メモを取りながら全体の構想を膨らませていくので、中断することなく進める必要を感じていたからであった。だが、実際には思うように進まず、通算すると2年間くらいは分析や考察のための時間を失ってしまっていると思う。

　出版までこぎつけられた要因として、M-GTA研究会西日本の例会への出席と、スーパーバイザーおよび出席者からの質問やコメントに励まされたということがある。M-GTAによって研究を進めていくと、自分の分析はこれでよいのだろうかと振り返ることがしばしばある。自分が得たデータによって自分なりに分析するのだから、ある意味では孤独な作業になるので、正確性や方向性

や概念の表現方法などについて不安が付きまとうのである。

　そのような時に、M-GTA研究会西日本の例会は非常に効果を発揮した。例会で発表すると実際には多くの指摘を受け、それに自分でうまく返答できずにいわゆるダメ出しを食らった感じになるのだが、不思議とめげることはなく、もう一度報告しようという気持ちになっていった。そこには、頼れるスーパーバイザーの存在や会員への信頼があったからである。このような環境に恵まれて本書の出版にこぎつけられたのだと感謝したい。

　思い起こせば、概念名およびカテゴリー名のつけ方のコツをもっと学んでおけばよかったと思う。いわゆる動きのわかる名称がふさわしかったのだろう。そうすれば、変化とプロセスを説明するM-GTAの研究物としてよりふさわしいものになったと思うからである。

　本書は時代を反映した小説でもなく、わくわくするようなストーリーがあるわけでもない。それにもかかわらず、出版にあたり、病者や障害者、あるいはマイノリティにかかる現状を社会に知らしめるために出版を継続させるという考え方を持った明石書店と、編集部長の神野斉氏、編集部上田哲平氏の尽力によって出版できた。改めて感謝申し上げます。

　　2019年4月

　　　　　　　　　　　　　　　　　　　　　　　　　　　杉原　努

■ **資料1：インタビュー対象者の一覧**

対象者	性別	年齢	診断名と入院期間		インビュー時の所属	インタビュー時間
A	男性	60代	統合失調症	約37年間	デイケア	47分21秒
B	女性	60代	統合失調症	約10年間	B型事業所	53分30秒
C	女性	20代	統合失調症	約5年間	B型事業所	62分02秒
D	男性	50代	統合失調症	約20年間	B型事業所	50分28秒
E	男性	60代	統合失調症	15年間以上	地域活動支援センター&デイケア	45分33秒
F	男性	40代	統合失調症	2年間以上	地域活動支援センター&デイケア	50分32秒
G	女性	50代	統合失調症	約4年間	B型事業所	45分28秒
H	女性	70代	統合失調症	約10年間	ケアホーム	44分41秒
I	女性	50代	統合失調症	6年5か月間	グループホーム	46分00秒
J	男性	50代	統合失調症	30年間以上	作業療法室	64分24秒
K	男性	60代	統合失調症	44年間以上	デイケア	46分41秒
L	男性	30代	統合失調症	約3年間	会社員	53分00秒
M	男性	60代	統合失調症	13年間以上	デイケア	36分49秒
N	男性	50代	統合失調症	3年11か月	デイケア	53分40秒
O	女性	40代	統合失調症	6年間以上	B型事業所	62分42秒
P	男性	50代	統合失調症	約2年間半	グループホーム	54分38秒

注記：退院支援や地域移行支援に熱心に取り組んできた、7か所の精神科病院や障害福祉サービス事業所などに所属する対象者である。それぞれの機関事業所の精神保健福祉士から紹介を受けた。対象者にはインタビュー前に説明書により研究の概要を説明し、同意を得たうえで同意書に署名をいただいた。

■ 資料2：カテゴリー、概念、定義の一覧

【コアカテゴリー】	≪カテゴリー≫	＜サブカテゴリー＞	概念番号	"概念"
密室の中のディスエンパワメント	無力化させていく入院	意思に添わない入院	1	強制的な入院
			2	状況理解ができなかった入院
			3	家の都合による入院継続
			4	自分で理解していた入院
	全部ダメって言われる	社会性が収奪される	5	退院や将来を諦めていた
			6	自主性を奪われる
			7	怖さと治療への不信
			8	やることのない日々
			9	病棟内での乏しい関係性
		退院意思ありだが実行できない	10	入院に妥協せざるを得ない
			11	働く希望と不安
			12	退院意思があった
			13	主治医による退院判断
			14	独自の精神症状と体験
暮らす力を得ていく	回復のために取り組む	退院が現実味を帯びる	15	病状安定と住居の確保
			16	専門職による退院意思の確認
			17	地域生活への期待と不安
			18	院内作業で慣らす
		生活力を育成する	19	頻回の外出や外泊を行う
			20	生活用具を揃える
			21	障害福祉サービス事業所の活用
			22	外泊の生活に慣れる
			23	退院意思の継続と強化
	地域の生活者として暮らす	手探りの地域生活	24	退院支援への疑問
			25	退院後の不安
			26	症状に独自の対処ができる
		自分らしさを獲得する	27	落ち着きを得た生活
			28	地域生活の充実感
		自己効力感が発生する	29	できる自分の自覚を得た
			30	働きたい
			31	役に立ちたい

【　】：コアカテゴリー　　≪　≫：カテゴリー　　＜　＞：サブカテゴリー　　"　"：概念

資　料

定　義
医療機関や警察などの強制的な措置により入院させられたということである。
自分の精神症状や自分と周囲の人との関わりなどについて、十分に理解できなくなってしまい、周囲の人の判断で入院になっていたということである。
家族が退院を受け入れてくれない、家族と主治医による退院判断だった、自分の意思を確認されないなどの状況にあったために、入院が継続されたということ。治療の必要があったかどうかは不明である。
病状が不安定であることに自分で気づき、当初は治療目的のあった入院だったということである。
長期間の入院のために気力が乏しく希望を持てない状態であり、退院や将来を諦めていたということである。
入院中に自分のしたいようにできない、否定的になる、できないことが多く我慢する状況にあったということである。
入院期間中における、入院患者同士の関わりや病院職員の入院患者への対応から受けた感覚のことである。
入院中に目的なく日々を過ごさなければならなかった、自分らしさが奪われていたなど、その時の様子について述べたことである。
入院中に体験した病院職員や他の入院患者との関わりについて、横柄な態度だったり自分が理解されなかったりしたから、情緒的で良い関係性がなかったということである。
今後の見通しが不明な入院生活だったが、入院中にできていたこともあったので、正面からの入院否定ではなく妥協を働かせていたということである。
入院中にも働く希望を持っていたが、退院後に働くことができるかどうか不安だったということである。
入院していたが、後に人から尋ねられると、退院したかったという意思を持っていたということである。
退院は主治医が判断してできると思っていたということである。
入院患者には発症時、再発時、入院中、退院後などに独自の精神症状が生じており、それが自分の言動や生活に影響を与えた体験があるということである。
入院患者が考える退院できる条件として、病状の安定と住居の確保が必要だったということである。
退院支援の初期においてワーカー、主治医などから退院意思を尋ねられたり退院のための面接や会議が開催されたりなどの、退院意思の確認があったということである。
退院できることになった時の気持ちは、地域で生活できるという期待と、やっていけるだろうかという不安が入り混じっていたということである。
退院のために院内で実施されていたプログラムの紹介と、自分にとっての有効性について述べたことである。
退院してグループホームやマンションで暮らすという生活に移るために、具体的に取り組んだ1つの方法である。
退院して地域で生活するために、書類の整備や生活用具の準備がワーカー、世話人、友人などによってなされ、このことによって、地域での生活を具体化できたということである。
退院後は事業所に通所することを前提に、退院前に通所して地域での昼間生活に備えたということである。
外泊して最初はできなかったことや不安だったことが、何回も外泊する過程で次第に落ち着き、1人での生活に慣れて生活範囲が広がったりしたということである。
退院意思に迷いが生じないように、早急に住居を決めたり地域生活の構えを示されたり、必要な書類を作成するなどの支援を受けて、退院意思がしぼむことがないように強化されていたということである。
退院支援の担当者が不明だったり、病院スタッフの誰からも退院の働きかけがなかったという、入院患者の印象や記憶を示したということである。
退院後は、食事や通所がうまくできるかどうかなど、地域における日々の生活において不安が生じていたということである。
退院後は何度も精神症状が出現するが、幻聴を聞き流したり頓服を服用するなど、その時々の症状に独自の対処ができているということである。
退院後しばらくの経過を経てたどり着いた生活状況のことであり、自分なりの生活ができ落ち着いている状況のことである。
地域での生活を継続させたり仕事をすることによって生じてくる、生活の充実感のことである。
自分に何かをする力があると感じ、不安や戸惑いについての解決方法がわかるなど、それらの経験から得た自分の自覚ということである。
働きたいという意思の表明であり、働くことに自分なりの意味を見出している状態のことである。
病気の経験を活かしたピア活動、人の役に立つ仕事、社会貢献になることなどを行いたいという思いのことである。

変化の方向： ⇨　　強い変化： ⬅　　影響の方向： →　　相互の影響： ↔　　否定的な見方： - - - →

■ 資料3：結果図

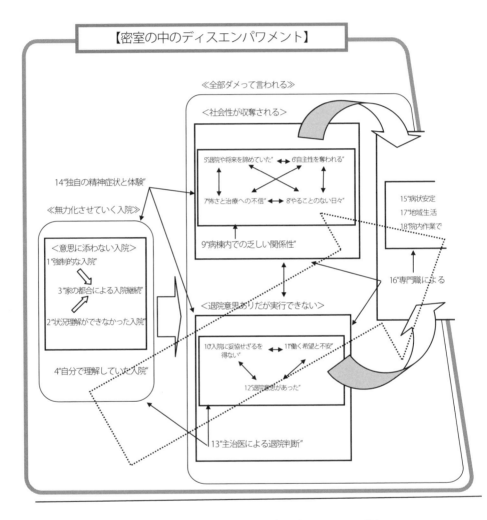

資 料

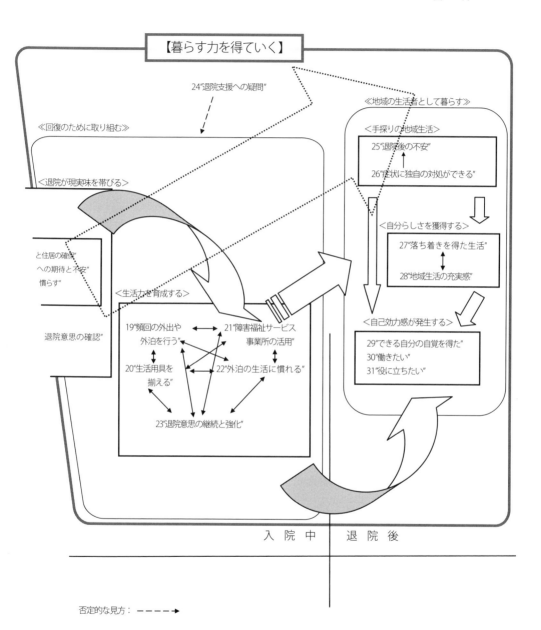

参考文献

朝本哲夫（2003）「大阪府における取組みモデル―退院促進事業を実践して―」『精神保健福祉』34（1）：27-30.

朝野英子・栄セツコ・清水由香（2011）「精神科病院長期入院者の退院に関する要因の文献的検討」『生活科学研究誌』9: 95-106.

千葉進一・谷口都訓・谷岡哲也・川村亜以・三好真佐美・片岡美佳・大石由実・佐藤ミサ子・三船和史・大森美津子（2009）「地域移行型ホームに入所するための4ヶ月間の退院支援を受けた精神科の長期入院患者の思いの検討」『香川大学看護学雑誌』13（1）：109-115.

大部美咲・山上早苗・本村幸永・山口清美・田中悟郎（2010）「長期入院統合失調症患者の退院に対する意識とその関連要因の分析」『作業療法』29（2）：183-194.

布川征一郎・真野ゆり子・田村博之（2001）「長期在院患者の家族および患者の退院を阻む要因―「病院」から「社会復帰施設」へ―」『日本精神科看護学会誌』44（1）：493-496.

古屋龍太（2010）「退院・地域移行支援の現在・過去・未来―長期入院患者の地域移行は、いかにして可能か―」『精神医療』57: 10-12.

Goffman, E.（1961）*ASYLUM: Essays on the Social Situation of Mental Patients and Other Inmates*, Doubleday & Company, Inc.（= 1984、石黒毅訳『アサイラム―施設被収容者の日常世界―』誠信書房.）

原田俊樹・伊庭永二・佐藤光源（1983）「精神分裂病患者の退院―家族精神医学の立場から―」『精神医学』25（7）：703-713.

原田俊樹・佐藤光源・三村興二・長尾卓夫（1985）「精神分裂病患者の退院（第2報）―患者の退院に対する認識を中心に―」『精神医学』27（11）：1281-1287.

橋詰宏・井上新平・岡野寿恵・須藤俊二郎・須藤浩一郎（1991）「一精神病院における長期入院化しやすい分裂病患者の特徴について」『社会精神医学』14（1）：54-62.

蓮井亜矢（2003）「精神医療委員会の討論から浮かび上がったこと」『精神保健福祉』34（1）：17-22.

波床将材（2010）「地域移行支援事業の意義と課題―京都の精神障害者退院支援事業から―」『精神医療』57: 37-42.

池淵恵美・佐藤さやか・安西信雄（2008）「統合失調症の退院支援を阻む要因について」『精神神経学雑誌』110（11）：1007-1022.

磯村聰子・守田孝恵（2010）「精神科病院の長期入院患者支援に関する研究の動向」『病院・地域精神医学』53（2）：202-210.

岩上洋一（2010）「地域移行支援は地域の課題―精神障害者地域移行支援特別対策事業を通して―」『精神医療』57: 23-27.

OECD（2017）Japan trails other countries in 'deinstitutionalisation,' but there are signs of progress, says OECD.（https://www.oecd.org/els/health-systems/MMHC-Country-Press-Note-Japan.pdf, 2017.2.25）

金川洋輔（2012）「地域移行・地域定着支援におけるアウトリーチ」『精神保健福祉』43（2）：107-109.

柏木昭編（1993）『改訂　精神医学ソーシャル・ワーク』岩崎学術出版社.

柏木一恵（2002）「長期入院者と精神科病院のPSW」『精神保健福祉』33（2）：123-127.

河島京美（2010）「ピアサポーターの活動を中心に始めた退院促進支援事業―東京・練馬の地域生活支援センターの取り組み―」『精神医療』57: 28-31.

香山明美（2010）「精神障害者の地域移行のためのプログラム開発および地域支援体制構築に向けた研究報告」『精神医療』57: 59-65.

風祭元（1998）「日本における精神病院の歴史」『こころの科学』79: 26-31.

菊池謙一郎（1998）「在院10年以上の精神分裂病患者の退院意向調査」『看護展望』23（10）：98-106.

木村朋子（2003）「退院促進を目指す地域の取組み―東京都地域精神医療業務研究会の2年間の勉強会を通して―」『精神保健福祉』34（1）：31-35.

木下康仁（1999）『グラウンデッド・セオリー・アプローチ―質的実証研究の再生―』弘文堂.

木下康仁（2003）『グラウンデッド・セオリー・アプローチの実践―質的研究への誘い―』弘文堂.

木下康仁（2007）『ライブ講義M-GTA―実践的質的研究法―』弘文堂.

木下康仁（2009）『質的研究と記述の厚み―M-GTA・事例・エスノグラフィー―』弘文堂.

木下康仁（2014）『グラウンデッド・セオリー論』弘文堂.

小出水寿英・美王真紀（2006）「精神病院に長期入院している統合失調症患者の捉える入院生活」『日本赤十字広島看護大学紀要』6: 39-47.

厚生労働省（2002）「今後の精神保健医療福祉施策について」社会保障審議会障害者部会精神障害分会.

厚生労働省（2004）「精神保健医療福祉の改革ビジョン」精神保健福祉対策本部.

厚生労働省（2014）「長期入院精神障害者の地域移行に向けた具体的方策の今後の方向性」厚生労働省社会・援護局障害保健福祉部精神・障害保健課．（http://www.mhlw.go.jp/stf/shingi/0000051136.html, 2016.8.28）

黒田研二・樋田精一・川室優・安西信雄・小原聡子・中谷真樹・浅野弘毅（1999）「長期入院患者の退院可能性とリハビリテーションニーズに関する調査―調査結果の速報―」『精神神経学雑誌』101（9）：762-776．

眞砂照美・田川雄一（2017）「五感力を活用した療育支援技術に関する研究」『広島国際大学医療福祉学科紀要』13: 1-10．

松田博幸（2012）「大阪府精神障がい者退院促進ピアサポーター事業の効果」『ピアの「力」―大阪府精神障がい者退院促進ピアサポーター事業―』大阪府こころの健康総合センター、4-36．

松本すみ子（2003）「「社会的入院」の歴史的背景と求められる PSW の視点」『精神保健福祉』34（1）：11-15．

松岡純子（2004）「精神科長期入院患者の QOL に関係する要因とその構造」『精神科看護』31（6）：49-54．

三橋良子（2010）「地域への再定住のために―共感からはじめるピア・ガイドヘルパーの活動―」『精神医療』57: 43-47．

物江克男（2010）「「精神医療」は「精神障害者福祉」を位置づけることができるのか―問われているのはパラダイムの転換である―」『精神医療』57: 79-82．

森川将行・龍田浩・真志田直希・岩田光宏・永井義雄・安部勝之・小出廣（2009）「堺市・平成 19 年度精神科在院患者調査における退院阻要因についての統計的解析」『堺市こころの健康センター研究紀要』1: 27-33．

長崎和則（2010）『精神障害者へのソーシャルサポート活用―当事者の「語り」からの分析―』ミネルヴァ書房．

日本精神保健福祉士協会（2008）『精神障害者の地域移行支援―事例調査報告からみる取り組みのポイント―』社団法人日本精神保健福祉士協会．

岡田和史・井上新平・須藤浩一郎・須藤俊二郎・平川重則・北添紀子（1996）「いわゆる社会的入院患者の症状分析」『臨床精神医学』25（9）：1059-1066．

岡田和史（1998）「精神分裂病患者の社会的入院の判定」『OT ジャーナル』32（4）：299-300．

岡村正幸（1999）『戦後精神保健行政と精神病者の生活―精神保健福祉序論―』法律文化社．

奥村太志（2002）「社会復帰の意向を持つ長期入院精神分裂病者の現状および退院についての認識」『名古屋市立大学看護学部紀要』2: 47-55．

奥村太志・渋谷菜穂子（2005）「統合失調症患者の「長期入院に関する」認識―統合失調症患者の語りを通して、長期入院への姿勢の構成要素を明確にする―」『日本看護医療学

会雑誌』7 (1) : 34-43.
大熊一夫 (1981)『ルポ・精神病棟』朝日新聞社.
大阪府こころの健康総合センター (2005)「退院促進支援事業の地域での新たな取り組み」『研究紀要』11: 1-15.
大阪府精神保健福祉審議会 (1999)「大阪府精神保健福祉審議会　答申　大阪府障害保健福祉圏域における精神障害者の生活支援施策の方向とシステムづくりについて」大阪府精神保健福祉審議会.
大島巌・猪俣好正・樋田精一ほか (1991)「長期入院精神障害者の退院可能性と、退院に必要な社会資源およびその数の推計―全国の精神科医療施設4万床を対象とした調査から―」『精神神経学雑誌』93 (7) : 582-602.
大島巌・吉住昭・稲沢公一・猪俣好正・岡上和雄 (1996)「精神病院長期入院者の退院に対する意識とその形成要因―自記式全国調査に基づく分析―」『精神医学』38 (12) : 1248-1256.
Rapp, Charles A., Richard J. Goscha (2006) *The Strengths Model: Case Management with People with Psychiatric Disabilities*, Second Edition, Oxford University Press.（= 2008、田中英樹監訳『ストレングスモデル』金剛出版.）
坂田三允・遠藤淑美編 (2000)『精神科看護とリハビリテーション』医学書院.
精神保健福祉研究会 (2010)『我が国の精神保健福祉』太陽美術.
茂田優 (1989)「長期入院患者の社会資源に関するニーズ調査―本院の場合―」『精神医学研究所業績集』26: 149-154.
鹿野勉ほか (2003)「実践レポート　大阪府における「退院促進事業」をめぐって―その実践結果とPSWの役割を中心に―」『精神保健福祉』34 (1) : 70-77.
島田真弓・桜井政照・岡崎厚子 (2004)「長期入院の統合失調症患者の退院できた要因―退院できない群との比較検討から―」『日本精神科看護学会誌』47 (1) : 360-363.
島根県出雲保健所 (2005)「精神障害者の在宅支援ネットワークの構築に関する企画研究」島根県出雲保健所.
下野正健・藤川尚宏・吉益光一・小原喜美夫・浜田博文・加藤泰裕・平城カトミ・清原千香子・末次基洋 (2004)「精神科病院長期在院者の退院に関連する要因の検討」『精神医学』46 (4) : 403-414.
杉原努 (2013)「地域移行・地域定着支援事業におけるピアサポーター活動の特徴―退院する人の心的変化とエンパワメントに関する一考察―」『福祉教育開発センター紀要』10: 101-115.
杉原努 (2015)「精神科病院長期入院者への退院支援に関する先行研究の動向　第2稿』『福祉教育開発センター紀要』12: 53-70.
高木健志 (2017)「長期入院精神障害者の「退院の意思決定」を支える退院援助実践に関す

る研究—精神科病院に勤務する 17 人の精神科ソーシャルワーカーへのインタビュー調査を通して—」『山口県立大学学術情報』10: 147-153.
髙木俊介（2008）『ACT-K の挑戦—ACT がひらく精神医療・福祉の未来—』批評社.
髙木俊介（2012）「ミナマタ・FUKUSHIMA・精神医療」『精神医療の光と影』日本評論社.
髙木俊介監修、福山敦子・岡田愛編（2013）『精神障がい者地域包括ケアのすすめ』批評社.
多喜田恵子（2001）「精神病院における長期入院患者の生活の満足感とその理由」『名古屋市立大学看護学部紀要』1: 15-26.
田村綾子（2003）「「社会的入院」の概念とその要因」『精神保健福祉』34（1）: 5-9.
田尾有樹子・清重知子・赤沼麻矢編（2008）『やればできる退院支援—巣立ち会　地域移行支援マニュアル—』社会福祉法人巣立ち会.
田尾有樹子（2010）「退院・地域移行　巣立ち会からの発信」『精神医療』57: 48-52.
田尾有樹子（2012）「ユースメンタルサポート COLOR の活動　地域相談支援機関における早期支援」『精神障害とリハビリテーション』16（1）: 27-32.
取出涼子（1997）「ソーシャルワーカーが行う退院援助の意義と今日的課題」『ソーシャルワーク研究』23（3）: 215-223.
鶴田真也（2016）「最近の精神保健医療福祉施策の動向について」厚生労働省社会・援護局障害保健福祉部精神・障害保健課、平成 27 年度全国保健所長会研修会資料.（http://www.phcd.jp/02/kensyu/pdf/2015_temp03.pdf
渡辺恵司（2013）「地域移行支援事業を利用して退院した人の生活実態」『花園大学社会福祉学部研究紀要』21: 41-53.
山崎浩司（2016）「M-GTA の考え方と実際」末武康弘・諸富祥彦・徳丸智子・村里忠之編『「主観性を科学化する」質的研究法入門』金子書房.
柳瀬敏夫（2010）「やおき福祉会における「精神障害者地域移行支援事業」の取り組み」『精神医療』57: 66-72.
吉原明美（2005）「社会的入院患者の退院促進に向けた大阪府の取り組み」『精神医学』47（12）: 1353-1361.

【著者紹介】

杉原　努（すぎはら　つとむ）

立命館大学生存学研究所客員研究員。立命館大学大学院先端総合学術研究科修了。博士（学術）。
京都府、佛教大学福祉教育開発センター等で勤務後、まるいクリニック。
専門は精神保健福祉、社会福祉、ソーシャルワーク。

〔主要著書〕
『「事例作成」で学ぶ精神保健福祉援助演習』（中央法規出版、2014年）
『新 社会人のための精神保健福祉士』（共著、学文社、2014年）
『精神障がい者地域包括ケアのすすめ』（共著、批評社、2013年）
『生存学』（共著、生活書院、2011年）

精神科病院長期入院患者の地域生活移行プロセス
──作られた「長期入院」から退院意思協同形成へ

2019年8月10日　初版第1刷発行

著　者　　杉　原　　　努
発行者　　大　江　道　雅
発行所　　株式会社　明石書店
　　　〒101-0021　東京都千代田区外神田 6-9-5
　　　　　　　　　電話 03（5818）1171
　　　　　　　　　FAX 03（5818）1174
　　　　　　　　　振替 00100-7-24505
　　　　　　　　　http://www.akashi.co.jp
組版・装丁　明石書店デザイン室
印刷・製本　モリモト印刷株式会社

（定価はカバーに表示してあります）　　ISBN978-4-7503-4864-3

JCOPY 〈出版者著作権管理機構 委託出版物〉
本書の無断複製は著作権法上での例外を除き禁じられています。複製される場合は、そのつど事前に、出版者著作権管理機構（電話 03-5244-5088、FAX 03-5244-5089、e-mail: info@jcopy.or.jp）の許諾を得てください。

精神障がいのある親に育てられた子どもの語り
困難の理解とリカバリーへの支援

横山恵子、蔭山正子 編著

A5判／並製／224頁
◎2500円

精神障がいのある親に育てられた子どもの存在はようやく知られるようになってきたが、その生活の実態はほとんど知られていない。本書では、子どものリアルな体験を通し、当事者の困難を知るとともに、支援の可能性と関係機関の連携の必要性を探っていく。

● 内容構成 ●

第1章　精神障がいのある親に育てられた子どもの体験　精神科治療につながらない親に育てられた子ども／TOPIC＊家族による家族学習会とは／精神科治療につながった親に育てられた子ども／ライフサイクルに基づく子どもの体験の整理［横山恵子］／大人になった子どもの困難とリカバリー［横山恵子］

第2章　精神障がいのある親をもつ子どもへの支援のあり方　母子保健［蔭山正子］／児童相談所［ウエムラカナタ］／保育園［岡田久実子］／学校［上原美子］／精神科医療［横山恵子］／生活保護［長谷部慶章］

終章　これからの展望［横山恵子］

当事者が語る精神障害とのつきあい方
「グッドラック！　統合失調症」と言おう
佐野卓志、森実恵、松永典子、安原荘一、北川剛、下村幸男、ウテナ著
◎1800円

苦しい？　楽しい！　精神病
もしも、精神病の生きづらさを喜びに変える魔法のランプがあれば……
森実恵著
◎1800円

アスペルガー症候群の人の就労・職場定着ガイドブック
適切なニーズアセスメントによるコーチング
バーバラ・ビソネット著　梅永雄二監修　石川ミカ訳
◎2200円

子どものうつ病　その診断・治療・予防
長尾圭造著
◎3000円

うつと不安のマインドフルネス・セルフヘルプブック
人生を積極的に生きるためのDBT（弁証法的行動療法）入門
トーマス・マーラ著　永田利彦監訳　坂本律訳
◎2800円

新版　ソーシャルワーク実践事例集
社会福祉士をめざす人・相談援助に携わる人のために
渋谷哲、山下浩紀編
◎2800円

アクセプタンス＆コミットメント・セラピー実践ガイド
ACT理論導入の臨床場面別アプローチ
スティーブン・C・ヘイズほか編著　谷晋二監訳　坂本律訳
◎5800円

ソーシャルワーク　人々をエンパワメントする専門職
ブレンダ・デュボイ、カーラ・K・マイリー著　上田洋介訳
◎20000円

〈価格は本体価格です〉

メンタルヘルス不調のある親への育児支援
保健福祉専門職の支援技術と当事者・家族の語りに学ぶ

蔭山正子 著

■A5判／並製／272頁 ◎2500円

児童虐待の原因の一つに親のメンタルヘルス不調がある。本書は、熟練の福祉職や保健師に行ったインタビュー調査をもとに、そうした親への育児支援に関する支援技術を疾患特性を踏まえて解説する。また、支援の受け手となる当事者の体験談もあわせて紹介する。

●内容構成●

- 序 章 支援者が目指すゴール
- 第1章 疾患特性と障がい特性の育児への影響
- 第2章 メンタルヘルス不調のある親への育児支援の方法
- 第3章 育児にまつわる体験談
- 終 章 これから必要な育児支援

自閉症スペクトラム"ありのまま"の生活
自分らしく楽しく生きるために
小道モコ、高岡健著
◎1800円

エビデンスに基づく学校メンタルヘルスの実践
自殺・学級崩壊・いじめ・不登校の防止と解消に向けて
長尾圭造編著 三重県医師会学校メンタルヘルス分科会編
◎2500円

当事者と家族からみた障害者虐待の実態
数量的調査が明かす課題と方策
増田公香著
◎3500円

QOLと現代社会
「生活の質」を高める条件を学際的に研究する
猪口孝監修 村山伸子、藤井誠二編著
◎3800円

地図でみる日本の健康・医療・福祉
宮澤仁編著
◎3700円

メンタルヘルスと仕事：誤解と真実
労働市場は心の病気にどう向き合うべきか
OECD編著 岡部史信、田中香織訳
◎4600円

図表でみる世界の保健医療
OECDインディケータ（2015年版）
OECD編著 鐘ヶ江葉子訳
◎6000円

障害学研究
障害を社会・文化の視点からみる障害学の研究誌
障害学研究編集委員会編
〔年1回刊〕

障害学会発行

〈価格は本体価格です〉

地域に帰る
知的障害者と脱施設化

カナダにおける州立施設 トランキルの閉鎖過程

ジョン・ロード、シェリル・ハーン [著]

鈴木良 [訳]

◎四六判／並製／384頁　◎2,700円

カナダではほぼ全ての知的障害者入所施設が閉鎖されているが、本書は施設閉鎖過程の調査研究であり、脱施設化に関する古典的研究書。日本でも「やまゆり園」事件等で入所施設の問題点が指摘されているが、脱施設化政策・移行支援を考えるための必読書である。

《内容構成》
　日本語版へのまえがき
　まえがき
　第1章　序
　第2章　支援の欠如と危機 ── 家族が子を施設に入所させるとき
　第3章　入所施設における関係者の関わり方
　第4章　施設閉鎖宣言 ── 州政府によるコミュニケーションと応答
　第5章　他の主要な関係集団による施設閉鎖への反応
　　　　　── 入居者、家族、権利擁護者と職員
　第6章　連携の局面 ── 各地区における地域開発
　第7章　知的障害者本人に焦点を当てる
　第8章　資源の開発 ── 多様性、一貫性と交渉
　第9章　グレンデール問題 ── 政策と価値の衝突
　第10章　家に帰る ── 環境の変化、心の変化
　第11章　地域での生活 ── 一年後
【補遺】
【解題】日本における知的障害者の地域生活移行の支援への示唆
　　　訳者あとがき

〈価格は本体価格です〉